DIE BETRIEBSWIRTSCHAFT IN FORSCHUNG UND PRAXIS

Schriftenreihe

Herausgeber: Dr. Edmund Heinen

o. ö. Professor der Betriebswirtschaftslehre an der Universität München

unter Mitwirkung von

Professor Dr. Dietrich Börner, Regensburg
Professor Dr. Werner Kirsch, Mannheim
Professor Dr. Heribert Meffert, Münster

Band 8

Bände der Schriftenreihe

Band 1 Heinen, Prof. Dr. Edmund

Das Zielsystem der Unternehmung — Grundlagen betriebswirtschaftlicher Entscheidungen

Band 2 Heinen, Prof. Dr. Edmund

Das Kapital in der betriebswirtschaftlichen Kostentheorie — Möglichkeiten und Grenzen einer produktions- und kostentheoretischen Analyse des Kapitalverbrauchs

Band 3 Vischer, Dipl.-Kfm. Dr. Peter

Simultane Produktions- und Absatzplanung — Rechnungstechnische und organisatorische Probleme mathematischer Programmierungsmodelle

Band 4 Meffert, Prof. Dr. Heribert

Betriebswirtschaftliche Kostenformationen — Ein Beitrag zur Theorie der Kostenrechnung

Band 5 Kirsch, Prof. Dr. Werner

Gewinn und Rentabilität — Ein Beitrag zur Theorie der Unternehmungsziele

Band 6 Fäßler, Dipl.-Kfm. Dr. Klaus

Betriebliche Mitbestimmung — Verhaltenswissenschaftliche Projektionsmodelle

Band 7 Brändle, Dipl.-Kfm. Dr. Richard

Unternehmungswachstum — Betriebswirtschaftliche Wachstumsplanung und Konzentrationsforschung

Überzeugung und Manipulation

Grundlagen einer Theorie
betriebswirtschaftlicher Führungsstile

von

Dr. Manfred Klis

Betriebswirtschaftlicher Verlag Dr. Th. Gabler · Wiesbaden

ISBN 3 409 32532 8

Vorwort

Der deutschen Betriebswirtschaftslehre, insbesondere jedoch der betriebswirtschaftlichen Organisationslehre, konnte bis vor kurzem vorgeworfen werden, sie trage den Problemen der Führung in der Betriebswirtschaft nicht in ausreichendem Maße Rechnung. Erst in den letzten Jahren sind betriebswirtschaftliche Forscher verstärkt dazu übergegangen, die Ergebnisse von Nachbardisziplinen sowie der angelsächsischen Managementlehre — die den Fragen der Führung und des Führungsstils breiten Raum widmet — auszuwerten und in das Forschungsprogramm der Betriebswirtschaftslehre einzufügen. Dabei kristallisierte sich immer mehr die Erkenntnis heraus, daß es für die Diskussion der Führungsproblematik in betriebswirtschaftlichen Organisationen nicht ausreicht, einige wenige Typen von Führungsstilen zu unterscheiden, die sich irgendwo zwischen den Extremen eines streng autoritativ-patriarchalischen und eines kooperativ-partizipativen Führungsstils einordnen lassen. Vielmehr ist dieses Problem im Rahmen einer allgemeinen Theorie der Beeinflussung in Organisationen zu untersuchen, welche die Vielfalt möglicher Erscheinungsformen sozialer Beeinflussung und deren Bestimmungsgründe abbildet.

In der vorliegenden Arbeit soll von der allgemeinen Erfahrung ausgegangen werden, daß die sozialen Beziehungen in der Betriebswirtschaft ebenso wie in anderen Organisationen von einer Vielzahl „offener" und „versteckter" Beeinflussungsprozesse überlagert sind. Diese Prozesse sind meist mit Kommunikation verbunden. Im Mittelpunkt der Arbeit steht deshalb die kommunikationstheoretische Betrachtung des Problems der Führung, ergänzt um Aspekte der Macht sowie intraindividueller Vorgänge. Führung wird als pragmatische Dimension der Kommunikation aufgefaßt. Jede Information wirkt auf den Empfänger insofern „überzeugend", als er mehr oder weniger „freiwillig" die in der Nachricht enthaltenen Schlußfolgerungen als Prämissen für seine eigenen Entscheidungen akzeptiert. Ein Führungsverhalten, das sich diese Erkenntnisse zunutze macht, wird in der anglo-amerikanischen Literatur als „persuasive leadership" bezeichnet. Übertragen in den deutschen Sprachgebrauch, wohnen ihm sowohl Elemente einer Beeinflussung durch Überzeugung als auch durch Manipulation inne, je nachdem, wie der einzelne die Beeinflussung beurteilt. Es soll deshalb allgemein von einer Führung durch Überzeugung und Manipulation gesprochen werden.

Die Thematik besitzt aus zwei Gründen eine besondere Aktualität. Einerseits muß davon ausgegangen werden, daß Machtmittel wie physischer Zwang und „legitimierte" Autorität heute mehr denn je an Wirkung eingebüßt haben. Diese Machtmittel werden in einer Zeit, in der die Forderung nach einer möglichst „totalen Demokratisierung" immer lauter wird, gesellschaftlich überwiegend abgelehnt. Andererseits herrscht eine starke Skepsis gegenüber allen Methoden „geheimer Verführung“ vor, vor allem soweit daran Massenkommunikationsmedien beteiligt sind. Grundsätzlich treten diese Probleme auch in der Betriebswirtschaft auf, insbesondere im Verhältnis Vorgesetzter zu Untergebenen, wenn auch hier sozusagen nur auf bilateraler Ebene, sowie bei der Diskussion über Formen und „Wert“ der Mitbestimmung. In der vorliegenden Arbeit sollen die Fragen einer Führung durch Überzeugung und Manipulation in der Betriebswirtschaft frei von ideologischen Argumenten und Streitgesprächen — obzwar durch sie angeregt — analysiert werden.

Meinem verehrten akademischen Lehrer, Herrn Prof. Dr. Edmund Heinen, bin ich sehr zu Dank verpflichtet. Als einem Vertreter einer angewandten, anderen Disziplinen gegenüber „offenen“ Betriebswirtschaftslehre, der die Verpflichtung verspürt, nicht nur bei aktuellen betriebswirtschaftlichen, sondern auch bei strittigen gesellschaftlichen Fragen Stellung zu beziehen, lag ihm die wissenschaftliche Behandlung dieser Thematik sehr am Herzen. Ferner bin ich meinem ehemaligen Kollegen, Herrn Prof. Dr. Werner Kirsch (Mannheim), der durch viele Anregungen, klärende Diskussionen und nicht zuletzt durch seine eigene Arbeit „Entscheidungen und Entscheidungsprämissen in der Unternehmungsorganisation“ die Konzeption dieser Untersuchung nicht unwesentlich beeinflußt hat, in besonderer Dankbarkeit verbunden. In diesen Dank schließe ich auch alle übrigen ehemaligen und gegenwärtigen Kollegen am Institut für Industrieforschung und betriebliches Rechnungswesen der Universität München für ihre Unterstützung bei der Durchsicht des Manuskriptes ein.

Manfred Klis

Inhaltsverzeichnis

Zum Problem betriebswirtschaftlicher Führungsstile

Eine Einführung in den Problemkreis der Untersuchung

von Prof. Dr. Edmund Heinen

I.

Die Betriebswirtschaftslehre befindet sich in einer neuen Phase ihrer Entwicklung. Diese ist einerseits durch die Anwendung neuer wissenschaftlicher Methoden, andererseits durch eine erhebliche Ausweitung des Wissenschaftsprogramms gekennzeichnet. Ursache für das Ingangsetzen dieses Prozesses ist die Erkenntnis, daß für eine angewandte Wissenschaft die Auseinandersetzung mit den Ansätzen und Erkenntnissen von Nachbardisziplinen unerläßlich ist. Das System von Einzeldisziplinen, aus dem die Betriebswirtschaftslehre Anregungen bezieht, ist heute bereits sehr weit gespannt. Es umfaßt Gebiete wie Individual- und Sozialpsychologie, Soziologie, Anthropologie, politische Wissenschaften, Mathematik, Operations Research, mathematische Statistik, Kybernetik, Informations- und Kommunikationsforschung sowie natürlich die Nationalökonomie, falls eine Zweiteilung der Wirtschaftswissenschaften unterstellt wird. Die Frage, ob und in welchem Umfang sich die Betriebswirtschaftslehre Aussagen der Nachbarwissenschaften nutzbar machen soll, hängt letztlich von der Auffassung des Forschers ab, inwieweit die Erkenntnisse anderer Disziplinen und/oder eigene interdisziplinäre Forschungen zur Erklärung und Gestaltung des Geschehens in der Betriebswirtschaft beitragen können.

II.

Bei dem Versuch, einen einheitlichen theoretischen Bezugsrahmen zu schaffen und gleichzeitig die Verbindungen zu den Nachbardisziplinen offenzuhalten, stellt die Betriebswirtschaftslehre der Gegenwart die programmatische These auf: Die Betriebswirtschaftslehre ist eine *Entscheidungslehre*. Als Kern wissenschaftlichen Bemühens wird die Erklärung und Gestaltung der menschlichen Entscheidungen auf allen Ebenen der betrieblichen Hierarchie und in allen Teilbereichen der Betriebswirtschaft aufgefaßt. Ausgangspunkt der Betrachtung ist der betriebswirtschaftliche Entscheidungsprozeß mit seinen Phasen der Willensbildung und Willensdurchsetzung. Gegenstand des Entscheidungsprozesses bildet ganz allgemein die Kombination der elementaren Produktionsfaktoren Arbeit, Betriebsmittel und Werkstoffe.

Wenn auch immer wieder auf die Notwendigkeit hingewiesen wird, im Rahmen der Betriebswirtschaftslehre neben der Willensbildung auch die Willensdurchsetzung einer wissenschaftlichen Untersuchung zu unterziehen, so hat sich das Interesse betriebswirtschaftlicher Forscher bislang doch weitgehend auf die Willensbildung konzentriert. Die Betriebswirtschaftslehre setzt sich sehr intensiv mit Problemen der Planung sowie mit der Formulierung von Entscheidungsmodellen zum Zwecke des Fällens optimaler bzw. befriedigender Entscheidungen auseinander. Demgegenüber wird den Gesichtspunkten der Willensdurchsetzung meist nur insoweit Rechnung getragen, als es sich um die Kontrolle von Entscheidungen, insbesondere mit Methoden und Zahlen des betrieblichen Rechnungswesens, handelt.

Relativ wenig intensiv wurden bisher die Probleme untersucht, die aus der Tatsache resultieren, daß die Betriebswirtschaft eine Organisation ist und betriebswirtschaftliche Entscheidungsprozesse kollektive Entscheidungsprozesse sind. An Willensbildung und Willensdurchsetzung sind in der Regel mehrere Individuen beteiligt, die durch ein Netz von Kommunikationsbeziehungen miteinander verbunden sind. Auch in der Phase der Willensdurchsetzung sind neben ausführenden Tätigkeiten noch Verfahrens- oder Detailentscheidungen zu fällen. Daraus ergibt sich die Frage, wie die Träger nachfolgender Entscheidungen dazu veranlaßt werden können, die sich aus vorausgehenden Entscheidungen ergebenden Daten als Prämissen zu akzeptieren. Dieses pragmatische Problem der Kommunikation, das die Einflußbeziehungen zwischen Sender und Empfänger zum Ausdruck bringt, wurde zwar erkannt, aber bislang nicht hinreichend berücksichtigt. So blieb das Modell des kollektiven Entscheidungsprozesses letztlich wirklichkeitsfremd. Charakteristisch hierfür ist auch die Tatsache, daß Probleme des Führungsstils unabhängig vom Modell des Entscheidungsprozesses diskutiert werden. Erst in jüngster Zeit bahnt sich hier in der betriebswirtschaftlichen Forschung ein gewisser Wandel an.

III.

Die Frage nach dem Führungsstil in einer Betriebswirtschaft ist eine Frage nach der Art der Willensdurchsetzung. Willensdurchsetzung ist hier gleichbedeutend mit Ausübung von Macht, Einfluß oder Autorität. Es entspricht einem *autoritativen* oder *diktatorischen* Führungsstil, wenn Entscheidungen in Form von Befehlen vom Entscheidungsträger an Untergebene übermittelt werden und die Nichtbeachtung der Befehle unter Strafe steht. Ein derartiger Führungsstil bildet ein Extrem einer Reihe möglicher Führungsstile. Das andere Extrem ist in einer weitgehenden Freiheit der Untergebenen von direkter Beeinflussung durch den Vorgesetzten zu erblicken. Bei einem *kooperativen* oder *partizipativen* Führungsstil beteiligt der Vorgesetzte die Untergebenen ausdrücklich an der Entscheidung, wobei er selbst nur einen allgemeinen Entscheidungsrahmen festlegt.

Eine von diesen Extremtypen ausgehende Einteilung möglicher Führungsstile kann nicht ganz befriedigen. Sie erlaubt weder eine umfassende Diskussion des Phänomens der Macht, die auf den Machtgrundlagen Belohnungs- und Bestrafungsmöglichkeiten, „legitimierte" Macht, Macht durch Identifikation und Expertenmacht aufbaut, noch eine differenzierte Betrachtung der pragmatischen Dimension der Kommunikation. Daraus ergibt sich die Notwendigkeit, das Problem betriebswirtschaftlicher Führungsstile auf eine breitere theoretische Basis zu stellen und erneut zu überdenken. Dabei können jene Aspekte wechselseitiger Beeinflussung bzw. Führung im kollektiven Entscheidungsprozeß in die betriebswirtschaftliche Theorie integriert werden, die dort bislang vernachlässigt wurden.

Der Verfasser wählt dazu als Ausgangspunkt die immer wieder postulierte These, der moderne Führungsstil sei mehr durch ein „Überzeugen" als durch eine Sanktionierung der Untergebenen charakterisiert. Im angelsächsischen Sprachgebrauch wird analog von „persuasion" und „persuasive leadership" gesprochen. Im Gegensatz zum deutschen Wort „überzeugen", mit dem ein positiver Wert assoziiert ist, hat das englische Wort „persuasion" mehr die Bedeutung von „überreden", was intuitiv sowohl Überzeugung als auch Manipulation umschließt. Für die Analyse des „persuasive leadership" erscheint es daher zwingend, das Problem der Manipulation mit seiner überwiegend negativen Wortbedeutung in die Überlegungen mit einzubeziehen. Unter diesen Umständen erweist sich die Führung durch „persuasion" als eine äußerst „schillernde" Methode der Machtausübung. Sie kann als Kernpunkt einer kommunikationstheoretischen Analyse des Problems betriebswirtschaftlicher Führungsstile aufgefaßt werden.

Damit richtet sich das wissenschaftliche Interesse des Verfassers auf jene Probleme der Beeinflussung, die bisher in der traditionellen Theorie interdependenter Entscheidungen keinen Raum finden. Spieltheoretische Ansätze und ihre Weiterentwicklung, wie sie sich etwa in den Arbeiten von Dahl und Harsanyi manifestieren, beleuchten zwar das Machtphänomen mit entscheidungstheoretischen Kategorien. Die Analyse beschränkt sich jedoch weitgehend auf jene Machtrelation, die ihre Basis in der Sanktionsgewalt des Beeinflussenden besitzt. Die postulierte Erweiterung der theoretischen Basis läßt sich nur dadurch erreichen, daß auf Konzeptionen der Individual- und Sozialpsychologie zurückgegriffen wird, die bisher nur bedingt einen Bezug zur entscheidungstheoretischen Betrachtungsweise aufweisen. Damit stellt sich die Aufgabe zu interdisziplinärer Forschung, die weit über das in der Betriebswirtschaftslehre — aber auch in der allgemeinen Organisationstheorie — übliche Maß hinausgeht.

IV.

Die Arbeit ist in drei Teile gegliedert. In einem ersten Kapitel werden vor allem die Führungsprobleme bei der Willensdurchsetzung im betriebswirtschaftlichen Entscheidungsprozeß aufgezeigt. Gleichzeitig werden Überzeugung und Manipulation als die beiden Komponenten eines Führungsstils durch „persuasion" präzisiert.

Das zweite Kapitel dient der Erarbeitung der verhaltenswissenschaftlichen Bezugsrahmen zur Analyse von Überzeugungs- und Manipulationsprozessen. Der Verfasser beleuchtet das Problem aus drei in den Verhaltenswissenschaften oft getrennten theoretischen Perspektiven: aus der Sicht der Individualpsychologie (intraindividuelle Aspekte) sowie aus der Sicht der Kommunikationstheorie und der Theorie der sozialen Macht- bzw. Einflußbeziehungen (interindividuelle Aspekte). Dabei werden die theoretischen Ansätze daraufhin untersucht, welche Anhaltspunkte sie für eine begriffliche Abgrenzung von Überzeugung und Manipulation liefern und wie jeder Überzeugungsprozeß von manipulativen Elementen überlagert ist. Die Wahl des Informationsverarbeitungsansatzes bei der Betrachtung der intraindividuellen Aspekte, ergänzt um einige moderne Konzeptionen der Sozialpsychologie, läßt die Parallelen der zum Teil sehr heterogenen Ansätze sichtbar werden.

An die integrierenden Überlegungen des zweiten Kapitels schließt sich im dritten Kapitel eine Darstellung der wichtigsten Hypothesen an, die sich aus den sozialpsychologischen und kommunikationstheoretischen Experimenten zur Wirksamkeit von „überzeugenden" Kommunikationen für betriebswirtschaftliche Führungs- und Beeinflussungsprozesse ableiten lassen. Diese Hypothesen gehen vorwiegend auf Labor-Experimente zurück, wie sie in der Theorie der Massenkommunikation durchgeführt werden. Sie reichen allerdings weit über Aspekte der Massenkommunikation hinaus. Dies zeigt sich vor allem an den Bedingungen, unter denen diese Experimente vollzogen wurden. Vorbehaltlich einer Überprüfung ihrer Relevanz, wird die These vertreten, daß diese Studien auch zur Erklärung der Führungsprobleme in betriebswirtschaftlichen Organisationen beitragen können. In einem abschließenden Punkt des dritten Kapitels hebt der Verfasser schließlich noch die methodologischen Schwierigkeiten hervor, denen bei einer Umformulierung der empirisch mehr oder weniger gesicherten Hypothesen in Empfehlungen zu begegnen ist. Der Wert dieser Hypothesen für die Führung von Organisationen ist trotz dieser Vorbehalte nicht zu unterschätzen. Deshalb dürfte dieses Kapitel vor allem das Interesse der mit praktischen Führungsproblemen Betrauten finden.

Dieser Überblick über den Inhalt der Untersuchung macht zwei wesentliche Einschränkungen sichtbar, denen die vorliegende Arbeit beim gegenwärtigen Stand der wissenschaftlichen Diskussion dieser Probleme zwangsläufig unterliegen muß. Als theoretische, aber insbesondere als empirische Basis werden Untersuchungen gewählt, die ursprünglich keine unmittelbare Beziehung zu organisatorischen Phänomenen aufweisen. Außerdem sind die verschiedenen theoretischen Ansätze und experimentellen Studien in einer Sprache formuliert, die nur wenig Gemeinsames mit der Sprache der Entscheidungs- und Organisationstheorie aufweist. Es ist mit eine Aufgabe dieser Arbeit, festzustellen, ob und gegebenenfalls unter welchen Bedingungen die entsprechenden Beziehungen und eine sprachliche Vereinheitlichung hergestellt werden können. Mit dieser Arbeit wird weiterhin nur ein wenn auch sehr wesentlicher Gesichtspunkt der Führungsproblematik in betriebswirtschaftlichen Organisationen aufgegriffen. Sicherlich muß eine umfassende theoretische Betrachtung betriebswirtschaftlicher Führungsstile sowohl die bisher diskutierten als auch die hier vorgetragenen Überlegungen umfassen. Eine solche Betrachtungsweise vorzunehmen erscheint zum gegenwärtigen Zeitpunkt jedoch noch verfrüht. Sie setzt eine einheitliche theoretische Sprache voraus, die sowohl die Unterschiede als auch die beträchtlichen Berührungspunkte zwischen den verschiedenen Konzeptionen deutlich macht. Daraus ergibt sich die Notwendigkeit zu einer gegenseitigen Abstimmung und zu einer Verschmelzung der Theorie der Führungsstile mit der allgemeinen Organisationstheorie, ein Prozeß, der meines Erachtens gegenwärtig äußerstenfalls im Anlaufen begriffen ist.

1. Kapitel

Die Willensdurchsetzung als Führungsproblem in betriebswirtschaftlichen Entscheidungsprozessen

Bei dem Versuch, einen einheitlichen theoretischen Bezugsrahmen zu schaffen und gleichzeitig die Verbindungen zu den Nachbardisziplinen offenzuhalten, hat die Betriebswirtschaftslehre der Gegenwart zwei Aspekte in den Mittelpunkt ihrer Betrachtungen gerückt: den Entscheidungs- und den Organisationsaspekt[1]). Die Gesamtstruktur eines Modells der Betriebswirtschaft „ist im wesentlichen dadurch charakterisiert, daß die Betriebswirtschaft als Organisation und nicht die Organisation als Teilaspekt der Betriebswirtschaft aufgefaßt wird. Ausgangspunkt der Betrachtung ist der Entscheidungsprozeß mit seinen Phasen der Willensbildung und Willensdurchsetzung. Gegenstand des Entscheidungsprozesses bildet ganz allgemein die Kombination der elementaren Produktionsfaktoren Arbeit, Betriebsmittel und Werkstoffe"[2]).

Gegenstand dieser Untersuchung bilden Führungsprobleme in betriebswirtschaftlichen Organisationen. Solche Probleme treten grundsätzlich dann auf, wenn relativ enge zwischenmenschliche Beziehungen bestehen. Führungsprobleme sind deshalb beispielsweise zentrales Untersuchungsobjekt der Kleingruppenforschung. Der Rolle, den Eigenschaften und dem Verhalten des Gruppenführers wird dabei vielfaches Interesse entgegengebracht[3]). In der Organisationstheorie nehmen — angefangen bei Max Weber — der Aufbau und die Analyse von Weisungs- und Kontrollsystemen bzw. die Herrschafts-, Macht- oder Autoritätsbeziehungen in der Organisation eine hervorragende Stellung ein[4]). Seit den Feldstudien in den Hawthorne-Werken und der damit einsetzenden „Human-Relations-Bewegung" hat die Diskussion um den „richtigen" Führungsstil nicht mehr aufgehört.

In dieser Arbeit sollen betriebswirtschaftliche Führungsprobleme aus einer bestimmten Blickrichtung beleuchtet werden. Im Mittelpunkt stehen die

---

[1]) Vgl. z. B. March, J. G. und Simon, H. A., Organizations, New York und London 1958; Simon, H. A., Administrative Behavior, New York 1957; Simon, H. A., The New Science of Management Decision, New York 1960; Barnard, Ch. J., The Functions of the Executive, 14. Aufl., Cambridge, Mass. 1960; McGuire, J. W., Theories of Business Behavior, Englewood Cliffs, N. J. 1964; Gäfgen, G., Theorie der wirtschaftlichen Entscheidung, 2. Aufl., Tübingen 1968; ferner March, J. G. (Hrsg.), Handbook of Organizations, Chicago 1965; Kirsch, W., Entscheidungen und Entscheidungsprämissen in der Unternehmungsorganisation, unveröffentlichte Habilitationsschrift München 1968 und die dort angegebene Literatur.

[2]) Heinen, E., Einführung in die Betriebswirtschaftslehre, Wiesbaden 1968, S. 48.

[3]) Vgl. z. B. Homans, G. C., Theorie der sozialen Gruppe, Köln und Opladen 1960, sowie Cartwright, D. und Zander, A. (Hrsg.), Group Dynamics, 2. Aufl., Evanston, Ill. 1962; Hofstätter, P. R., Gruppendynamik, Hamburg 1957.

[4]) Vgl. dazu insbesondere die Literaturangaben auf den S. 74 ff dieser Arbeit.

Kommunikation (Informationsübertragung) und die damit verbundenen Führungs- bzw. Beeinflussungsversuche zwischen Organisationsteilnehmern. Überzeugung und Manipulation sind für ein Führungsverhalten kennzeichnend, das in der anglo-amerikanischen Literatur als *„persuasive leadership"* bezeichnet wird. Dieses Führungsverhalten geht davon aus, daß jede Information auf den Empfänger mehr oder weniger „überzeugend" wirkt. Die konkrete Wirkung hängt von der Gestaltung der übertragenen Nachrichten sowie der physischen und sozialen Umwelt der Kommunikationspartner ab. Durch Überzeugungs- und Manipulationsprozesse sollen Einstellung und äußerlich beobachtbares Verhalten des beeinflußten Individuums verändert werden. Allgemeines Kennzeichen derartiger Prozesse ist es, daß die Einfluß ausübende Person sich relativ stark auf die zu beeinflussende Person oder Gruppe einstellt und versucht, diese möglichst freiwillig — ob bewußt oder unbewußt — zu bestimmten inneren und äußeren Reaktionen zu veranlassen. Überzeugung und Manipulation sind dabei als zwei Beeinflussungsmethoden zu identifizieren, wie sie für „alltägliche" zwischenmenschliche Beziehungen charakteristisch sind, für soziale Interaktionen, bei denen versucht wird, Interessenkonflikte entweder von vornherein zu vermeiden oder aber „friedlich" zu lösen.

Ausgangspunkt der Analyse der genannten Beeinflussungsarten bilden die betriebswirtschaftlichen Entscheidungsprozesse. In arbeitsteiligen Systemen sind Willensbildung und Willensdurchsetzung — die beiden Hauptphasen des Entscheidungsprozesses — in aller Regel personell getrennt. Außerdem sind in dezentralen, hierarchisch gegliederten Organisationen auch in der Phase der Willensdurchsetzung noch Entscheidungen zu fällen. Führungsprobleme ergeben sich daraus, daß die einzelnen Wirtschaftssubjekte unterschiedliche Werte, Ziele oder Motivationen besitzen und sich außerdem in Fähigkeiten, Ausbildung, Wissensstand, Charaktereigenschaften sowie gesellschaftlichem und kulturellem Hintergrund stark voneinander unterscheiden[5]). Ein „persuasive leadership" zielt allgemein darauf ab, die Organisationsmitglieder zu veranlassen, die Ziele der Organisation zu akzeptieren und sich soweit als möglich mit ihnen zu identifizieren. Die Organisationsmitglieder müssen „überzeugt" werden, daß die Ziele der Betriebswirtschaft auch den individuellen Zielen bestmöglich entsprechen. Auf diese Weise läßt sich das Zielsystem der Betriebswirtschaft vereinheitlichen und zu einem wirkungsvollen Instrument der Koordinierung betriebswirtschaftlicher Teilentscheidungen und Teilbereiche ausbauen.

1.1 Willensbildung und Willensdurchsetzung

Empfehlungen für das Treffen optimaler oder befriedigender Entscheidungen sind nur möglich, wenn zunächst von der konkreten Situation ab-

---

[5]) Vgl. Cartwright, D., Influence, Leadership, Control, in: Handbook of Organizations, Hrsg. J. G. March, Chicago 1965, S. 1.

strahiert wird und die gemeinsamen Merkmale von Entscheidungsprozessen betrachtet werden. In der betriebswirtschaftlichen Literatur herrscht weitgehende Einigkeit darüber, daß sich Entscheidungsprozesse in mehrere typische Phasen einteilen lassen[6]). Ausgegangen wird von den beiden Hauptphasen Willensbildung und Willensdurchsetzung.

Der Prozeß der *Willensbildung* wird mit der Anregungsphase eingeleitet. Sie umfaßt die Wahrnehmung des Problems sowie dessen Konkretisierung und Abgrenzung. Diese erste Lagebeurteilung durch den Entscheidungsträger ist für den weiteren Verlauf des Prozesses ausschlaggebend. Der eigentliche Problemlösungsprozeß setzt mit der Suchphase ein. Hier werden die Handlungsmöglichkeiten ermittelt und deren Konsequenzen in bezug auf die zu verfolgenden Ziele und Beschränkungen prognostiziert. Unter Umständen erweist es sich als erforderlich, eine Neuformulierung der Ziele vorzunehmen. Eine Begrenzung des Ausmaßes der Zielerreichung (aspiration level) deutet dabei darauf hin, daß von realistischen Rationalitäts- und Informationsannahmen ausgegangen wird. „Der Entscheidungsträger strebt anstatt einer optimalen eine subjektiv als befriedigend erachtete Zielerreichung an, da ihm aufgrund der Komplexität ökonomischer Wahlsituationen meist weder sämtliche Alternativen noch deren Konsequenzen bekannt sind“[7]). Die Auswahlphase schließt den willensbildenden Prozeß ab. Es wird entschieden, welche Alternative als Plan vorzugeben und zu realisieren ist.

Der Prozeß der *Willensdurchsetzung* beginnt mit der Weiterleitung des Entscheidungsergebnisses an die ausführenden Organe. Hinter diesen Kommunikationsvorgängen verbirgt sich ein Spektrum möglicher Beeinflussungsmethoden oder Führungsstile. Im Ablaufschema des Entscheidungsprozesses sind hier auch Überzeugung und Manipulation als Instrumente der Willensdurchsetzung einzuordnen. Es folgt der tatsächliche Vollzug der gewählten Alternative. An die Realisationsphase schließt sich die Kontrollphase an, in welcher die Abweichungen zwischen Plan- und Istgrößen festgestellt werden. Die Abweichungsursachen sind in den verschiedenen vorausgehenden Stufen des Entscheidungsprozesses zu suchen. Entsprechend sind die Rückinformationen zu formulieren, die Impulse für weitere Entscheidungen

---

[6]) Vgl. dazu und im folgenden Heinen, E., Das Zielsystem der Unternehmung, Wiesbaden 1966, S. 19 ff; derselbe, Einführung in die Betriebswirtschaftslehre, a. a. O., S. 18 ff; Staerkle, R., Der Entscheidungsprozeß in der Unternehmungsorganisation, Die Unternehmung, 1963, S. 11 ff; Kloidt, H., Dubberke, M. A. und Göldner, J., Zur Problematik des Entscheidungsprozesses, in: Organisation des Entscheidungsprozesses, Hrsg. E. Kosiol, Berlin 1959, S. 9 ff; Bleicher, K., Zur Zentralisation und Dezentralisation des Entscheidungsprozesses in der Unternehmungsorganisation, in: Organisation und Rechnungswesen, Festschrift für E. Kosiol, Hrsg. E. Grochla, Berlin 1965, S. 125 ff; Simon, H. A., The New Science of Management Decision, a. a. O., S. 1 ff; Taylor, D. W., Decision Making and Problem Solving, in: Handbook of Organizations, Hrsg. J. G. March, Chicago 1965, S. 48 ff.

[7]) Heinen, E., Das Zielsystem der Unternehmung, a. a. O., S. 83; vgl. ferner Simon, H. A., Models of Man, New York und London 1957, S. 241 ff; March, J. G. und Simon, H. A., Organizations, a. a. O., S. 136 ff.

liefern. Willensbildung und Willensdurchsetzung stellen ein zyklisches System dar[8]).

Das in groben Zügen skizzierte Ablaufschema des Entscheidungsprozesses ist in vieler Hinsicht ergänzungsbedürftig. Zunächst ist darauf hinzuweisen, daß in jeder Phase selbst wieder Entscheidungen getroffen werden, die ihrerseits in mehrstufigen Prozessen ablaufen. Es handelt sich um Detail- oder Verfahrensentscheidungen, die auf den erfolgreichen Abschluß des Gesamtprozesses gerichtet sind: z. B. Entscheidungen über Art und Ausmaß der in den einzelnen Phasen zu gewinnenden, zu verarbeitenden und weiterzuleitenden Informationen. Jede Phase enthält neben geistigen Vorgängen auch ausführende Tätigkeiten. Letztere sind Ausfluß vorangehender Denkprozesse. Außerdem treten in der Regel erst durch die Planrealisation deren Konsequenzen ein. Sie legen dem Entscheidungsträger für die weiteren Entscheidungen gewisse Beschränkungen und Bindungen auf[9]).

Nur wenige der laufend in der Betriebswirtschaft zu fällenden Entscheidungen sind sogenannte *echte Entscheidungen,* die ein Durchdenken des Problems in allen Einzelheiten erfordern. Sicherlich handelt es sich bei dem weitaus größten Teil der täglich zu fällenden Entscheidungen um sogenannte *Routineentscheidungen.* Das Entscheidungssubjekt reagiert auf Anregungsinformationen mit einem gewohnheitsmäßigen Verhalten. Bei Routineentscheidungen findet keine bewußte Wahl mehr statt. Das Verhalten ist aus Erfahrungen mit gleichen und ähnlichen Situationen abgeleitet[10]). Die Begriffe echte Entscheidungen und Routineentscheidungen sind die beiden Extrempunkte eines Kontinuums, auf das sich die Gesamtheit betriebswirtschaftlicher Entscheidungen verteilt. Es macht sichtbar, welch unterschiedliche Bedeutung eine wie auch immer geartete Phasengliederung des Entscheidungsprozesses im konkreten Fall besitzt.

An betriebswirtschaftlichen Entscheidungsprozessen sind gewöhnlich mehrere Personen beteiligt. Insofern handelt es sich um *Kollektiventscheidungen* im weitesten Sinne[11]). Eine differenzierte Betrachtung wird dadurch erreicht, daß von den einzelnen Phasen bzw. Aufgaben ausgegangen wird. Mit den in einer Phase anfallenden Verrichtungen können entweder eine oder mehrere Personen befaßt sein. Ebenso kann der Personenkreis von Phase zu Phase variieren oder für mehrere Phasen derselbe bleiben. Weitet man die Überlegungen auf den Gesamtkomplex betriebswirtschaftlicher Entscheidungsprozesse aus, so läßt sich der Formalaufbau der betriebswirtschaftlichen Organisation auf ähnliche Weise beschreiben, wie dies seit Fayol

[8]) Vgl. Rohn, W., Führungsentscheidungen im Unternehmensplanspiel, Essen 1964, S. 18; Meffert, H., Betriebswirtschaftliche Kosteninformationen, Wiesbaden 1968, S. 20; Kosiol, E., Einführung in die Betriebswirtschaftslehre, Wiesbaden 1968, S. 232.

[9]) Vgl. Staerkle, R., Der Entscheidungsprozeß in der Unternehmungsorganisation, a. a. O., S. 12.

[10]) Zur Untersuchung von echten und von Routineentscheidungen vgl. Katona, G., Psychological Analysis of Economic Behavior, New York 1951, S. 45 ff; Mayntz, R., Zum gegenwärtigen Stand der Organisationssoziologie, Bern 1964, S. 25 ff.

[11]) Vgl. Wurst, S., Das Entscheidungskollegium, Diss. München 1967, S. 18.

und Taylor in der betrieblichen Organisationslehre geschieht. Die formale Struktur der Organisation wird durch die Verteilung der beim Vollzug von Entscheidungsprozessen anfallenden Aufgaben auf Stellen, Abteilungen und Kollegien wiedergegeben[12]).

Die moderne interdisziplinäre Organisationstheorie stellt den Menschen und dessen Verhalten in den Mittelpunkt ihrer Betrachtungen. „Eine Organisation ist ein System wechselseitiger sozialer Verhaltensbeziehungen von Individuen, die wir Organisationsteilnehmer nennen"[13]). Die Prämissen der traditionellen betriebswirtschaftlichen Theorie werden endgültig fallengelassen. Das trifft ebenso für den Modelltyp des Unternehmers — den „homo oeconomicus" — zu wie für die technisch-instrumentale Beurteilung der in den betrieblichen Leistungsprozeß integrierten Menschen. Die einzelnen sozialwissenschaftlichen Disziplinen, die Beiträge zur modernen Organisationstheorie liefern, haben diese einseitig ausgerichteten Menschenbilder „ohne Körper und ohne Seele" durch realistischere ersetzt[14]).

In diesem Sinne sind auch die Erklärungsversuche des Ablaufs betriebswirtschaftlicher Entscheidungsprozesse zu deuten. Der Individualität der Entscheidungsträger in der Organisation wird dadurch Rechnung getragen, daß sie als informationsverarbeitende Wesen verstanden werden[15]). Allgemein sind als *willensbildende Prozesse* alle mehr oder weniger bewußten geistigen Vorgänge zu bezeichnen, bei denen das Individuum aus seiner Umwelt Informationen aufnimmt (Inputinformationen) und diese zu im Gedächtnis gespeicherten Informationen — Zielen, Werten, Normen, Erwartungen und Überzeugungen — in Beziehung setzt. Ergebnis dieses Informationsverarbeitungsprozesses sind wiederum Informationen (Outputinformationen). In ihnen äußert sich der Wille zu einem Tun oder Unterlassen.

Willensdurchsetzende Prozesse sind darin zu erblicken, daß das Individuum auf seine physische und soziale Umwelt einwirkt, um dadurch seinem Willen Geltung zu verschaffen und die angestrebten Ziele zu erreichen. In Organisationen stehen die sozialen Beziehungen im Vordergrund. Die Willensdurchsetzung ist von der Kooperationsbereitschaft und damit vom Willen anderer Organisationsmitglieder abhängig. Dabei ist es zunächst unerheblich, wer gegenüber wem seinen Willen durchsetzen möchte und in welcher Rolle oder Position sich die einzelnen gegenüberstehen, ob beispielsweise als Vorgesetzter gegenüber Untergebenen, Vorstandsmitglied gegenüber einem oder mehreren anderen Kollegiumsmitgliedern, Inhaber einer Stabsstelle gegen-

---

[12]) Vgl. Kosiol, E., Organisation der Unternehmung, Wiesbaden 1962, S. 89 ff und die dort angegebene Literatur.

[13]) March, J. G. und Simon, H. A., Organizations, a. a. O., S. 84.

[14]) Vgl. Ulrich, H., Neuere Erkenntnisse auf dem Gebiet der Unternehmungsführung. Die Unternehmung, 1962, S. 68; Heinen, E., Die Zielfunktion der Unternehmung, in: Zur Theorie der Unternehmung, Festschrift für E. Gutenberg, Hrsg. H. Koch, Wiesbaden 1962, S. 52.

[15]) Vgl. dazu Kuhn, A., The Study of Society, Homewood, Ill. 1963; Kirsch, W., Entscheidungen und Entscheidungsprämissen in der Unternehmungsorganisation, a. a. O., S. 117 ff und die dort angegebene Literatur sowie S. 38 ff dieser Arbeit.

über dem zu beratenden Geschäftsführer, Sekretärin gegenüber dem Chef, Gruppenführer gegenüber Gefolgsleuten oder Freund gegenüber Freund. Es handelt sich hierbei um das Problem der Führung in seiner allgemeinsten Fassung.

Willensbildung und Willensdurchsetzung in der Betriebswirtschaft können auf unterschiedlichen *Systemebenen* betrachtet werden. Relevante Bezugssysteme sind das Individuum, die Gruppe und die Betriebswirtschaft als Ganzes[16]). Jedes dieser Systeme läßt sich als Informationsverarbeitungssystem kennzeichnen. Die Betriebswirtschaft als globale Entscheidungseinheit aufzufassen ist nur dann sinnvoll, wenn Beziehungen mit Ausschnitten ihrer Umwelt zur Diskussion stehen, etwa Verhandlungs- oder Transaktionsprozesse mit Kunden, Lieferanten, Behörden oder Verbänden. Auch hierbei wird die Betriebswirtschaft durch Personen oder Gruppen von Personen vertreten.

Betriebswirtschaftliche Organisationen sind komplexe Systeme von Individuen und Gruppen. Das System des Individuums ist Untersystem des Systems der Gruppe. Beide zusammen sind Untersysteme des Systems Betriebswirtschaft. Jedes System auf den verschiedenen Ebenen besitzt eigene Ziele, Einstellungen, Erwartungen und Normen, von denen es sich bei seinen Entscheidungen leiten läßt. Die einzelnen Systeme lassen sich zwar gedanklich, nicht jedoch in der Realität gegeneinander abgrenzen. Jedes Individuum ist Mitglied mehrerer inner- und außerorganisatorischer Gruppen mit teilweise konkurrierenden Zielsetzungen und Verhaltensvorschriften.

Innerhalb und zwischen den Systemen auf den verschiedenen Bezugsebenen bestehen vielfältige Beziehungen. Sie konstituieren ihrerseits spezifische Systemtypen. So spricht man beispielsweise vom Ziel- oder politischen System, vom Ausführungs- oder operativen System, vom Kommunikations-, Informations-, Beeinflussungs- und vom Anpassungssystem sowie vom System sozio-emotionaler Beziehungen der Betriebswirtschaft, um nur einige solch geläufiger — nach unterschiedlichen Kriterien gebildeter — Untersysteme zu nennen. Die *Allgemeine Systemtheorie,* deren sich die Betriebswirtschaftslehre in jüngster Zeit in zunehmendem Maße bedient, zeigt die verschiedenen Möglichkeiten auf, wie innerhalb des Übersystems Betriebswirtschaft verschiedene funktionale Untersysteme gebildet und abgegrenzt werden können. Ausgehend von den Elementen, aus denen sich das System Betriebswirtschaft zusammensetzt — Mensch, Maschine und Material —, wird die *Betriebswirtschaft* als *sozio-technisches System* verstanden. Ihre Integration in die Umwelt weist sie überdies als *offenes System* aus[17]).

---

[16]) Vgl. dazu Lundberg, C. C., Toward Understanding Behavioral Science by Administrators, in: Management and Organizational Behavior Theories, Hrsg. W. T. Greenwood, Cincinnati, Ohio 1965, S. 59 ff.

[17]) Diese Gedankengänge sollen hier nicht weiter verfolgt werden, da sie — abgesehen von der Unterscheidung von Systemebenen — im folgenden nur eine untergeordnete Bedeutung besitzen. Einen Überblick über die Systemtheorie und ihre Bedeutung für die Betriebswirtschaftslehre gibt Dienstbach, H., Die Anpassung der Unternehmungsorganisation — Zur

Die beispielhaft angeführten Systemtypen trennen nicht zwischen formalen und informalen organisatorischen Tatbeständen. Auch diese können Gegenstand der Systembildung sein. Die *formalen* Gesichtspunkte weisen auf die Regelungen hin, die im Hinblick auf die Erreichung der Formalziele der Organisation getroffen werden, z. B. Befehlswege, Entscheidungsspielraum der Organisationsteilnehmer, Schlichtungsregeln in Entscheidungskollegien. Die Entscheidung über die Formalziele der Betriebswirtschaft liegt bei einem dazu legitimierten Gremium, der sogenannten Kerngruppe (z. B. dem Vorstand — mit oder ohne Aktionären und Aufsichtsrat — bei einer Aktiengesellschaft)[18]). Diese ist das oberste Willensbildungszentrum der Betriebswirtschaft[19]).

Informale organisatorische Tatbestände beziehen sich auf die gefühlsmäßigen Bindungen zwischen den Organisationsmitgliedern. Ihre Entstehung, ihre Ausdehnung und ihr Verfall entziehen sich weitgehend externer Einflußnahme und Kontrolle. Die Mitgliedschaft in Organisationen bildet lediglich das derartige spontane Verhaltensbeziehungen begünstigende Terrain[20]). Von der Art, Intensität und vom Ausmaß der informalen Gruppenbeziehungen, die sich neben und innerhalb der formalen Arbeitsgruppe bzw. Organisation entwickeln, hängt wesentlich die Arbeitsmoral, Arbeitsproduktivität und individuelle Zufriedenheit der Organisationsmitglieder ab[21]).

1.2 Kommunikation und Beeinflussung bei der Willensdurchsetzung

Die *Kommunikation* — der Austausch von Informationen oder Nachrichten zwischen Personen — ist ein zentrales organisatorisches Phänomen. Neben den Material- und Güterbewegungen oder allgemein dem Austausch von

---

betriebswirtschaftlichen Bedeutung der Konzeption des „Planned Organizational Change", Diss. München 1968, S. 30 ff; vgl. ferner Ulrich, H., Die Unternehmung als produktives soziales System, Bern und Stuttgart 1968; Fäßler, K., Betriebswirtschaftliche Mitbestimmung, Verhaltenswissenschaftliche Projektionsmodelle, Wiesbaden 1970, S. 87 ff; Johnson, R. A., Kast, F. E. und Rosenzweig, J. E., System Theory and Management, in: Management and Organizational Behavior Theories, Hrsg. W. T. Greenwood, Cincinnati, Ohio 1965, S. 346 ff; Emery, F. E., Characteristics of Socio-Technical Systems, Tavistock Institute, London 1959. Werden die sozialen Beziehungen sowie die Informationsverarbeitung der Betriebswirtschaft und der in ihr tätigen Individuen in den Mittelpunkt gestellt, so ist die Betriebswirtschaft — wie bei Heinen — als zielgerichtetes, informationsgewinnendes und -verarbeitendes Sozialsystem zu verstehen. Vgl. Heinen, E., Das Zielsystem der Unternehmung, a. a. O., S. 26.

[18]) Zum Begriff der Kerngruppe vgl. Heinen, E., Das Zielsystem der Unternehmung, a. a. O., S. 205 ff.

[19]) Zu den Zentren der betrieblichen Willensbildung vgl. Gutenberg, E., Grundlagen der Betriebswirtschaftslehre, Band 1, Die Produktion, 14. Aufl., Berlin, Göttingen und Heidelberg 1968, S. 470 ff; derselbe, Unternehmensführung — Organisation und Entscheidungen, Wiesbaden 1962, S. 11 ff.

[20]) Vgl. Barnard, Ch. J., The Functions of the Executive, a. a. O., S. 115.

[21]) Vgl. Mayer, A., Betriebspsychologie in einer technisierten Welt, in: Handbuch der Psychologie, 9. Band, Betriebspsychologie, Hrsg. A. Mayer und B. Herwig, Göttingen 1961, S. 26 und die dort angegebene Literatur.

Energie gehört die Kommunikation zu den Hauptmerkmalen betriebswirtschaftlicher Organisationen. Dabei sind Aufnahme und Weiterleitung von Informationen selbst mit Energie übertragenden Prozessen verbunden. Während jedoch in den Ausführungsbereichen, wie etwa in den Werkshallen eines Industriebetriebes, der Austausch von Energie, der unabhängig von Informationsübertragungen vorgenommen wird, zumindest äußerlich dominiert, verhält es sich für die Führungsspitze der Betriebswirtschaft gerade umgekehrt. Je mehr man sich den organisatorischen Entscheidungs- und Kontrollzentren nähert, desto mehr verlagert sich das Gewicht auf die Kommunikation[22]).

Diese in verkürzter Form wiedergegebenen Gedanken von Katz und Kahn zum Thema Kommunikation weisen auf die Ausgangspunkte hin, die eine Vielzahl von Forschern für die Diskussion dieses Problems wählen[23]). Zwei Annahmen legen sie damit ihren Überlegungen zugrunde:

1. *Kommunikation ist ein soziales Phänomen;*
2. *Kommunikation ist ein Instrument der Beeinflussung.*

Beide Annahmen sind auch in den folgenden Ausführungen enthalten.

Die Beschränkung auf die sozialen Aspekte der Kommunikation besagt, daß nur Informationsübertragungen von Mensch zu Mensch betrachtet werden. Ausgeschlossen bleiben die Mensch-Maschine- und die Maschine-Maschine-Systeme, die im Zusammenhang mit dem Fortschritt der Computertechnik immer mehr an Bedeutung gewinnen. Unberührt von dieser Einschränkung bleibt, daß Maschinen „Medien" interpersoneller Informationsübertragung sein können, wie etwa Telefon, Fernsehgerät oder auch Computer. Außerdem bedeutet sie keinen Verzicht darauf, die Erkenntnisse der vorwiegend mathematisch-naturwissenschaftlich ausgerichteten Informationstheorie, der Steuerungs- und Regelungstechniken der Kybernetik sowie der auf beiden Teildisziplinen aufbauenden Computertechnik für die Erklärung sozialer Kommunikationsprozesse heranzuziehen.

Die Kommunikation ist die Grundlage, das Vehikel für alle Arten wechselseitiger Beziehungen (Interaktionen). Mit Hilfe von Symbolen bzw. Zeichen suchen die Kommunikationspartner ihren Gedanken, Meinungen, Gefühlen oder Absichten Ausdruck zu verleihen. Symbole sind überlieferte oder will-

---

[22]) Vgl. Katz, D. und Kahn, R. L., The Social Psychology of Organizations, New York, London und Sydney 1966, S. 223; ferner Pietzsch, J., Die Information in der industriellen Unternehmung, Köln und Opladen 1964, S. 9; Sanborn, G. A., Communication in Business: An Overview, in: Business and Industrial Communication, Hrsg. W. Ch. Redding und G. A. Sanborn, New York, Evanston und London 1964, S. 3.

[23]) Viele Autoren zitieren Untersuchungen, denen zufolge das Top-Management bis zu 75 % der Zeit für die Kommunikation verwendet. Vgl. z. B. Scott, W. G., Human Relations in Management, Homewood, Ill. 1962, S. 170; Thayer, L. O., Administrative Communication, Homewood, Ill. 1961, S. 3; Haney, W. V., Communication and Organizational Behavior, Homewood, Ill. 1967, S. 3; Berlo, D. K., The Process of Communication, New York, Chicago, San Francisco, Toronto und London 1960, S. 1; Guetzkow, H., Communication in Organizations, in: Handbook of Organizations, Hrsg. J. G. March, Chicago 1965, S. 538.

kürlich geschaffene Gebilde, die einen bestimmten Inhalt repräsentieren[24]). Zu den wichtigsten Symbolen zählen die aus Wörtern und Sätzen bestehenden sprachlichen Gebilde. Daneben besitzen auch Gegenstände, Bilder, Bewegungen oder Farben Symbolcharakter. Symbole konstituieren dann eine Kommunikationsbeziehung, wenn die Kommunikationspartner sie als Mittel zur Überbringung von Nachrichten einsetzen.

Akzeptiert ein Kommunikationspartner eine empfangene Information als Prämisse (Beschränkung im weitesten Sinne) für eigene Entscheidungen, so hat der Informationssender auf den Empfänger *Einfluß* ausgeübt[25]). Der eine Kommunikationspartner hat gegenüber dem anderen seinen Willen durchgesetzt. „Wir versuchen bei unseren sozialen, geschäftlichen und beruflichen Kontakten fortwährend, die Gedanken, Einstellungen oder Handlungen anderer zu beeinflussen. Es scheint in der Tat zuzutreffen, daß wir selten, falls überhaupt, versuchen, mit jemand in Kommunikation zu treten, ohne ihn dabei beeinflussen zu wollen“[26]).

Dennoch treten Absicht und Ziel der Beeinflussung nicht bei jeder Kommunikation gleichermaßen deutlich hervor. Bei gewohnheitsmäßigem Verhalten sind sie oftmals weder dem Sender noch dem Empfänger bewußt. Hierin ist häufig die Ursache für eine „erfolglose“ Kommunikation zu sehen, bei welcher der ursprüngliche Zweck unerreicht bleibt[27]).

Das ändert nichts an der Tatsache, daß die Kommunikation *das* Instrument zwischenmenschlicher Beeinflussung darstellt. Die Extension des Begriffes Beeinflussung reicht allerdings weit über die des Begriffes Kommunikation hinaus. Von Beeinflussung einer Person kann grundsätzlich dann gesprochen werden, wenn eine physische oder psychische „Kraft“ wirksam wird, die die Einstellungen, Überzeugungen und das Verhalten der Person ändert[28]). Jede aus der Umwelt aufgenommene und jede ins Gedächtnis gerufene Information kann diese Rolle übernehmen. Der Begriff der Beeinflussung ist nicht zwangsläufig an Kommunikationsvorgänge gebunden, außer man würde den Begriff Kommunikation auf alle Prozesse der Wahrnehmung und der Er-

[24]) Vgl. Hehlmann, W., Wörterbuch der Psychologie, 3. Aufl., Stuttgart o. J., S. 548; ferner Hamburg, C. H., Symbol, in: A Dictionary of the Social Sciences, Hrsg. J. Gould und W. L. Kolb, New York 1964, S. 710 f. und die dort angegebene Literatur.

[25]) Vgl. Heinen, E., Einführung in die Betriebswirtschaftslehre, a. a. O., S. 56; derselbe, Das Zielsystem der Unternehmung, a. a. O., S. 188; ferner Kirsch, W., Entscheidungen und Entscheidungsprämissen in der Unternehmungsorganisation, a. a. O., S. 27 ff.

[26]) Thayer, L. O., a. a. O., S. 183.

[27]) Vgl. Berlo, D. K., a. a. O., S. 13.

[28]) Vgl. zum Begriff Beeinflussung French, J. R. P. jr. und Raven, B., The Bases of Social Power, in: Studies in Social Power, Hrsg. D. Cartwright, Ann Arbor, Mich. 1959, S. 151; Katz, D. und Kahn, R. L., The Social Psychology of Organizations, a. a. O., S. 219; Peabody, R. L., Organizational Authority, New York 1964, S. 5; Presthus, R. V., Authority in Organizations, in: Concepts and Issues in Administrative Behavior, Hrsg. S. Mailick und E. H. van Nees, Englewood Cliffs, N. J. 1962, S. 123; Tannenbaum, R., Weschler, J. R. und Massarik, K. F., Leadership and Organization, New York 1961, S. 24; Leavitt, H. J., Managerial Psychology, 2. Aufl., Chicago und London 1964, S. 153; Leibenstein, H., Economic Theory and Organizational Analysis, New York, Evanston und London 1965, S. 157.

innerung an im Gedächtnis gespeicherte Informationen ausweiten[29]). Dabei geht die enge Wechselwirkung zwischen den Kommunikationspartnern verloren.

Annahme oder Zurückweisung der empfangenen Informationen ist eine Frage der *Macht* der Kommunikationsquelle. Macht besteht in der Fähigkeit, andere zu beeinflussen[30]). Sie beruht einerseits auf bestimmten Eigenschaften der Macht ausübenden Instanz. Andererseits ist sie in Zusammenhang mit den Werten und Erwartungen des Machtunterworfenen zu sehen. Der Machtunterworfene versucht beispielsweise, bestimmte materielle oder immaterielle Belohnungen zu erreichen und Bestrafungen zu vermeiden. Er ist bestrebt, sich die Informationsvorteile anderer nutzbar zu machen, bestimmte Gesetze oder Vorschriften zu befolgen oder eine Person, die er als Vorbild betrachtet, nachzuahmen oder ihr zu dienen. Aus diesen und ähnlichen Gründen kann er bereit sein, Informationen als Prämissen seiner Entscheidungen zu übernehmen.

Das betriebswirtschaftliche Kommunikationssystem ist das wichtigste Hilfsmittel für die Gewinnung und Weiterleitung von Informationen und damit für die interpersonelle Ausübung von Macht bzw. Einfluß. Es ist durch die Kommunikationswege zwischen den Organisationsmitgliedern einschließlich der Kanäle von der Betriebswirtschaft zur Umwelt und umgekehrt gekennzeichnet[31]). Beeinflussungs- bzw. Machtausübungsversuche folgen dem jeweiligen Informationsfluß.

Die bisherigen Überlegungen enthalten sowohl formale als auch informale organisatorische Tatbestände. Sie kennzeichnen die Komplexität der Begriffe Willensbildung, Willensdurchsetzung und Führung. Eine Einengung der Betrachtung ergibt sich, wenn die formalen, die „offiziellen" Gesichtspunkte in den Vordergrund gerückt werden.

Auszugehen ist davon, daß die betriebswirtschaftlichen Entscheidungsprozesse sachlich, personell und zeitlich geteilt sind. Zwischen den Teilprozessen bestehen zum Teil enge Beziehungen. Das kommt besonders darin zum Ausdruck, daß das Ergebnis eines Entscheidungsprozesses Daten oder Beschränkungen für eine Reihe weiterer zeitlich nachgelagerter Prozesse liefert. Daraus ergibt sich die Notwendigkeit einer Koordination der Teilprozesse. Ein gewisses Mindestmaß an Koordination wird dadurch erreicht, daß die Organisation „in Form einer abgestuften Hierarchie mit von oben nach unten

---

[29]) Ansätze zu einer solch weiten Auslegung des Begriffes Kommunikation finden sich z. B. bei Berlo. „In short anything to which people can attach meaning may be and is used in communication. Communication behavior is tremendously broad in scope." Berlo, D. K., a. a. O., S. 2.

[30]) „When an agent, O, performs an act resulting in some change in an other agent, P, we say that O influences P. If O has the capability of influencing P, we say that O has power over P." Cartwright, D., Influence, Leadership, Control, a. a. O., S. 4.

[31]) Vgl. Guetzkow, H., Communication in Organizations, a. a. O., S. 534 f.

verlaufenden Anordnungswegen"[32]) aufgebaut wird und den einzelnen Entscheidungsträgern von Stufe zu Stufe immer mehr konkretisierte Handlungsziele vorgegeben werden. An die Organisationsteilnehmer auf den verschiedenen Stufen der Hierarchie werden Teilentscheidungen delegiert. Es entsteht das Bild einer Zweck-Mittel- oder — in anderen Worten — einer Willensbildungs-Willensdurchsetzungs-Pyramide. Der übergeordnete Entscheidungsträger erteilt an die ihm untergeordneten Organisationsteilnehmer Weisungen (imperativische Informationen) bezüglich der Ausführung der von ihm gefällten Entscheidungen. Der Entscheidungsspielraum nimmt dabei von Stufe zu Stufe ab. Routine- bzw. Ausführungsaufgaben nehmen zu Lasten echter Entscheidungen zu[33]). Bei der Diskussion betriebswirtschaftlicher Führungsfragen[34]) kann an diesem Formalansatz angeknüpft werden, obwohl die Problemstellung und die wissenschaftlichen Beiträge dazu weit darüber hinausreichen.

Viele Forscher gehen von der Beobachtung aus, daß physischer Zwang und formale Autorität heute als Führungsmethoden gesellschaftlich weitgehend abgelehnt werden und somit an Wirksamkeit eingebüßt haben[35]). Ulrich stellt deshalb die Frage: „Wie kann ein Chef überhaupt einen Mitarbeiter veranlassen, das zu tun, was er — der Chef — möchte, daß es getan wird? Sein Arsenal an Belohnungs- und Sanktionsmöglichkeiten ist ja im Laufe der Zeit gewaltig zusammengeschrumpft. Heute weiß man, daß in einer Gesellschaft freier Menschen, wie wir sie zumindest anstreben, sich schließlich auch in der Unternehmung nur noch eine Führung halten wird, welcher es gelingt, von den Mitarbeitern eine aktive Mitarbeit aus freien Stücken zu erlangen"[36]). Daraus ergibt sich die Notwendigkeit, nach Führungsmethoden Ausschau zu halten, die den gegenwärtigen gesellschaftlichen Anschauungen und Entwicklungstendenzen besser gerecht werden.

1.3 Der moderne Führungsstil: Überzeugung oder Manipulation?

Die Ausdrücke „Führung", „Führungsstil", „Leitung" und „Willensdurchsetzung" sowie der entsprechende englische Ausdruck „leadership" werden in der sozialwissenschaftlichen Literatur sehr verschieden gebraucht. Jeder, der einen Einblick in diesen Problemkreis gewinnen möchte, „muß bereit sein, sich mit einer Literatur auseinanderzusetzen, die weit verstreut, heterogen und geradezu chaotisch ist"[37]). Erst in jüngster Vergangenheit hat sich ein allgemeiner theoretischer Rahmen für die Verwendung der angeführten

[32]) Mayntz, R., Soziologie der Organisation, Reinbek 1963, S. 86.

[33]) Vgl. Ulrich, H. und Staerkle, R., Verbesserung der Organisationsstruktur von Unternehmungen, 2. Aufl., Bern 1962, S. 13.

[34]) Zu den Begriffen Führung und Leitung in der betriebswirtschaftlichen Organisationslehre vgl. z. B. Fischer, G., Die Führung von Betrieben, Stuttgart 1961, S. 8 f.

[35]) Vgl. Gutenberg, E., Unternehmensführung, a. a. O., S. 52.

[36]) Ulrich, H., Neuere Erkenntnisse auf dem Gebiet der Unternehmungsführung, a. a. O., S. 76.

[37]) Cartwright, D., Influence, Leadership, Control, a. a. O., S. 3.

Ausdrücke abgezeichnet. Sie werden weitgehend synonym gebraucht und unter dem Sammelbegriff „soziale Beeinflussung“ zusammengefaßt. Führung schließt stets den Versuch ein, auf das Verhalten einer oder mehrerer Personen einzuwirken, um dadurch bestimmte Ziele zu erreichen[38]).

Diese Feststellung läßt eine Reihe von Fragen unbeantwortet, besonders diejenige nach alternativen Formen der Führung (Führungsstilen) und deren Konsequenzen in bezug auf das Verhalten der Organisationsmitglieder. „Auf dem Weg über die psychische Reaktion der Mitglieder kann ein bestimmter Führungsstil zu einem — wenn auch nicht uneingeschränkten — Einstellungswandel führen, und zwar sowohl in negativer wie in positiver Richtung“[39]). In der einschlägigen Literatur werden gewöhnlich drei Arten von Führungsstilen unterschieden: autoritäre Führung, partizipative oder demokratische Führung sowie das Fehlen jeglicher Führung im Sinne des uneingeschränkten „laissez-faire-Prinzips“[40]). Die Bezeichnungen beziehen sich einerseits auf die formalen organisatorischen Regelungen, andererseits auf das Verhalten der Organisationsmitglieder, insbesondere der Führungsspitze der Organisation. Außerdem ist ihre Verwendung nicht frei von ideologischen Momenten bzw. einer bekennend-normativen Grundhaltung einiger Forscher[41]).

Bei *autoritativer Führung* fällt der Vorgesetzte sämtliche Entscheidungen allein und gibt definitive, unwiderrufliche Anweisungen für ihre Ausführung. Jede Art aktiver Teilnahme der Untergebenen an der Willensbildung unterbleibt. Der Chef handelt nach dem Grundsatz: „Ich allein weiß, was getan werden muß und wie es zu geschehen hat.“ Er erteilt seine Weisungen in erster Linie auf der Grundlage seiner offiziellen Befehlsgewalt, unterstützt durch die Möglichkeit, zu belohnen und zu bestrafen.

Partizipative, kooperative oder *„demokratische“ Führung* zeichnet sich durch die Mitwirkung aller Organisationsmitglieder an der betrieblichen Willensbildung aus. Im Extremfall bedeutet sie die Beteiligung aller Gruppen der Organisation an der Festlegung der Oberziele der Betriebswirtschaft. In der Regel ist jedoch nicht an Mitentscheidung etwa im Sinne der „qualifizierten Mitbestimmung“ in der bundesdeutschen Montanindustrie gedacht, sondern an eine Aufteilung der Entscheidungsbefugnis auch auf die unteren Ebenen der Organisationspyramide[42]). Der Vorgesetzte gewährt den Untergebenen

---

[38]) Vgl. Bass, B. M., Leadership, Psychology, and Organizational Behavior, New York, Evanston und London 1965, S. 89 f; Tannenbaum, R., Weschler, J. R. und Massarik, K. F., a. a. O., S. 22 ff.

[39]) Mayntz, R., Soziologie der Organisation, a. a. O., S. 132.

[40]) Es sind dies lediglich die drei bekannten Extremtypen. Vgl. z. B. Pfiffner, J. M. und Sherwood, F. P., Administrative Organization, Englewood Cliffs, N. J. 1960, S. 348 ff; Gutenberg, E., Unternehmensführung, a. a. O., S. 51 ff; Likert, R., New Patterns of Management, New York, Toronto und London 1961; Mayntz, R., Soziologie der Organisation, a. a. O., S. 132 ff; White, R. K. und Lippitt, R., Autocracy and Democracy, New York 1960.

[41]) Vgl. Scott, W. G., a. a. O., S. 394.

[42]) Vgl. March, J. G. und Simon, H. A., Organizations, a. a. O., S. 54; Scott, W. G., a. a. O., S. 393.

einen weiten Handlungsspielraum in bezug auf die Erfüllung bestimmter Sachaufgaben, die Wahl der dazu erforderlichen Kommunikationsbeziehungen sowie die Kooperation innerhalb der Arbeitsgruppe. Der Entscheidungsbereich und die konkreten Ziele werden entweder vom Vorgesetzten allgemeinverbindlich vorgegeben oder gemeinsam mit den subordinierten Mitarbeitern ausgehandelt. Die Einflußmöglichkeiten des Vorgesetzten stützen sich in erster Linie auf seine Sachverständigkeit. Er gibt Anregungen, berät und koordiniert Meinungen[43]).

Die Grenzen zwischen partizipativer Führung und *laissez-faire-Prinzip* sind flüssig. Bei Experimenten mit Kleingruppen ist dieses Extrem dadurch gekennzeichnet, daß den Mitgliedern bei der Übertragung einer gemeinsam zu lösenden Aufgabe absolute Freiheit bei der Organisation des Arbeitsvollzugs eingeräumt wird. Ein vollkommener Mangel an Führung, wie er sich im laissez-faire-Prinzip ausdrückt, ist in der Realität weder in dem „kleineren" sozialen Gebilde Gruppe und Organisation noch in dem „größeßeren" sozialen Gebilde Gesellschaft oder Volkswirtschaft denkbar. Dieses Prinzip ist entweder als äußerster Extremtyp einer „Organisation" sozialer Beziehungen oder als wirklichkeitsfremdes Idealbild einzustufen. Für die Führung in der Betriebswirtschaft hat es letztlich nur theoretische Bedeutung.

In der einschlägigen Literatur, insbesondere der angelsächsischen Managementlehre, sind eine Vielzahl von Führungsstilen beschrieben worden, die sich irgendwo zwischen den Extremen einordnen lassen, z. B. *„wohlwollend-autoritative"* und *„beratend-partizipative Führung"*[44]), *„management by objectives"*[45]), *„management by exception"*[46]) und *„management by integration and self-control"*[47]). Dabei wird gewöhnlich von der Hypothese ausgegangen, daß — abgesehen von einem laissez-faire — die freieren Formen der Führung zu positiven Einstellungen gegenüber den Organisationszielen, zu einer stärkeren Identifikation mit diesen, verbunden mit Leistungssteigerungen, führen.

Zwischen den verschiedenen Führungsstilen bestehen — schließt man das laissez-faire-Prinzip aus der Betrachtung aus — grundlegende Gemeinsamkeiten, die sich in zwei Thesen zusammenfassen lassen:

1. *Der unmittelbare Vorgesetzte ist für die Untergebenen der wichtigste oder zumindest ein sehr wichtiger Kommunikationspartner innerhalb der Organisation.*

[43]) Vgl. Mayer, A., Die soziale Rationalisierung des Industriebetriebes, München und Düsseldorf 1951, S. 126 ff.

[44]) Likert, R., New Patterns of Management, a. a. O., S. 223.

[45]) Raia, A. P., Goal-Setting and Self-Control, The Journal of Management Studies, 1965, S. 34 ff; Odiorne, G. S., Führung durch Vorgabe von Zielen, München 1967; Drucker, P., The Practice of Management, New York 1954.

[46]) Pfiffner, J. M. und Fels, M., The Supervision of Personnel, Englewood Cliffs, N. J. 1964, S. 157.

[47]) McGregor, D., The Human Side of Enterprise, New York, Toronto und London 1960, S. 61 ff.

2. *Der Vorgesetzte kontrolliert zusammen mit dem Top Management einen Großteil der organisatorischen Umwelt der subordinierten Mitglieder.*

Dabei muß es durchaus nicht zutreffen, daß Kommunikation mit und Kontrolle durch den Vorgesetzten um so mehr zurückgehen, je mehr Elemente eines partizipativen Führungsstils an die Stelle autoritativer Führungsmethoden treten. Kommunikation und Kontrolle der Umwelt aber schaffen die Möglichkeit zur Beeinflussung durch Überzeugung und Manipulation. Die institutionalisierte Beteiligung aller Organisationsteilnehmer an der betrieblichen Willensbildung erweist sich unter diesen Umständen vielfach als reine „Pro-forma-Mitwirkung“[48]).

Jede Information ist insofern überzeugend, als der Empfänger freiwillig darin enthaltene Schlußfolgerungen ganz oder teilweise akzeptiert. Das gilt für alle Kommunikationen, seien sie nun in der Umgangssprache als Befehlsübermittlung, Beratung, Unterrichtung, Anregung, Instruktion oder aber als Überzeugung bezeichnet. Andererseits wird von vielen Seiten darauf hingewiesen, daß für die Überzeugung andere Faktoren maßgebend seien als nur eine exakte Nachrichtenübertragung[49]). Die Durchsetzung einer Entscheidung scheitert häufig nicht an der Anordnungsbefugnis als solcher, sondern an der Form der Anordnung[50]). Shelly und Bryan machen dies auf besondere Weise deutlich. Sie gehen davon aus, daß bei den einzelnen Aktivitäten eines Entscheidungsprozesses unterschiedliche Sprachen Verwendung finden[51]). So unterscheiden sie u. a. zwischen der *Problemlösungssprache* und der *Sprache der Überzeugung* bei der Willensdurchsetzung gegenüber anderen Personen. „Um das Individuum zur Annahme der gewählten Alternative zu veranlassen, ist die Problemlösungssprache durch eine Sprache der Überzeugung zu ergänzen“[52]). Sie zeichnet sich durch bestimmte Kommunikations- und Sprachtechniken aus, die eine Spezialisierung gegenüber der normalen Umgangssprache bedeuten. Der Sender muß sich bei der Kommunikation einer Sprache bedienen, die der Empfänger „versteht“. Es wird versucht, dem Empfänger die Auffassung nahezubringen, daß die in der Nachricht enthaltenen Schlußfolgerungen bestimmte eigene Motivationen, Ziele und Erwartungen bestätigen oder fördern.

Diese Art des Kommunikationsverhaltens ist für alle Personen typisch, die andere zu beeinflussen suchen, ohne dabei „greifbare“ Machtmittel zum Einsatz bringen zu wollen oder zu können, wie etwa physischen Zwang[53]). Sie ist ebenso kennzeichnend für Politiker, Propagandisten, Werbefachleute

---

[48]) March, J. G. und Simon, H. A., Organizations, a. a. O., S. 54.

[49]) Vgl. Thayer, L. O., a. a. O., S. 183.

[50]) Vgl. Grün, O., Informale Erscheinungen in der Betriebsorganisation, Berlin 1966, S. 80.

[51]) Vgl. dazu Shelly II, M. W. und Bryan, G. L., Jugdments and the Language of Decisions, in: Human Judgments and Optimality, Hrsg. M. W. Shelly II und G. L. Bryan, New York, London und Sydney 1964, S. 11 ff.

[52]) Shelly II, M. W. und Bryan, G. L., a. a. O., S. 15.

[53]) Vgl. McGregor, D., a. a. O., S. 19.

oder Verkäufer wie für Vorgesetzte, die sich nicht auf ihre Befehlsgewalt berufen, sondern ihre Entscheidungen, Auffassungen oder Ideen den Untergebenen zu „verkaufen" suchen[54]). Andererseits ist daran zu zweifeln, ob all diesen Personen tatsächlich daran gelegen ist, zu überzeugen. Ist ihr Verhalten nicht vielmehr als Versuch der Manipulation anderer zu bezeichnen?

In der Betriebswirtschaftslehre ist diese Frage im Zusammenhang mit der auf den Methoden der Motivforschung basierenden Absatzwerbung immer wieder gestellt worden. Titel von Veröffentlichungen wie „Vermag die moderne Werbung den Menschen zu ‚manipulieren'?"[55]), „Der manipulierte Mensch"[56]) oder „Die geheimen Verführer"[57]) weisen darauf hin. Der einzelne kann sich im Zeitalter der Massenkommunikation kaum noch der Beeinflussung durch Werbebotschaften entziehen. Die Werbebotschaften sind in einer „Sprache" formuliert, die sie bis ins Unterbewußtsein des einzelnen vordringen lassen.

Die Frage nach der Manipulierbarkeit des Menschen durch jede Art von Massenkommunikation hat starke Emotionen wachgerufen. Diese beruhen vorwiegend auf den vagen Vorstellungen, die über den Begriff der Manipulation ebenso wie über den der Überzeugung vorherrschen. Die Psychologie beschäftigt sich seit jeher mit diesen Fragen; in neuerer Zeit sind es auch Politologie, Soziologie und interdisziplinäre Organisationstheorie. Vor allem in der Psychologie wurden eine Vielzahl von Hypothesen über die Wirkung eines bestimmten Kommunikationsverhaltens auf Ziele, Überzeugungen und Verhalten der Kommunikationsempfänger abgeleitet, und es wurde versucht, sie in Experimenten und Tests zu verifizieren. Obwohl eine unmittelbare Übertragung der Erkenntnisse der neueren Kommunikationsforschung auf die innerorganisatorische Realität nicht ohne weiteres möglich ist, ergeben sich dennoch wertvolle Anhaltspunkte, die ein Überdenken des Problems der Führungsstile der Betriebswirtschaft aus dieser Sicht notwendig erscheinen lassen.

Von *Überzeugung* ist immer dann zu sprechen, wenn eine Person einer anderen Informationen zuleitet und der Empfänger die darin enthaltenen Schlußfolgerungen freiwillig — also ohne Drohung und Zwang — als Entscheidungsprämissen akzeptiert[58]). „Jemanden von der Vernünftigkeit einer Ent-

---

[54]) Vgl. Tannenbaum, R., Weschler, J. R. und Massarik, K. F., a. a. O., S. 70.

[55]) Nieschlag, R., Vermag die moderne Werbung den Menschen zu „manipulieren"? in: Gegenwartsfragen der Unternehmung, Festschrift für F. Henzel, Hrsg. B. Bellinger, Wiesbaden 1961, S. 177 ff.

[56]) Franke, H. W., Der manipulierte Mensch — Grundlagen der Werbung und Meinungsbildung, Wiesbaden 1964.

[57]) Packard, V., Die geheimen Verführer, Düsseldorf 1958. Originalausgabe: The Hidden Persuaders, New York 1957.

[58]) Vgl. Gilman, G., An Inquiry into the Nature and Use of Authority, in: Organization Theory in Industrial Practice, Hrsg. M. Haire, New York 1962, S. 107.

scheidung zu überzeugen, bedeutet meist mehr, als ihn lediglich von der Rationalität der eigenen Wahl zu überzeugen"[59]). Der Überzeuger muß dem zu Überzeugenden in der Regel zusätzliche Informationen liefern, die diesem die Annahme der Prämissen angebracht erscheinen lassen.

Im Gegensatz zur Überzeugung wird bei der *Manipulation* dem Beeinflußten sehr oft nicht bewußt, beeinflußt worden zu sein — zumindest nicht im Zeitpunkt der Beeinflussung[60]). Der Unterschied zwischen Überzeugung und Manipulation besteht im wesentlichen darin, daß bei Manipulation nur mit Vorbehalt eine freiwillige Übernahme der Entscheidungsprämissen unterstellt werden kann. Von Bedeutung ist hierbei vor allem, wie es der Beeinflussende bewerkstelligt, die „freie" Willensbildung des Informationsempfängers einzuschränken, ohne daß dies ins Bewußtsein des solcherart Manipulierten tritt. Dieses Ziel erreicht der Manipulator dadurch, daß er neben den Kommunikationsinhalten auch die Umwelt der Kommunikationspartner verstärkt in seine Überlegungen einbezieht. Dies geschieht in der Absicht, dem Beeinflußten nur die Informationen zugänglich zu machen, die ein Handeln ganz nach den Vorstellungen des Manipulators induzieren. Der Manipulator wird sein eigenes Verhalten etwa wie folgt charakterisieren: „Ich habe ihn in den Glauben versetzt, es wären seine eigenen Ideen." Er versucht, seine eigenen Absichten und Ziele vor anderen zu verbergen, und gestaltet dementsprechend die Kommunikationsinhalte und die dem Beeinflußten zugängliche Umwelt[61]). Als Umweltmanipulationen, die eine positive Einstellung der Mitglieder gegenüber den Organisationszielen induzieren sollen, können beispielsweise auch planmäßiger Arbeitsplatzwechsel (job rotation), Bildung kleiner Arbeitsgruppen oder die Gewährung besonderer sozialer Vergünstigungen für die Organisationsmitglieder aufgefaßt werden. Auch die Einführung eines partizipativen Führungsstils kann als Manipulationsversuch der Führungsspitze gewertet werden[62]). So scheint es berechtigt, mit Hartmann zu sagen: „Manipulation bedeutet ‚Steuerung durch Kunstgriff'; der Manipulator trifft Entscheidungen für andere, ohne ihren direkten Widerspruch zu erregen"[63]).

Das intuitive Verstehen der Termini Überzeugung und Manipulation und ihre Verwendung in der Umgangssprache weisen auf äußerst gegensätzliche Methoden der Beeinflussung hin. Eine eingehendere Beschäftigung mit beiden Ausdrücken zeigt jedoch, daß es erhebliche Schwierigkeiten bereitet, sie gegeneinander abzugrenzen. Das gilt vor allem dann, wenn beide Male Kommunikationsvorgänge im Mittelpunkt stehen. Überzeugungsvorgänge sind meist von Manipulationsversuchen begleitet, z. B. wenn Diskussionen beendet werden sollen, um Entscheidungen herbeizuführen, oder wenn eine Partei

---

[59]) Shelly II, M. W. und Bryan, G. L., a. a. O., S. 15.

[60]) Vgl. Gilman, G., a. a. O., S. 107.

[61]) Vgl. Leavitt, H. J., Managerial Psychology, a. a. O., S. 183.

[62]) Vgl. McGregor, D., a. a. O., S. 138.

[63]) Hartmann, H., Funktionale Autorität, Stuttgart 1964, S. 9.

eine Abstimmung über eine strittige Frage verhindern will. Andererseits sind auch Manipulationen vielfach von Überzeugungsprozessen durchsetzt. Dadurch sollen beispielsweise negative Auswirkungen auf die Einstellungen und das Verhalten des Beeinflußten eingeschränkt werden, die dann eintreten, wenn der Beeinflußte eine Manipulation vermutet oder sie als solche erkennt.

Die engen Beziehungen zwischen den beiden Begriffen zwingen zwar nicht dazu, sie synonym zu gebrauchen, aber dennoch dazu, sie immer wieder nebeneinanderzustellen. Mit ihnen soll ein Verhalten charakterisiert werden, das Versuche der „Überredung", des „Belehrenwollens" umfaßt, ein Verhalten, das bei jeder Informationsübertragung eine gewisse Rolle spielt, ob es sich um Werbung, politische Propaganda, die Gestaltung des Unterrichts oder eines Fachvortrages, die Führung einer Clique von Freunden oder aber um die Führung von Untergebenen in der Betriebswirtschaft handelt.

2. Kapitel

Theoretische Bezugsrahmen zur Analyse betriebswirtschaftlicher Überzeugungs- und Manipulationsvorgänge

2.1 Mögliche Ausgangspunkte einer Theorie der Beeinflussung

Die theoretischen Bezugsrahmen zur Analyse betriebswirtschaftlicher Überzeugungs- und Manipulationsvorgänge sind innerhalb einer Theorie der Beeinflussung zu suchen. Das Phänomen der Beeinflussung als Ausdruck interpersoneller Beziehungen durchzieht sämtliche sozialwissenschaftlichen Teildisziplinen. Dementsprechend sind die Ausgangspunkte einer solchen Theorie weit verstreut. Sie sind aus Mangel an interdisziplinärer Forschung und Kommunikation noch weit davon entfernt, ein geschlossenes theoretisches System zu bilden[1]).

Zaleznik hat den Versuch unternommen, die theoretischen Ausgangspunkte der Untersuchung interpersoneller Einflußbeziehungen in Organisationen aufzuzeigen[2]). Er weist dabei vor allem auf die praktische Bedeutung dieses Teils der Organisationstheorie hin. Wenn man „die außerordentlich hohe Stundenzahl betrachtet, die Manager und andere leitende Persönlichkeiten in den verschiedenen Organisationen darauf verwenden, um in einem System interpersoneller Beziehungen den Arbeitsfluß zu lenken und zu steuern, dann wird die Anziehungskraft verständlich, die gerade dieser Forschungsbereich auf Praktiker ausübt“[3]). Die Hilfestellung, die den verantwortlichen Personen in Organisationen gegeben werden kann, besteht in der Formulierung von Verhaltensempfehlungen für die Gestaltung der interpersonellen Beziehungen. Im Rahmen einer *normativen Theorie* der Beeinflussung werden Sätze abgeleitet, die angeben, wie sich ein Individuum gegenüber anderen Individuen verhalten soll, um bestimmte Ziele in einem erwünschten Ausmaß zu erreichen. Präskriptive Aussagen dieser Art werden insbesondere in der *„Führungsstiltheorie“* (leadership theory) formuliert. Die ver-

[1]) Vgl. March, J. G., Introduction to the Theory and Measurement of Influence, American Political Science Review, 1955, S. 450.

[2]) Vgl. Zaleznik, A., Interpersonal Relations in Organizations, in: Handbook of Organizations, Hrsg. J. G. March, Chicago 1965, S. 574 ff.
Zaleznik verwendet als Oberbegriff nicht den Begriff Beeinflussung, sondern er spricht allgemein von interpersonellen Beziehungen. Die Problemstellung ändert sich dadurch nicht, da mit interpersonellen Beziehungen „zwangsläufig“ eine gegenseitige Beeinflussung verbunden ist. Vgl. dazu Parsons, T. und Shils, E. (Hrsg.), Toward a Theory of Action, Cambridge, Mass. 1951, S. 14 ff; Skinner, B. F., Science and Human Behavior, New York 1953, S. 297 ff; Homans, G. C., Elementarformen sozialen Verhaltens, Köln und Opladen 1968, S. 26.

[3]) Zaleznik, A., a. a. O., S. 574.

schiedenen Vertreter dieser Richtung haben zum Teil besondere Ausbildungs- und Beratungsprogramme und -methoden entwickelt, um die abgeleiteten Sätze an die Praxis heranzutragen. Hervorzuheben ist das sogenannte „Sensitivitätstraining" für Führungskräfte der Forschergruppen um R. Tannenbaum[4]).

Gehen in die entsprechenden Verhaltensvorschriften neben den Zielen der handelnden Menschen auch die Wertvorstellungen des Wissenschaftlers ein, so ist nicht mehr von einer praktisch-normativen, sondern von einer *bekennend-normativen Theorie* zu sprechen[5]). Gerade in Empfehlungen zur Wahl des „besten" Führungsstils sind beide Gesichtspunkte untrennbar ineinander verwoben. Bei den meisten Vertretern normativer Theorien ist der Wunsch nach Erforschung der zwischenmenschlichen Beziehungen von dem Verlangen überlagert, sie zu verändern[6]). Ausschlaggebend sind in der Regel altruistische Motive bzw. bestimmte weltanschauliche Überzeugungen. Die meisten Vertreter dieser Richtung fühlen sich der „Human-Relations-Bewegung" eng verbunden, deren Anfänge in den empirischen Untersuchungen in den Hawthorne-Werken zu suchen sind[7]). Erst in jüngster Zeit ist es gelungen, die im Rahmen normativer Theorien der Beeinflussung abgeleiteten Aussagen zu verfeinern und sie durch experimentelle und empirische Studien wissenschaftlich zu fundieren[8]). Sie leisten nunmehr einen wesentlichen Beitrag zur Erfüllung der Gestaltungsaufgabe einer angewandten Theorie der Beeinflussung.

Voraussetzung für die Abgabe entsprechender Empfehlungen ist die Kenntnis all derjenigen Faktoren, die das menschliche Verhalten determinieren. Damit ist die *Erklärungsaufgabe einer Theorie* der Beeinflussung angesprochen. Die von Zaleznik aufgezeigten Ausgangspunkte einer solchen Theorie beziehen sich ausschließlich auf deren Erklärungsfunktion, so wie diese in der Betriebswirtschaftslehre in Übereinstimmung mit der Wissenschaftstheorie verstanden wird[9]). Zaleznik unterscheidet drei Arten der wissenschaftlichen Erklärung, die er als Beschreibung (description), Erklärung (explanation) und Bestimmung der Konsequenzen (consequences) bezeichnet

---

[4]) Vgl. Tannenbaum, R., Weschler, J. R. und Massarik, K. F., a. a. O., S. 119 ff; ferner Rogers, C. R., Counseling and Psychotherapy, Boston 1942; Rice, A. K., Learning for Leadership, London 1965. Zu den verschiedenen Methoden der Führungsausbildung vgl. insbesondere Schönfeld, H.-M., Die Führungsausbildung im betrieblichen Funktionsgefüge, Wiesbaden 1967, S. 190 ff.

[5]) Vgl. Heinen, E., Einführung in die Betriebswirtschaftslehre, a. a. O., S. 22.

[6]) Vgl. Zaleznik, A., a. a. O., S. 606.

[7]) Begründer und Wegbereiter der „Human-Relations-Bewegung" waren in erster Linie Mayo, E., The Human Problems of Industrial Civilization, Cambridge, Mass. 1933; Roethlisberger, F. J. und Dickson, W. J., Management and the Worker, Cambridge, Mass. 1939 sowie Gardner, B. B. und Moore, D. G., Human Relations in Industry, Homewood, Ill. 1945.

[8]) Vgl. Dill, W. R., Desegration or Integration? Comments about Contemporary Research on Organizations, in: New Perspectives in Organization Research, Hrsg. W. W. Cooper, H. J. Leavitt und M. W. Shelly II, New York, London und Sydney 1964, S. 46 ff.

[9]) Vgl. Heinen, E., Betriebswirtschaftliche Kostenlehre, Band I, Begriff und Theorie der Kosten, 2. Aufl., Wiesbaden 1965, S. 112 ff und die dort angegebene Literatur.

(vgl. Abb. 2.1)[10]). Die drei Begriffe geben an, wie der Wissenschaftler zu seinen theoretischen Aussagen gelangt und wie er sie jeweils nutzbar macht. In ihrer Gesamtheit entsprechen sie den Aufgaben, die im Rahmen der wissenschaftlichen Erklärung von Zusammenhängen bzw. Gesetzmäßigkeiten zu lösen sind.

Die Beschreibung (description) dient der Erkundung (Exploration) des zu untersuchenden Phänomens in der Wirklichkeit. Im vorliegenden Zusammenhang steht die Frage im Mittelpunkt, wie sich zwischenmenschliche Beziehungen im Zeitablauf und unter wechselnden Bedingungen vollziehen. Die theoretischen Aussagen basieren auf einer vergleichenden Betrachtung des gewonnenen Materials. Ziel der Erklärung (explanation) ist es demgegenüber, die Ursachen festzustellen, die für den Verlauf interpersoneller Beziehungen bestimmend sind. Mit der Prognose der Konsequenzen alternativer Verhaltensweisen der interagierenden Personen (consequences) soll im besonderen das „Ergebnis" interpersoneller Beziehungen hervorgehoben werden. Diese Art der wissenschaftlichen Erklärung bildet die unmittelbare

Erklärungsart ➤ Betrachtungsebene ▼	Exploration	Explanation	Prognose
organisational	tatsächliches Rollenverhalten; horizontale und vertikale Interaktionen; kollektive Entscheidungsprozesse	Beschränkungen, die sich aus den Eigenschaften der Organisation ergeben	Verpflichtung zu handeln; Zielerreichung
interpersonal	Interaktionsprozesse im Zeitablauf	dynamisches Gleichgewicht und interpersonelles Verhalten	Aufstellung und Aufrechterhaltung von Gruppennormen usw.
intrapersonal	geistige Prozesse; kognitive Informationen, Symbole, Bedeutungen	Prädisposition; Verhaltensstil; Psychodynamik	Änderungen von Einstellungen, Werten und Überzeugungen; gelernte Verhaltensweisen

Abb. 2.1: Ausgangspunkte einer Theorie der Beeinflussung

[10]) Vgl. dazu und im folgenden Zaleznik, A., a. a. O., S. 574 ff.

Vorstufe für die Entwicklung einer normativen Theorie der Beeinflussung. Es wird beispielsweise die Frage gestellt, welche Auswirkungen von einem autoritären oder einem partizipierenden Führungsstil auf die interpersonellen Verhaltensbeziehungen ausgehen.

Den drei Arten wissenschaftlicher Erklärung stellt Zaleznik drei Ebenen der Betrachtung von interpersonellen Beziehungen zur Seite, die sich formal mit den im ersten Kapitel angeführten Systemebenen decken: die organisationale, die interpersonale und die intrapersonale[11]). Die möglichen Ausgangspunkte einer Theorie der Beeinflussung für Organisationen sind in den entsprechenden Feldern der angeführten Tabelle verzeichnet (vgl. Abb. 2.1).

Bildet die Organisation die Bezugsbasis, so sind die interpersonalen Beziehungen zwischen den Mitgliedern der Organisation (z. B. Angestellte und Kapitaleigner) sowie zwischen Mitgliedern und Teilnehmern (z. B. Kunden, Lieferanten und Gläubigern) zu beurteilen. Die „offiziellen" Interaktionen[12]) der Organisationsmitglieder sind auf die Erreichung der Organisationsziele ausgerichtet. Diese stehen zwar in Beziehung zu den persönlichen Zielen, stimmen in aller Regel jedoch nicht mit ihnen überein. Die Organisationsziele konkretisieren sich in den Rollen, welche die Mitglieder zu erfüllen haben. „Rollen sind standardisierte Verhaltensmuster, denen alle Personen zu entsprechen haben, die in eine gegebene funktionale Beziehung eingegliedert sind"[13]). Das Netz standardisierter Rollen konstituiert die formale Struktur der Organisation[14]), innerhalb deren sich die organisatorischen Entscheidungsprozesse, Kommunikationen usw. vollziehen. Die spezifischen Aufgaben der Organisation — in der Betriebswirtschaft gekennzeichnet durch die Erstellung und marktliche Verwertung des Leistungsprogramms — bilden den primären Inhalt der Interaktionen. Außerdem geben die aus den Organisationszielen abgeleiteten Rollen und Verhaltensnormen einen wesentlichen Teil der Beschränkungen an, die den interpersonellen Beziehungen in Organisationen auferlegt sind[15]).

Auf der zweiten, der interpersonalen Betrachtungsebene sind die Interaktionsprozesse zwischen einer Person A und einer Person B (face-to-face interactions) in allen Einzelheiten zu analysieren. Im Mittelpunkt stehen die wechselseitigen Kommunikations- und Macht- bzw. Autoritätsbeziehungen

---

[11]) Vgl. Zaleznik, A., a. a. O., S. 574 ff.

[12]) Der Begriff der Interaktion kann immer dann gebraucht werden, „wenn wir nicht an den Besonderheiten eines ausgesendeten Verhaltens interessiert sind — ob es sich jeweils um eine Aktivität, ein Gefühl oder um eine ganz bestimmte Art von Aktivität oder Gefühl handelt —, sondern nur daran, ..., daß das Verhalten auf jeden Fall soziales Verhalten ist." Homans, G. C., Elementarformen sozialen Verhaltens, a. a. O., S. 30; ferner Atteslander, P., Das Interaktionsprogramm, eine Methode der Verhaltensforschung in Industriebetrieben, Die Unternehmung, 1963, S. 121 ff.

[13]) Katz, D. und Kahn, R. L., a. a. O., S. 37.

[14]) Vgl. Katz, D. und Kahn, R. L., a. a. O., S. 49.

[15]) Vgl. Zaleznik, A., a. a. O., S. 575.

sowie die gefühlsmäßigen Bindungen. Die Interaktionen zwischen Personen, die unterschiedliche Positionen in der Organisationspyramide einnehmen, lassen sich beispielsweise durch den Inhalt, die gebräuchlichen Ausdrucksmittel (Symbole) und die vorherrschende Richtung der Kommunikation kennzeichnen. „Output" von Interaktionsprozessen sind in erster Linie Ziele und Verhaltensvorschriften für die zukünftigen interpersonellen Beziehungen innerhalb einer Gruppe bzw. der Organisation[16]).

Auf der untersten Bezugsebene werden die informationsgewinnenden, -verarbeitenden und -übertragenden Prozesse des Individuums betrachtet. Das Individuum wird als denkendes, fühlendes und sich anderen gegenüber äußerndes Wesen aufgefaßt. Es ist Beeinflussungsversuchen ausgesetzt, die zu Veränderungen seiner Einstellungen, Werte und Überzeugungen führen und aus denen es selbst „lernt" — u. a. auch andere zu beeinflussen[17]).

Die bisherigen Ausführungen schneiden eine Reihe von Begriffen und Problemen an. Im Verlauf dieses und des folgenden Kapitels soll hierauf insoweit eingegangen werden, als damit das Phänomen der Beeinflussung durch Überzeugung und Manipulation eine begriffliche und theoretische Klärung erfährt. Dabei wird grundsätzlich an den drei Betrachtungsebenen — organisational, interpersonal, intrapersonal — festgehalten. Die drei Betrachtungsebenen sind nicht als theoretische Alternativen zu verstehen, sondern als unterschiedliche Bezugspunkte, die spezifische Beiträge zur Analyse von Überzeugungs- und Manipulationsvorgängen liefern. Da die intrapersonellen Prozesse für die Erklärung von Überzeugungs- und Manipulationsvorgängen in gewisser Weise eine Schlüsselstellung einnehmen, seien sie an den Anfang gestellt. Im Anschluß daran werden Überzeugung und Manipulation innerhalb der organisatorischen Kommunikations- und Machtbeziehungen sichtbar gemacht. Es erfolgt in diesem Punkt *keine* strenge Trennung zwischen interpersoneller und organisationaler Betrachtungsebene. Damit soll nicht die Frage verneint werden, ob eine isolierte Untersuchung beider Ebenen nicht spezifische Ergebnisse erwarten ließe. Grundsätzlich stehen in der gesamten Arbeit die Beziehungen zwischen je zwei Personen oder Gruppen (dyad) im Vordergrund. Die Organisation liefert die Hauptmasse der Beschränkungen, die sich für diese Beziehungen ergeben.

2.2 Intrapersonelle Aspekte der Beeinflussung durch Überzeugung und Manipulation

Das Individuum empfängt aus seiner physischen und sozialen Umwelt Stimuli, auf die es mit bestimmten Reaktionen antwortet. Zwischen Stimulus und Reaktion — im menschlichen Organismus — vollziehen sich komplexe

---

16) Vgl. Zaleznik, A., a. a. O., S. 575 sowie Katz, D. und Lazarsfeld, P. F., Persönlicher Einfluß und Meinungsbildung, Wien 1962, S. 97 ff.

17) Vgl. Newcomb, Th. M., Sozialpsychologie, Meisenheim am Glan 1959, S. 124 ff.

Prozesse der *Informationsverarbeitung.* Gegenstand psychologischer Forschung ist es seit jeher, die internen Mechanismen zu ergründen, die diesen Prozessen zugrunde liegen. Sie sind ausschlaggebend dafür, welche Umweltereignisse die Aufmerksamkeit des Individuums erregen, wie es sie wahrnimmt und wie sich Einstellung und Verhalten daraufhin ändern[18]). Außerdem ist es eine unbestrittene Tatsache, daß die Menschen nicht gleich sind und folglich auf Beeinflussungsversuche unterschiedlich reagieren.

Die folgenden Ausführungen beziehen sich grundsätzlich auf die Person, die überzeugt bzw. manipuliert werden soll. Sie lassen sich jedoch analog auch auf das Einfluß ausübende Individuum übertragen. Besonders die ältere Führungsstilliteratur stellt ihre Überlegungen primär auf die Eignung bzw. die Persönlichkeitsmerkmale und das Verhalten des „Führers" ab[19]).

2.21 Die menschliche Informationsverarbeitung

Die verschiedenen Richtungen der Psychologie nehmen gegenüber den psychischen Vorgängen im Menschen eine unterschiedliche Stellung ein. Darin ist auch die Ursache zu sehen, daß nicht jede theoretische Konzeption gleichermaßen geeignet erscheint, die intrapersonellen Phänomene von Überzeugung und Manipulation zu beleuchten.

2.211 Das S-O-R-Paradigma

Die allgemeinste Formel für die Erklärung menschlichen Verhaltens bzw. menschlicher Beeinflussung bildet das sogenannte S-O-R-Paradigma[20]). Es bringt zum Ausdruck, daß das Individuum aus der Umwelt irgendwelche Stimuli (S) empfängt und darauf sofort oder mit Verzögerung reagiert (R). Zwischen Stimulus und Reaktion sind eine Reihe von intervenierenden Größen und Prozessen wirksam. Sie sind — unabhängig von der zugrundeliegenden theoretischen Konzeption — auf die Vorgänge im menschlichen Organismus (O) zu beziehen.

Die einzelnen individual- und sozialpsychologischen Richtungen lassen sich danach charakterisieren, inwieweit sie das S-O-R-Paradigma zur Erklärung menschlichen Verhaltens heranziehen und welche Modellvorstellungen den angeführten Kategorien, insbesondere dem „O", zugrunde gelegt werden. Ausgangspunkt dieser Betrachtungsweise ist der von Watson postulierte klas-

---

[18]) Vgl. Janis, I. L. und Hovland, C. I., An Overview of Persuasibility Research, in: Personality and Persuasibility, Hrsg. C. I. Hovland und I. L. Janis, New Haven und London 1959, S. 5.

[19]) Vgl. Tannenbaum, R., Weschler, J. R. und Massarik, K. F., a. a. O., S. 22 f; Scott, W. G., Human Relations in Management, a. a. O., S. 383.

[20]) „A paradigm is essentially a model for asking research questions. Paradigms are partly a matter of broad theoretical perspective, partly a matter of the standard by which such evidence is to be evaluated. In the developmental history of a particular discipline, a certain paradigm may characterize the outlook of one or more generations of scientists." Jones, E. E. und Gerard, H. B., Foundations of Social Psychology, New York, London und Sydney 1967, S. 46.

sische Behaviorismus, der sich zunächst als Antithese zu der bis dahin vorherrschenden „introspektiven" Psychologie verstand. Im *klassischen Behaviorismus* wird auf Ausdrücke, die sich auf das menschliche Bewußtsein beziehen, wie Motiv, Wert, Erlebnis, Gefühl u. a., verzichtet[21]). Gegenstand der Untersuchung ist allein das äußerlich beobachtbare Verhalten des Menschen, wie etwa sein Handeln und Reden[22]). Dadurch reduziert sich das S-O-R-Paradigma auf ein S-R-Paradigma. Bei rein behavioristischer Betrachtungsweise wird versucht, Gesetzmäßigkeiten zwischen unterschiedlichen Umweltstimuli und der menschlichen Reaktion darauf abzuleiten, ohne dabei auf intrapersonelle Vorgänge einzugehen[23]). Von Beeinflussung ist dann zu sprechen, wenn sich das tatsächlich beobachtbare Verhalten aufgrund bestimmter Stimuli nachhaltig ändert. Dieser Tatbestand läßt sich anhand der in der S-R-Psychologie im engeren Sinne immer wieder diskutierten lerntheoretischen Zusammenhänge des klassischen und des instrumentalen bzw. operierenden Konditionierens erklären[24]).

In der sozialwissenschaftlichen Literatur finden sich eine Reihe von Versuchen, auch soziale Macht- bzw. Beeinflussungsbeziehungen behavioristisch zu interpretieren. So versteht beispielsweise Dahl unter Macht einer Person A über eine Person B die Wahrscheinlichkeit, mit der A durch entsprechende Stimuli B zu einer Veränderung seines Verhaltens bewegen kann. Ausschlaggebend ist die Stärke der Macht des A über B[25]). Sie wird durch die Differenz zweier Wahrscheinlichkeiten gemessen: die Wahrscheinlichkeit, daß B eine Aktion X ausführt, wenn A Macht auf B ausübt, sowie die Wahrscheinlichkeit, daß B auch ohne Beeinflussung durch A dieselbe Handlung ausführt[26]).

Charakteristisch für die behavioristische Betrachtungsweise ist, daß Begriffe wie freiwillige oder unfreiwillige Akzeptierung einer Information, bewußte oder unbewußte Beeinflussung, die auf „innere" Vorgänge Bezug nehmen, aus methodischen Gründen ausgeklammert sind. Damit erweist es sich als unmöglich, die verschiedenen Merkmale der Begriffe Überzeugung und Manipulation zu erfassen, die in erster Linie an den Einstellungen, Zielen und Erwartungen der beeinflußten Personen anknüpfen. Beobachtbar sind lediglich die „äußeren" Unterschiede der Stimuli — z. B. unterschiedliche

---

21) Vgl. Hehlmann, W., Wörterbuch der Psychologie, a. a. O., S. 52.

22) Vgl. Watson, J. B., Behaviorism, New York 1925, S. 3.

23) Vgl. Lersch, Ph., Aufbau der Person, 10. Aufl., München 1966, S. 54.

24) Vgl. dazu insbesondere Eyferth, K., Lernen als Anpassung des Organismus durch bedingte Reaktionen, in: Handbuch der Psychologie, 1. Band, 2. Halbband, Hrsg. R. Bergius, Göttingen 1964, S. 76 ff; Homans, G. C., Elementarformen sozialen Verhaltens, a. a. O., S. 15 ff; Skinner, B. F., Science and Human Behavior, a. a. O.; Kuhn, A., The Study of Society, a. a. O., S. 66 ff; Bergius, R., Behavioristische Motivationsbegriffe, in: Handbuch der Psychologie, 2. Band, Hrsg. H. Thomae, Göttingen 1965, S. 817 ff.

25) Vgl. Dahl, R. A., The Concept of Power, Behavioral Science, 1957, S. 202 ff; ferner Harsanyi, J., Messung der sozialen Macht, in: Spieltheorie und Sozialwissenschaften, Hrsg. M. Shubik, Hamburg 1965, S. 191.

26) Vgl. Cartwright, D., Influence, Leadership, Control, a. a. O., S. 25.

Nachrichten oder Anordnung der Argumente derselben Nachricht — und die tatsächlichen Verhaltensänderungen, etwa in Form einer Meinungsänderung. Bei experimentellen Studien wird zwar gerade von den Veränderungen des äußeren Verhaltens in Verbindung mit den abgegebenen Stimuli auf den Erfolg oder Mißerfolg eines Überzeugungs- oder Manipulationsversuches geschlossen[27]). Eine Unterscheidung zwischen diesen beiden sowie anderen Arten der Beeinflussung ist aber letztlich nur möglich, wenn Annahmen über die intrapersonellen Vorgänge gemacht werden.

Dies setzt voraus, daß Annahmen über den „Organismus" und somit über das „O" im S-O-R-Paradigma gemacht werden. Hierzu bieten sich verschiedene Möglichkeiten an. Von der streng erfahrungswissenschaftlichen Basis wird bereits im *Neobehaviorismus* abgewichen. Zwischen den unabhängigen (Stimuli) und abhängigen Variablen (Reaktionen) werden „vermittelnde" Variable (intervening variables) und Prozesse (mediating processes) angenommen. Kennzeichnend für die neobehavioristischen Ansätze ist, daß die Prozesse in „O" als interne Stimulus-Reaktions-Ketten gedeutet werden[28]). Dabei wird aber nicht mehr ausschließlich auf neurophysiologische Erklärungsversuche zurückgegriffen wie noch im klassischen Behaviorismus[29]).

Die neobehavioristische Konzeption unterscheidet sich noch sehr weitgehend von anderen psychologischen Richtungen, besonders von der auf der Gestaltspsychologie basierenden kognitivistischen Psychologie[30]). Der Unterschied ergibt sich vor allem aus der Einstellung, die beide Richtungen gegenüber dem Begriff des Bewußtseins und der damit verbundenen Begriffe und Forschungsmethoden (Introspektion) einnehmen. Wie Ausubel feststellt, bedeutet aus der Sicht der kognitivistischen Theorien der Versuch, die verschiedenen Bewußtseinslagen zu ignorieren, sowie die Interpretation subjektiver oder mentaler Prozesse als „vermittelndes" Verhalten nicht nur ein Abweichen vom eigentlichen Erkenntnisobjekt der Psychologie, sondern auch eine gefährliche Vereinfachung komplexer psychologischer Phänomene[31]).

Aus diesem Grunde braucht im folgenden auf die neobehavioristische Richtung nicht weiter eingegangen zu werden. Ausgangspunkt für die Erklärung der intrapersonellen Aspekte von Überzeugung und Manipulation bildet die moderne *kognitivistische Psychologie*. Zweierlei charakterisiert diese Richtung: Sie hat insofern wertvolle Anregungen vom Behaviorismus empfangen, als die letzte Instanz zur Überprüfung einer Hypothese oder Theorie stets

[27]) Vgl. z. B. Hovland, C. I., Janis, I. L. und Kelley, H. H., Communication and Persuasion, New Haven und London 1953, S. 6 ff.

[28]) Vgl. Berlyne, D. E., Structure and Direction of Thinking, New York, London und Sydney 1965, S. 7 ff.

[29]) Zu den neurophysiologischen Stimulus-Response-Ketten vgl. Kuhn, A., The Study of Society, a. a. O., S. 62 ff.

[30]) Vgl. Berlyne, D. E., a. a. O., S. 18.

[31]) Vgl. Ausubel, D. P., Introduction, in: Readings in Psychology of Cognition, Hrsg. R. C. Anderson und D. P. Ausubel, New York 1966, S. 4.

die Beobachtung der äußeren Stimuli und Reaktionen ist. Ebenso wie der Neobehaviorismus betrachten die kognitivistischen Theorien alle Begriffe und Prozesse, die sich auf das „O“ beziehen, als theoretische Konstrukte, die für sich keine Verifizierung oder Falsifizierung erfahren. Gegenüber dem Neobehaviorismus unterscheiden sie sich jedoch dadurch, daß sie hinsichtlich der Zulässigkeit solch theoretischer Konstrukte sehr viel aufgeschlossener sind[32]).

Eine in diesem Sinne typisch kognitivistische Einstellung zeigt sich in den Überlegungen von Boulding, der als globale intervenierende Variable zwischen Stimulus und Reaktion das „Image“ des Individuums stellt[33]). Das *Image* ist das subjektive Modell, das sich das Individuum von seiner Umwelt gebildet hat. In der Konzeption Bouldings sind nicht nur wesentliche Elemente verschiedener kognitivistischer Theorien individual- und sozialpsychologischer Prägung zusammengefaßt, sondern sie stellt auch eine wertvolle Fundierung der auf subjektiver Rationalität basierenden ökonomischen Entscheidungstheorie dar. Das Individuum entscheidet rational im Sinne seiner Vorstellung von der Umwelt.

Boulding nennt eine Reihe von Merkmalen, die das Image des Individuums zu einem bestimmten Zeitpunkt kennzeichnen[34]). Da ist zunächst die Vorstellung über Zeit, Raum, über Relationen zwischen Objekten und Handlungen sowie die Vorstellung, die das Individuum über sich selbst besitzt, über seine Rollen in der sozialen Umwelt, seine Erfahrungen und seine Entwicklung. Neben das faktische Wissen treten die Wertvorstellungen (images of values), „die in einer Ordnung der verschiedenen Teile des Gesamtimage nach dem Kriterium besser oder schlechter bestehen“[35]). Eng damit verbunden ist das affektive oder das gefühlsmäßige Image. Schließlich unterteilt Boulding das Image eines Individuums in bewußte, unbewußte und unterbewußte Teile sowie in sichere und unsichere, reale und irreale Teile. Insofern sich das Image eines Individuums (private image) mit den Vorstellungen anderer deckt, kann von einem öffentlichen Image (public image) gesprochen werden. Es bezieht sich auf Gruppen, die Organisation oder die Gesellschaft.

Jeder Stimulus bzw. jede vom Individuum wahrgenommene Information führt zu einer Veränderung des subjektiven Umweltmodells — ebenso wie jeder Denkprozeß mit bereits gespeichertem Wissen. Eine Beeinflussung kommt darin zum Ausdruck, daß sich aufgrund empfangener Informationen entweder Image und äußerlich beobachtbares Verhalten ändern oder lediglich das Image einem Wandel unterworfen ist. Cartwright sowie March unterscheiden entsprechend zwischen äußerem Verhalten (overt behavior) und Bereitschaft zum Handeln (readiness to act), die durch die wahr-

---

32) Vgl. Jones, E. E. und Gerard, H. B., Foundations of Social Psychology, a. a. O., S. 57.

33) Vgl. im folgenden Boulding, K. E., The Image, Binghamton, N. Y. 1956.

34) Vgl. Boulding, K. E., a. a. O., S. 47 f.

35) Boulding, K. E., a. a. O., S. 47.

genommene Information eine Revision erfährt, ohne daß dies nach außen sichtbar werden muß[36]). Auf diese Weise wird die behavioristische Konzeption der Beeinflussung, wie sie in reiner Form heute noch von Dahl und Harsanyi vertreten wird, erheblich verfeinert.

Eine weitere Präzisierung dieser Gedankengänge nimmt Boulding in einer neueren Veröffentlichung vor[37]). Abgesehen von terminologischen Unterschieden stimmen diese mit den Überlegungen von Cartwright weitgehend überein. Beide gehen letztlich vom Modell des subjektiv erwarteten Nutzens der traditionellen Entscheidungstheorie im Sinne Lewins aus. Um diese Konzeption erläutern zu können, ist es notwendig, den Begriff des *Verhaltensraumes (behavior space)*[38]) einzuführen. Der Verhaltensraum eines Individuums ist definiert durch die verschiedenen Verhaltenspositionen, die das Individuum in der Zukunft einnehmen kann. Eine Verhaltensposition repräsentiert alle Werte bzw. Zielerreichungsgrade der zu einem bestimmten Zeitpunkt realisierbaren Aktivitäten. Das Individuum strebt diejenige Position im Verhaltensraum an, die ihm zum betreffenden Zeitpunkt den höchsten Gesamtnutzen stiftet[39]). Der Gesamtnutzen einer Verhaltensposition ergibt sich durch Aggregierung der gewichteten Einzelwerte (weighted valences) für die verfolgten Ziele.

Lewin unterscheidet zwischen positiven und negativen Werten bzw. Zielen, wobei erstere eine anziehende Kraft (force) auf das Individuum ausüben, letztere eine abstoßende[40]). Die unterschiedlich gerichteten anziehenden und abstoßenden Kräfte jeder Verhaltensposition (component forces) bestimmen sich nach den prognostizierten Konsequenzen der verfolgten Ziele. Der positive oder negative Gesamtnutzen einer Position des Verhaltensraums bringt die Gesamtkraft (combined force) zum Ausdruck, die auf das Individuum ausstrahlt. Das Individuum wendet sich der Position mit der höchsten Anziehungskraft, d. h. dem höchsten Gesamtnutzen, zu.

Von einer Beeinflussung des Individuums ist zu sprechen, wenn sich aufgrund empfangener Stimuli bzw. Informationen die Gesamtkraft (combined force) einzelner Positionen ändert, verursacht durch eine Veränderung der

---

[36]) Vgl. Cartwright, D., A Field Theoretical Concept of Power, in: Studies in Social Power, Hrsg. D. Cartwright, Ann Arbor, Mich. 1959, S. 196 ff; March, J. G., Introduction to the Theory and Measurement of Influence, a. a. O., S. 433.

[37]) Vgl. Boulding, K. E., Conflict and Defense, New York, Evanston und London 1963.

[38]) Vgl. Boulding, K. E., Conflict and Defense, a. a. O., S. 3 ff. Lewin spricht in diesem Zusammenhang von Lebensraum (life space). Vgl. Lewin, K., The Conceptual Representation and the Measurement of Psychological Forces, Durham 1938, S. 83.

[39]) Bei unvollkommener Information steht nicht eindeutig fest, welche Verhaltensposition das Individuum anstreben soll. Das Individuum wird in diesem Falle beispielsweise unterschiedliche subjektive Wahrscheinlichkeiten über den Gesamtnutzen der einzelnen Positionen ansetzen und sich für die Position mit dem höchsten subjektiv erwarteten Nutzen entscheiden (Maximierung des Erwartungswertes des Nutzens).

[40]) Vgl. Lewin, K., Field Theory in Social Sciences, New York 1951, zitiert nach Boulding, K. E., Conflict and Defense, a. a. O., S. 81; ferner Cartwright, D., Influence, Leadership, Control, a. a. O., S. 25.

Einzelkräfte (component forces)[41]). In der Terminologie Bouldings bedeutet dies eine Veränderung im Image des faktischen Wissens (z. B. neue Alternativen und deren Konsequenzen) oder der Werte der Positionen des Verhaltensraums. Bei äußerlich wahrnehmbarer Verhaltensänderung (overt behavior) wechselt das Individuum zu der Position mit stärkerer Gesamtkraft (höherem Gesamtnutzen) über. Verändert sich zwar die Gesamtkraft einzelner Positionen, nicht jedoch deren Rangfolge, so erfährt lediglich die innere Bereitschaft, das Verhalten zu ändern, eine Revision (readiness to act).

Die hauptsächliche Determinante der Einzelkräfte einer Position (component forces) sieht Cartwright in der *Motivbasis* (motive base). „Der Begriff Motivbasis bezieht sich auf die Bedürfnisse, Motive, Triebe oder anderen ‚Prädispositionen', die als Antriebskräfte des Verhaltens wirksam sind"[42]). Ein Stimulus löst nur dann die gewünschte Reaktion (force) aus, wenn er eine oder mehrere Motivbasen des Individuums „berührt", d. h. Wege aufzeigt, die zur Erreichung bestimmter Ziele führen[43]).

Grundsätzlich erlauben alle der hier repräsentativ für viele andere angedeuteten kognitivistischen Konzeptionen, Überzeugung und Manipulation von anderen Beeinflussungsarten abzugrenzen. Besonders deutlich wird dies bei Cartwright. Durch den Stimulus (act) werden ganz bestimmte Motivbasen tangiert, andere dagegen nicht. Die Kunst des Überzeugers ist gerade darin zu sehen, beim zu Überzeugenden selektiv Werte bzw. Ziele zu aktivieren und sie gleichzeitig mit bestimmten Alternativen zu koppeln. Auf diese Weise sollen — um in der Sprache Cartwrights bzw. Lewins zu sprechen — bestimmte anziehende Kräfte (component forces) verstärkt und in die vom Überzeuger gewünschte Richtung gelenkt werden (sprich: Wahl einer bestimmten Alternative). Versucht der „Überzeuger" dabei bewußt oder unbewußt, die mit einer Alternative möglicherweise verbundenen negativen Konsequenzen im Sinne abstoßender Kräfte zu verschweigen, so werden manipulative Elemente sichtbar. Selbstverständlich trifft nicht jede Information auf eine entsprechende Motivbasis. Es ist ebenso denkbar, daß sie auf Werte stößt, mit denen sie sich nicht vereinbaren läßt. Die Folge ist unter Umständen eine Zurückweisung der empfangenen Nachricht durch das Individuum. Auf diese Weise will es die Konsistenz seiner internen Informationsstrukturen aufrechterhalten[44]).

Obwohl die hier zitierten Autoren auf die verschiedenen Merkmale der kognitiven Struktur eines Individuums hinweisen, ziehen sie daraus im Verlauf ihrer Ausführungen nicht immer die entsprechenden Konsequenzen.

---

[41]) Vgl. Cartwright, D., A Field Theoretical Concept of Power, a. a. O., S. 188 ff.

[42]) Cartwright, D., A Field Theoretical Concept of Power, a. a. O., S. 190.

[43]) Vgl. Cartwright, D., Creating Cognitive Structure, in: Consumer Behavior and the Behavioral Sciences, Hrsg. St. H. Britt, New York, London und Sydney 1966, S. 453. Cartwright, D., A Field Theoretical Concept of Power, a. a. O., S. 205.

[44]) Vgl. Jones, E. E. und Gerard, H. B., a. a. O., S. 131 f.

Boulding geht davon aus, daß eine brauchbare Theorie der Beeinflussung heroische Abstraktionen zur Voraussetzung hat. Nur auf diese Weise glaubt er, den philosophischen Schwierigkeiten und der jahrhundertelangen Diskussion über freien Willen und Determinismus entgehen zu können, die die Begriffe des Bewußtseins und des Willens ausgelöst haben. Boulding sieht die Lösung in der Bildung einer Präferenzordnung für die relevanten Teile des Image[45]). Damit schwenkt er wieder in die Gedankengänge der traditionellen Entscheidungstheorie ein. Es bleibt dabei weitgehend ungeklärt, was unter den relevanten Teilen des Image einer Verhaltensposition zu verstehen ist. Zählen dazu beispielsweise alle Konsequenzen in bezug auf die Aktivitäten einer Position, nur die bewußten Teile des Image, sind gefühlsmäßige Momente ausgeschlossen? Auf viele derartiger Fragen gibt Boulding keine klare Antwort. Im folgenden Abschnitt sollen deshalb die zwischen Stimulus und Reaktion eingelagerten kognitiven Informationen und Informationsstrukturen eine eingehende Behandlung erfahren. Den theoretischen Rahmen liefert der sogenannte Informationsverarbeitungsansatz des Individualverhaltens. Der menschliche Organismus wird als komplexes Informationsverarbeitungssystem betrachtet[46]).

Der *Informationsverarbeitungsansatz* stellt gewissermaßen eine Synthese zwischen behavioristischer und kognitivistischer Psychologie dar, ergänzt um Aspekte und Begriffe, die sich aus einer Analogiebetrachtung von menschlichen und elektronischen Informationsverarbeitungsprozessen ergeben. Das bedeutet letztlich, daß die Struktur des „O" im S-O-R-Paradigma mit derjenigen eines Computers verglichen wird. Damit ist selbstverständlich nicht die Annahme verbunden, der Mensch „denke" auf gleiche oder ähnliche Weise wie eine elektronische Datenverarbeitungsanlage. Es wird lediglich von der Vorstellung ausgegangen, daß im Menschen irgendwelche funktionalen Äquivalente zu Informationsstrukturen und Informationsprozessen von gegenwärtig technisch realisierbaren Computern existieren.

2.212 Kognitive Informationen und Informationsstrukturen

Kognitive Informationen sind die im menschlichen Gedächtnis gespeicherten Informationen. Sie lassen sich grundsätzlich nach denselben Kriterien be-

---

[45]) „The particular abstraction that we use is the idea of a value ordering. We suppose that the relevant parts of a party's image of its potential positions can be ordered on a scale of better and worse, that is, of any two positions, we can say either that one is better than the other or that they are equally good." Boulding, K. E., Conflict and Defense, a. a. O., S. 6.

[46]) Vgl. March, J. G. und Simon, H. A., Organizations, a. a. O., S. 9. Im folgenden wird weder ausschließlich auf den Informationsverarbeitungsansatz Bezug genommen, noch ist es möglich oder notwendig, ihn in seinen Grundsätzen vorzutragen. Es wird lediglich die Absicht verfolgt, Begriffe und Erkenntnisse, die für die vorliegende Problemstellung von Bedeutung erscheinen, in einer bestimmten theoretischen Sprache zu skizzieren. Eine umfassende Darstellung des Informationsverarbeitungsansatzes findet sich bei Kirsch, W., Entscheidungen und Entscheidungsprämissen in der Unternehmungsorganisation, a. a. O., S. 117 ff. Vgl. auch die dort angegebene Literatur.

schreiben, die Boulding zur Charakterisierung des Image herangezogen hat. Bei der Analyse von Beeinflussungsvorgängen im allgemeinen und von Überzeugungs- und Manipulationsversuchen durch Kommunikation im besonderen werden immer wieder drei Kategorien kognitiver Informationen hervorgehoben. Sie sind durch die Begriffe „Werte" (values), „Überzeugungen" (beliefs) und „Einstellungen" im Sinne von Attitüden (attitudes) gekennzeichnet. Jones und Gerard benutzen diese drei Begriffe, um die *kognitive Struktur* einer „Minimalperson" zu beschreiben[47]). Ergänzend und unter Bezugnahme auf den Informationsverarbeitungsansatz sollen hier als weitere Kategorie noch die „kognitiven Programme" eingeführt werden.

Die genannten Begriffe besitzen sowohl in der Umgangssprache als auch in den einschlägigen sozialwissenschaftlichen Disziplinen eine zentrale Bedeutung. Dennoch fällt — wie Graumann feststellt — „das Zögern auf, das den Wissenschaftler überkommt, wenn er sich aufgefordert fühlt, solche Begriffe wissenschaftlich zu definieren und mit ihnen ernsthaft zu arbeiten"[48]). Das gilt in noch stärkerem Maße für den Begriff der Information, den beispielsweise Kuhn zu den undefinierbaren Ausdrücken zählt[49]).

Die in den Sozialwissenschaften am meisten verbreitete Auffassung geht dahin, den *Wertbegriff* synonym mit den Begriffen Motiv, Ziel, Bedürfnis oder Trieb zu gebrauchen. Diese Auffassung entspricht auch derjenigen der betriebswirtschaftlichen Entscheidungstheorie[50]). „Für den Sozialwissenschaftler mag die Feststellung genügen, daß Werthaltungen, Wertsysteme eine wichtige selektive und direktive Funktion im menschlichen Handeln haben und damit Menschen motivieren, dies zu tun und jenes zu meiden. Die Frage jedoch, ob hinzu nicht noch andere relativ wertunabhängige Energien treten müssen, damit es überhaupt zu einem Handeln kommt, bleibt ein vornehmlich psychologisches Problem"[51]).

Werte sind zunächst Kriterien, anhand deren das Individuum die Konsequenzen von Handlungsalternativen prognostiziert. Sie bringen darüber hinaus zum Ausdruck, daß das Individuum bestimmte kognitive Kategorien, durch die sich die Alternativen eines Entscheidungsprozesses beschreiben lassen, anderen gegenüber vorzieht. Eine kognitive Kategorie ist der „Begriff", den sich das Individuum von einer Sache, einem Zustand, Ereignis, Wort usw. bildet[52]). Werte repräsentieren Beziehungen zwischen den „Gefühlen" oder „Affekten" einer Person und bestimmten kognitiven Kate-

---

47) Vgl. Jones, E. E. und Gerard, H. B., Foundations of Social Psychology, a. a. O., S. 157.

48) Graumann, C.-F., Die Dynamik von Interessen, Wertungen und Einstellungen, in: Handbuch der Psychologie, 2. Band, Hrsg. H. Thomae, Göttingen 1965, S. 272.

49) „Perhaps information must be listed among the indefinables. Like space, time, distance, force, probability and some other fundamental notions, it may perhaps be given synonyms and illustrations but not definitions. At the same time we have noted in Chapter two that ‚information' seems to be defined implicitly in information theory as synonymous with ‚modulation'." Kuhn, A., The Study of Society, a. a. O., S. 152 f.

50) Vgl. Heinen, E., Das Zielsystem der Unternehmung, a. a. O., S. 45.

51) Graumann, C.-F., a. a. O., S. 282.

52) Vgl. zum Begriff der kognitiven Kategorie Jones, E. E. und Gerard, H. B., a. a. O., S. 132 f.

gorien[53]). Zustände oder Objekte, die das Individuum mit Attributen wie „gut", „schön", „optimal", „ausgezeichnet" usw. belegt, weisen positive Werte auf, während mit Attributen wie „schlecht", „häßlich", „abstoßend", „unzumutbar" usw. in der Regel negative Wertvorstellungen assoziiert werden[54]).

Werte sind selbst wiederum Begriffe, die durch Lernen erworben werden. Die Aneignung von Werten bzw. allgemein von Begriffen basiert in erster Linie auf den Erfahrungen, die das Individuum in der Vergangenheit gemacht hat. Eine zentrale Rolle spielen dabei die Belohnungen und Bestrafungen[55]), die das Individuum bei der Ausführung bestimmter Handlungen erlangt hat, sowie die Kommunikationen mit anderen Personen. Letztere tragen wesentlich dazu bei, daß viele Werte des Individuums auch mit denen von Gruppen, der Organisation und der Gesellschaft übereinstimmen. Sie sind dann meist auch Normen dieser Sozialsysteme, deren Einhaltung postuliert und notfalls durch Sanktionen erzwungen wird. Im Laufe seiner Entwicklung und Sozialisierung internalisiert das Individuum die Mehrzahl seiner Werte, d. h., es weiß nicht mehr, wie und unter welchen Bedingungen es sie gelernt hat[56]).

Der Wertbegriff in der hier vorgetragenen Konzeption ist sehr weit gefaßt. Formal schließt er die in der Entscheidungstheorie verwendeten Präferenzordnungen ein. Die einzelnen Alternativen bzw. kognitiven Kategorien lassen sich zumindest „schwach" ordnen, d. h. es kann festgestellt werden, ob der Wert einer Alternative „gleich" oder „höher" ist als der aller übrigen Elemente der Menge[57]). Dabei wird von einer im Sinne der Nutzenaxiomatik transitiven Relation ausgegangen.

Die *Überzeugungen (beliefs)* einer Person werden vor allem in der Sozialpsychologie als spezifische Art kognitiver Informationen aufgefaßt. Auch dort verzichten viele Autoren auf diesen Begriff, oder sie legen ihn sehr weit aus und verwenden ihn synonym mit den Begriffen Meinung, Einstellung, Attitüde oder Wertvorstellung[58]). Hier soll denjenigen Autoren gefolgt werden, für die sich in den Überzeugungen einer Person die Dichotomie der Begriffe Wissen und Glaube widerspiegelt[59]). Ein Vorarbeiter

---

[53]) Vgl. Jones, E. E. und Gerard, H. B., a. a. O., S. 159.

[54]) Vgl. Taylor, D. W., Toward an Information Processing Theory of Motivation, in: Nebraska Symposium on Motivation, Hrsg. M. R. Jones, Lincoln, Nebr. 1960, S. 67.

[55]) Eine Möglichkeit zur Erklärung des Lernens von Werten kann in den Methoden des klassischen und des operierenden Konditionierens gesehen werden. Vgl. Homans, G. C., Elementarformen sozialen Verhaltens, a. a. O., S. 34.

[56]) Vgl. Janis, I. L. und Hovland, C. I., An Overview of Persuasibility Research, a. a. O., S. 3.

[57]) Vgl. Boulding, K. E., Conflict and Defense, a. a. O., S. 3.

[58]) Vgl. Berelson, B. und Steiner, G. A., Human Behavior, New York, Chicago und Burlingame 1964, S. 557 f;

[59]) Vgl. Berlyne, D. E., Knowledge and Stimulus-Response Psychology, in: Readings in Psychology of Cognition, Hrsg. R. C. Anderson und D. P. Ausubel, New York 1966, S. 46; Brim, O. G., Glass, D. C., Lavin, D. E. und Goodman, N., Personality and Decision Processes, Stanford, Cal. 1962, S. 54 ff; Jones, E. E. und Gerard, H. B., a. a. O., S. 157 f.

kann beispielsweise davon überzeugt sein, daß bei der Arbeitsbewertung die Anforderungen an Vorarbeiter zu gering eingestuft wurden, sein Kollege in den Betriebsrat gewählt werden wird oder in der von ihm geleiteten Arbeitsgruppe gut zusammengearbeitet wird. Seine Überzeugungen basieren auf Informationen, über deren Grad an Sicherheit er sich zum Teil selbst nur auf unzureichende Informationen stützen kann. Der Bestätigungsgrad einer Überzeugung wird durch zusätzliche Informationen erhöht oder abgeschwächt. Im Falle der tatsächlichen Wahl des Kollegen in den Betriebsrat beispielsweise wird die Überzeugung zur Gewißheit.

Die Überzeugungen einer Person lassen sich — nach der hier vorgetragenen Konzeption — auf faktisches Wissen zurückführen. Nach Jones und Gerard kommen in einer Überzeugung die Beziehungen zwischen zwei kognitiven Kategorien zum Ausdruck, von denen keine die andere definiert[60]). Im Rahmen eines Entscheidungsprozesses können in einer Alternative und einem anzustrebenden Ziel zwei kognitive Kategorien erblickt werden. Als Überzeugung im dargelegten Sinne ist die erwartete Konsequenz der Alternative in bezug auf die Erreichung des Ziels aufzufassen[61]). Dem Begriff der Überzeugung liegt implizit die Vorstellung von einer weitgehenden Ungewißheitsabsorption zugrunde.

Der Begriff der *Einstellung (attitude)* ist nicht weniger schillernd als der Wert- und der Überzeugungsbegriff. Entscheidungslogischen Gedankengängen bleiben diejenigen Autoren sehr stark verbunden, die den Einstellungsbegriff aus syllogistischen Schlußfolgerungen ableiten[62]). Mit Hilfe eines Syllogismus lassen sich sowohl einfache Denkprozesse veranschaulichen als auch die assoziativen Beziehungen zwischen den Werten, Überzeugungen (beliefs) und Einstellungen (attitudes) einer Person. Eine syllogistische Schlußfolgerung enthält beispielsweise die Aussagen:

(1) Faulheit ist schlecht.

(2) Arbeiter A ist faul.

(3) Folglich ist Arbeiter A schlecht.

Aussage (1) gibt den relevanten Wert an, Aussage (2) die Überzeugung, während in Aussage (3) die Schlußfolgerung aus (1) und (2) gezogen wird. Sie repräsentiert die Attitüde beispielsweise des Meisters gegenüber dem Arbeiter A.

Ein Syllogismus kann eine erheblich kompliziertere Struktur aufweisen, als es das einfache Beispiel vermuten läßt.

---

[60]) Vgl. Jones, E. E. und Gerard, H. B., a. a. O., S. 158.

[61]) Vgl. Brim, O. G. et al., a. a. O., S. 55.

[62]) Vgl. McGuire, J. W., A Syllogistic Analysis of Cognitive Relations, in: Attitude Organization and Change, Hrsg. C. I. Hovland und M. J. Rosenberg, New Haven und London 1960, S. 65 ff; Jones, E. E. und Gerard, H. B., a. a. O., S. 159 ff; Hall, M. F., Communication within Organizations, Journal of Management Studies, Band 2, 1965, S. 58 ff.

Grundsätzlich bestehen zwei Möglichkeiten der Ausweitung der syllogistischen Struktur[63]). Bei einer Ausdehnung in horizontaler Richtung werden sozusagen auf gleicher Ebene mehrere Werte und Überzeugungen nebeneinandergestellt, die alle zur selben Schlußfolgerung führen. Zum Beispiel in Ergänzung des obigen Falles: Trunksucht ist schlecht; Arbeiter A trinkt sehr viel; folglich ist Arbeiter A schlecht. Ist der relevante Wert eines Syllogismus seinerseits eine Attitüde, die aus einem „höheren“ Wert und einer Überzeugung abgeleitet wurde, so ergibt sich eine Ausdehnung des Syllogismus in vertikaler Richtung. Es ist anzunehmen, daß sich die Einstellung einer Person gegenüber einer kognitiven Kategorie (z. B. dem Arbeiter A) auf ein hierarchisches System von Syllogismen stützt. In einem solchen System sind die Begriffe Wert, Überzeugung und Einstellung als relative Begriffe zu verstehen. Aus diesem Grunde werden Einstellungen (attitudes) von Jones und Gerard als „abgeleitete Werte“ aufgefaßt[64]). Ebenso ist denkbar, sie als „abgeleitete Überzeugungen“ zu interpretieren, da auch Überzeugungen das Ergebnis syllogistischer Schlußfolgerungen bilden können.

Informationen bzw. Nachrichten lassen sich nach verschiedenen Dimensionen beschreiben[65]). Durch die Begriffe Wert, Überzeugung (beliefs) und Einstellung (attitude) werden zwei Dimensionen kognitiver Informationen erfaßt. Die Überzeugungen einer Person repräsentieren die *designative Dimension*. Eine Information ist insoweit als designativ zu bezeichnen, als sie sich auf die Charakterisierung beobachtbarer Umweltereignisse im weitesten Sinne beschränkt. Werte und Attitüden im Sinne von abgeleiteten Werten beziehen sich auf die *valuative Dimension* einer Information. Das Individuum gibt Werturteile über seine Umwelt ab. Eine Trennung beider Dimensionen fällt — insbesondere soweit sie sich auf kognitive Informationen bezieht — nicht leicht. Informationen lassen sich noch in einer dritten Dimension beschreiben, die in der kognitivistischen Psychologie in der Regel außer acht gelassen wird: die *präskriptive* oder *imperativische Dimension* von Informationen. Sie kommt in den kognitiven Programmen des Individuums zum Ausdruck[66]).

Ein *kognitives Programm* besteht aus einer Folge von Befehlen oder Instruktionen, die das innere und äußere Verhalten des Individuums vorschreiben und steuern[67]). Ein auf das Individuum einwirkender Stimulus ruft ein Repertoire von Subprogrammen hervor[68]). Der Stimulus wird lau-

---

[63]) Vgl. im folgenden Jones, E. E. und Gerard, H. B., a. a. O., S. 159 ff.

[64]) Vgl. Jones, E. E. und Gerard, H. B., a. a. O., S. 328.

[65]) Vgl. dazu Morris, Chr., Signification and Significance, Cambridge, Mass. 1964, S. 3 ff. Morris spricht dabei von den Dimensionen eines Zeichens. Vgl. zum Begriff des Zeichens S. 22 f und S. 62 dieser Arbeit.

[66]) Vgl. Miller, G. A., Galanter, E. und Pribram, K. H., Plans and the Structure of Behavior, New York 1960, S. 2.

[67]) Vgl. Miller, G. A., Galanter, E. und Pribram, K. H., a. a. O., S. 16.

[68]) Taylor, D. W., Toward an Information Processing Theory of Motivation, a. a. O., S. 77.

fend anhand bestimmter Kriterien getestet. Die Kriterien sind die relevanten kognitiven Informationen, d. h. die „berührten“ Werte, Überzeugungen und Attitüden. Erweisen sich die empfangenen Informationen als unvereinbar mit einzelnen Kategorien kognitiver Informationen, so werden Programmbefehle ausgelöst, die auf eine Anpassung abzielen[69]). Von solchen kognitiven Anpassungsvorgängen, d. h. der Herstellung bzw. Aufrechterhaltung des kognitiven „Gleichgewichts“, kann sowohl der Stimulus als auch das System kognitiver Informationen betroffen sein. Gegenüber dem Stimulus entwickelt das Individuum spezifische Arten von „Abwehrreaktionen“[70]). Sie bewirken, daß es die zugeleitete Information entweder zurückweist oder sie im Prozeß der Wahrnehmung entsprechend den im Gedächtnis gespeicherten Informationen interpretiert[71]). Ist mit der Aufnahme der empfangenen Informationen eine Veränderung der Werte, Überzeugungen und/oder Einstellungen (attitudes) verbunden, so ist das Individuum beeinflußt worden. Veränderungen in den designativen und valuativen Informationen sind mächtige Antriebskräfte zum Handeln und damit zur Änderung der kognitiven Programme, die das innere und äußere Verhalten steuern.

Das „Befehlsverhältnis“ zwischen Vorgesetztem und Untergebenem läßt sich dahin gehend auslegen, daß der Vorgesetzte den Untergebenen zur Annahme bestimmter Programme oder Pläne veranlassen möchte[72]). Bei Ausübung der Befehlsgewalt im traditionellen Sinne (autoritatives Verhalten) wird der Prozeß, der zur Ausarbeitung eines Programms führt, im wesentlichen vom Vorgesetzten allein vollzogen. Der Untergebene soll das Programm zur Ausführung übernehmen, ob er es innerlich akzeptiert oder nicht. Versucht der Vorgesetzte zu überzeugen, so wird er den Untergebenen zum gedanklichen Nachvollzug der Programmausarbeitung veranlassen wollen. Der Vorgesetzte liefert dem Untergebenen Informationen, die diesen davon überzeugen sollen, daß auch er das Problem auf gleiche oder ähnliche Weise gelöst hätte. Bei Manipulation geht der Vorgesetzte noch einen Schritt weiter. Er bereitet die dem Untergebenen zugänglichen Informationen so auf, daß dieser glaubt, das Programm weitgehend selbst ausgearbeitet zu haben. Bei Überzeugung und Manipulation hat der Vorgesetzte zusätzliche Programme zu entwickeln, die seinem Willen — zu überzeugen oder zu manipulieren — zum Durchbruch verhelfen sollen.

In die Beschreibung kognitiver Informationen und Informationsstrukturen sind auch die verschiedenen *Gedächtnistypen* einzubeziehen, welche die

---

[69]) Zu den Theorien über die Reduktion „kognitiver Ungleichgewichte“ vgl. S. 54 f dieser Arbeit und die dort angegebene Literatur.

[70]) Vgl. Newcomb, Th. M., Sozialpsychologie, a. a. O., S. 66 f.

[71]) Vgl. Zalkind, S. S. und Costello, T. W., Perception: Implications for Administration, in: Readings in Managerial Psychology, Hrsg. H. J. Leavitt und L. R. Pondy, Chicago, London und Toronto 1964, S. 39.

[72]) Diese Aussage kann sowohl auf generelle Regelungen als auch auf das fallweise Anordnen bestimmter Verhaltensweisen bezogen werden. Vgl. zur Unterscheidung von generellen und fallweisen Regelungen Gutenberg, E., Unternehmensführung, a. a. O., S. 144 ff.

Speicher für kognitive Informationen bilden. Auf das Vorhandensein mehrerer Gedächtnisse läßt sich bereits aus der allgemein gebräuchlichen Unterscheidung zwischen bewußten, unterbewußten und unbewußten geistigen Vorgängen bzw. Informationen schließen, die auch Boulding zur Charakterisierung des Image heranzieht[73]). In Analogie zum Aufbau eines Computers lassen sich zwei Gedächtnistypen unterscheiden, die als Kurz- oder Arbeitsgedächtnis und als Lang- oder Dauergedächtnis bezeichnet werden können[74]). Im *Kurzgedächtnis* sind die Informationen „gegenwärtig", die für die unmittelbaren inneren und äußeren Reaktionen des Individuums auf einen Stimulus bestimmend sind. Sie werden zum Teil erst durch den Stimulus vergegenwärtigt, d. h. aus dem Lang- in das Kurzgedächtnis übergeführt. Der Inhalt des *Langgedächtnisses* erstreckt sich auf alle un- oder unterbewußten Informationen, die sich ins Kurzgedächtnis zurückrufen lassen. Die Verweildauer vieler aus der Umwelt aufgenommener Informationen ist auch im Langgedächtnis relativ kurz. Sie werden rasch endgültig „gelöscht"[75]).

Ohne die hier eingeführten Gedächtnistypen zu nennen, gehen auch March und Simon von einer Zweiteilung des menschlichen Gedächtnisses aus[76]). Den Teil des Gedächtnisses, der in einem bestimmten Zeitraum das Verhalten des Individuums beeinflußt, bezeichnen sie als „hervorgerufene Einstellung" (evoked set), während sie von dem wesentlich größeren, im selben Zeitraum das Verhalten nicht beeinflussenden Teil als den nicht hervorgerufenen (unevoked), aber hervorrufbaren (evokable) Gedächtnisinhalten sprechen.

Die *Einstellung (set)* im Sinne der in das Kurzgedächtnis transferierten kognitiven Informationen ist von der Einstellung im Sinne von Attitüde zu unterscheiden. Bei ersterer handelt es sich um alle Arten kognitiver Informationen, mit denen das Individuum in einem bestimmten kurzen Bezugszeitraum „arbeitet". Aus diesem Grunde ist auch die Bezeichnung Arbeitsgedächtnis (working memory) — in Analogie zum Arbeitsspeicher bei einem Digitalrechner — gebräuchlich. Im Gegensatz dazu ist anzunehmen, daß in einem bestimmten Zeitpunkt nur wenige der Attitüden, die das Individuum gegenüber verschiedenen Lebenslagen, Ereignissen und Objekten einnimmt, im Kurzgedächtnis gespeichert sind, sie sich aber dennoch — je nach Um-

[73]) Vgl. Boulding, K. E., The Image, a. a. O., S. 48 sowie Taylor, D. W., Toward an Information Processing Theory of Motivation, a. a. O., S. 54.

[74]) Vgl. zum Begriff des Arbeitsgedächtnisses Newell, A. und Simon, H. A., Computers in Psychology, in: Handbook of Mathematical Psychology, Hrsg. D. R. Luce, R. R. Bush und E. Galanter, Band 1, New York und London 1963, S. 379. Frank unterscheidet zwischen Kurz- und Langgedächtnis, Frank, H., Informationspsychologie, in: Kybernetik, Hrsg. H. Frank, 5. Aufl., Frankfurt am Main 1965, S. 269; Cube zwischen Gegenwarts- und Dauergedächtnis, Cube, F. v., Kybernetische Grundlagen des Lernens und Lehrens, Stuttgart 1965, S. 96 f.

[75]) Vgl. Cube, F. v., a. a. O., S. 96.

[76]) Vgl. dazu March, J. G. und Simon, H. A., Organizations, a. a. O., S. 10 sowie March, J. G., Introduction to the Theory and Measurement of Influence, a. a. O., S. 437.

weltstimulus — relativ leicht hervorrufen lassen. Eine Änderung von Attitüden ebenso wie von Werten, Überzeugungen (beliefs) und kognitiven Programmen vollzieht sich in den bewußten oder unbewußten Teilen des Arbeitsgedächtnisses[77]). Ergibt sich daraus eine Veränderung der kognitiven Informationen und Informationsstrukturen im Lang- oder Dauergedächtnis, so hat ein *Lernvorgang* stattgefunden[78]).

Zwischen hervorgerufener Einstellung (set) und Stimulus besteht eine enge Wechselwirkung[79]). Die momentane Einstellung ist dafür ausschlaggebend, welche Umweltereignisse die Aufmerksamkeit des Individuums erregen und damit hauptsächlich zu Stimuli werden. Sie bestimmt weiterhin, wie Informationen wahrgenommen werden. Die Wahrnehmung ist ein Prozeß, in dem die empfangenen Informationen entsprechend der momentanen Einstellung gefiltert, ergänzt und strukturiert werden. Auf diese bekannte Erscheinung geht der Ausspruch von Walter Lippmann zurück: „Wir sehen die Dinge nicht so, wie sie sind, sondern wie wir sind“[80]). Dabei ist zu berücksichtigen, daß umgekehrt die auf das Individuum einwirkenden Stimuli bzw. Reize ihrerseits die Hervorrufung von kognitiven Informationen induzieren. Sie verändern auf diese Weise den Inhalt des Kurzgedächtnisses und damit das Bezugssystem für weitere Wahrnehmungsprozesse.

Bei Betrachtung einer sehr kurzen Zeitspanne sind es nur relativ wenige kognitive Informationen, welche die Einstellung (set) eines Individuums konstituieren[81]). Echte Entscheidungen erstrecken sich oftmals über längere Zeiträume und sind mit umfangreichen Informationsverarbeitungsprozessen verbunden. Dazu zählt ein gezieltes Suchverhalten des Individuums nach Informationen. Es erstreckt sich sowohl auf die Umwelt als auch auf die Überführung im Langgedächtnis gespeicherter Informationen in das Arbeitsgedächtnis. Das Individuum versucht, ein kognitives *„Modell der Entscheidungssituation“*[82]) zu konstruieren. Manche Autoren sprechen von „Definition der Situation“, „Bezugsrahmen“ (frame of reference) oder „Umweltmodell“[83]). „In der Terminologie der Entscheidungstheorie umfaßt das kognitive Modell mögliche Alternativen und deren Konsequenzen sowie Werte und Nebenbedingungen, die das Individuum bei seiner Entscheidung beachtet. Ferner enthält das kognitive Modell der Situation das Programm,

[77]) Vgl. zur Änderung von kognitiven Informationen im allgemeinen und von Attitüden im besonderen Graumann, C.-F., Die Dynamik von Interessen, Wertungen und Einstellungen, a. a. O., S. 294 ff.

[78]) Vgl. Bergius, R., Einfache Lernvorgänge, in: Handbuch der Psychologie, 1. Band, 2. Halbband, Hrsg. R. Bergius, Göttingen 1964, S. 213 f.

[79]) Vgl. dazu March, J. G. und Simon, H. A., Organizations, a. a. O., S. 10.

[80]) Zitiert bei Newcomb, Th. M., Sozialpsychologie, a. a. O., S. 68.

[81]) Vgl. March, J. G. und Simon, H. A., Organizations, a. a. O., S. 11.

[82]) Kirsch, W., Entscheidungen und Entscheidungsprämissen in der Unternehmungsorganisation, a. a. O., S. 219.

[83]) Vgl. dazu March, J. G. und Simon, H. A., Organizations, a. a. O., S. 11; Stachowiak, H., Denken und Erkennen im kybernetischen Modell, Wien und New York 1965, S. 14.

dem das Individuum bei der Bestimmung der zu wählenden Alternative folgt"[84]).

Alle in das kognitive Modell eingehenden Informationen erfahren im Verlaufe des Entscheidungsprozesses eine Verarbeitung im Kurzgedächtnis. Aufgrund der beschränkten Informationsverarbeitungskapazität des Individuums[85]) reicht ihre Verweildauer im Arbeitsgedächtnis nicht jeweils bis zum Abschluß des Entscheidungsprozesses. Vielmehr ist eine mehrmalige Rücktransferierung ins Langgedächtnis und abermalige Hervorrufung bei Bedarf zu vermuten. Ein weiteres Unterscheidungsmerkmal zwischen Einstellung (set) und Modell der Entscheidungssituation ergibt sich daraus, daß nicht alle zu einem bestimmten Zeitpunkt im Arbeitsgedächtnis vorhandenen Informationen in das Modell der Entscheidungssituation eingehen.

Die Unterteilung des menschlichen Gedächtnisses in einen aktiven Teil — Arbeits- oder Kurzgedächtnis — und in einen passiven Teil — Langgedächtnis — erlaubt eine differenzierte Betrachtung kognitiver Informationsstrukturen und -prozesse. Aus ihr läßt sich die Unterscheidung von „Einstellung" (set), „kognitivem Modell der Entscheidungssituation" und „kognitiver Persönlichkeit" ableiten[86]). Mit dem Begriff der *kognitiven Persönlichkeit* wird dabei die Gesamtheit der in den verschiedenen Gedächtnissen eines Menschen gespeicherten — hervorgerufenen oder nicht hervorgerufenen — Informationen erfaßt.

Es bleibt die Frage zu beantworten, wie in dieser Konzeption Überzeugung und Manipulation zu erklären sind. Zunächst ist auch hier Überzeugung und Manipulation — wie jede Art der Beeinflussung — sowohl als Veränderung des äußerlich beobachtbaren Verhaltens (overt behavior) als auch der inneren Bereitschaft zum Handeln (readiness to act) zu interpretieren. Im Mittelpunkt steht in dieser Konzeption die Veränderung der „internen" Informationen und Informationsstrukturen. Dabei wird die Problematik der Beeinflussung auf den drei Stufen kognitive Persönlichkeit, Modell der Situation und Einstellung (set) diskutiert. Insoweit die wahrgenommenen Stimuli als kognitive Informationen in den menschlichen Gedächtnissen gespeichert werden, tritt eine Veränderung der kognitiven Persönlichkeit ein. Sie ist auf längere Zeiträume zu beziehen und mit dem Lernen von Werten, Überzeugungen, Attitüden und Programmen gleichzusetzen. Die momentane Einstellung (set) erfährt durch die Aufnahme und Interpretation von Umweltsignalen und die dabei aktivierten kognitiven Informationen eine Veränderung. Aus den im Laufe des Entscheidungsprozesses gewonnenen und erschlossenen Informationen bildet das Individuum ein Modell der jeweiligen

---

[84]) Kirsch, W., a. a. O., S. 219.

[85]) Interessante Überlegungen zu den Grenzen der Informationsverarbeitungskapazität und der „Spanne des unmittelbaren Gedächtnisses" des Individuums stellt Miller an. Vgl. Miller, G. A., The Magical Number Seven Plus or Minus Two: Some Limits on Our Capacity for Processing Information, in: Readings in Psychology of Cognition, Hrsg. R. C. Anderson und D. P. Ausubel, New York 1966, S. 241 ff.

[86]) Vgl. zu dieser Unterscheidung Kirsch, W., a. a. O., S. 183 ff.

Entscheidungssituation. Soziale Beeinflussungsversuche zielen letztlich darauf ab, das kognitive Modell des Individuums zu verändern.

Überzeugungsvorgänge beziehen sich nur auf zwischenmenschliche Informationsübertragungen. Kommunikationsinhalte wirken insoweit überzeugend, als es gelingt, das zu beeinflussende Individuum auf sie „einzustellen". Die Nachrichten müssen Werte und Überzeugungen (beliefs) hervorrufen, in deren Lichte das Akzeptieren der Informationen gerechtfertigt erscheint[87]). Hier zeigt sich, wie eng Überzeugung und Manipulation verbunden sind. Der „Überzeuger" wird versuchen, die Umweltstimuli so zu filtern und aufzubereiten, daß, so weit als möglich, kognitive Informationen hervorgerufen werden, die eine „positive" Einstellung gegenüber den Kommunikationsinhalten schaffen[88]). In diesem Sinne kann Manipulation in jeder Art der Veränderung der Umwelt erblickt werden, mit dem Ziel, beim beeinflußten Individuum bestimmte interne Reaktionen auszulösen.

Ausgehend von den in Syllogismen enthaltenen Kategorien kognitiver Informationen — Werte, Überzeugungen (beliefs), Attitüden —, unterscheiden Jones und Gerard drei Arten der Überzeugung bzw. der Manipulation interner Informationsstrukturen[89]): die Verstärkung, die Schaffung und die Änderung einer Attitüde.

Die *Verstärkung einer Attitüde* des Individuums gegenüber einem Umweltereignis — z. B. der grundsätzlich positiven Einstellung eines Arbeiters gegenüber der Institution des Betriebsrats — läßt sich durch Aktivierung von Werten und Überzeugungen erreichen, die alle die bestehende Attitüde stützen oder bestätigen. Hierbei handelt es sich um eine relativ unproblematische Art der Überzeugung. Das Individuum wird erneut an bestimmte Sachverhalte erinnert[90]). Es wird einem derartigen Beeinflussungsversuch relativ wenig Widerstand entgegenbringen.

Die *Schaffung einer „neuen" Attitüde* setzt einmal die Hervorrufung gewisser übergeordneter Wertvorstellungen voraus und zum anderen die Aktivierung und Wahrnehmung von Informationen, die als Bindeglied zwischen ursprünglichen und „abgeleiteten Werten" (Attitüden) dienen. Es gilt, Informationen zu liefern, die das Individuum als Überzeugungen (beliefs) im Sinne von Tatsachenwissen aufnimmt und die es zu „höheren" Werten in Beziehung setzt. Das Individuum wird durch die empfangenen Informationen zur Ableitung und Speicherung „neuer" syllogistischer Schlußfolgerungen veranlaßt.

---

[87]) Vgl. Bauer, R. B., Hidden Persuaders? in: Consumer Behavior and the Behavioral Sciences, Hrsg. St. H. Britt, New York, London und Sydney 1966, S. 7.

[88]) Vgl. Minnick, W. C., The Philosophy of Persuasion, in: Management and Organizational Behavior Theories, Hrsg. W. T. Greenwood, Cincinnati, Ohio 1965, S. 741.

[89]) Vgl. im folgenden Jones, E. E. und Gerard, H. B., a. a. O., S. 435 f.

[90]) Vgl. Hörmann, H., Bedingungen für das Behalten, Vergessen und Erinnern, in: Handbuch der Psychologie, 1. Band, 2. Halbband, Hrsg. R. Bergius, Göttingen 1964, S. 243 f.

Den relativ stärksten Widerstand wird das Individuum bei dem Versuch leisten, eine *Veränderung einer bestehenden Attitüde* gegenüber einem Objekt, einer Person oder einem Ereignis zu erreichen, d. h. im Extremfall, sie ins Gegenteil umzukehren. In diesem Fall ist in den überzeugenden Nachrichten eine offene oder versteckte Diskreditierung der mit der angegriffenen Attitüde assoziierten Überzeugungen (beliefs) vorzunehmen. Dieses Vorgehen kann mit dem Versuch verbunden sein, solche vom Individuum geteilten Werte und Überzeugungen zueinander in Beziehung zu setzen, die die ursprünglichen Attitüden widerlegen.

Die drei angeführten Typen der Überzeugung bzw. Manipulation werden vielfach unter dem Sammelbegriff *„Attitüdenänderung" (attitude change)* zusammengefaßt[91]). Sie lassen zudem erkennen, daß kognitive Informationen vielfach einander widersprechen. Die Fülle der die kognitive Persönlichkeit konstituierenden Werte, Überzeugungen, Programme usw. weisen unzählige solcher logischer Inkonsistenzen auf. Solange miteinander unvereinbare kognitive Informationen nicht hervorgerufen werden, ist sich das Individuum dessen nicht „bewußt". Erst nach der Überführung ins Arbeitsgedächtnis sind sie dem Individuum gegenwärtig.

In der Psychologie wurden eine Reihe von Theorien entwickelt, die sich mit den inneren und äußeren Reaktionen des Individuums auf eine erkannte Unverträglichkeit kognitiver Informationen auseinandersetzen. Sie gehen alle davon aus, daß das Individuum einen solchen Zustand des „kognitiven Ungleichgewichts", der „kognitiven Inkongruität" oder der „kognitiven Dissonanz" als unbefriedigend empfindet und ihn zu beseitigen trachtet. Obwohl die verschiedenen Theorien nicht durchweg auf individuelle Entscheidungsprozesse Bezug nehmen, stimmen sie dennoch mit entscheidungslogischen Überlegungen weitgehend überein, denen zufolge das Individuum ein möglichst konsistentes Modell der Entscheidungssituation anstrebt.

Die meisten psychologischen Arbeiten zu diesem Problem gehen auf die *„Gleichgewichtstheorie"* Heiders zurück[92]). Die Grundgedanken dieser Theorie lassen sich an einem einfachen Beispiel klarmachen[93]): Person A schätzt Person B sehr. Erhalten beide eine Information I, die A überzeugend findet,

[91]) Vgl. z. B. Klapper, J. T., The Effects of Mass Communication, New York 1960, S. 13; Rosenberg, M. J., Hovland, C. I., McGuire, W. J., Abelson, R. P. und Brehm, J. W., Attitude Organization and Change, New Haven und London 1960; Abelson, H. J., How Opinions and Attitudes are Changed, New York 1959.

[92]) Vgl. Heider, F., The Psychology of Interpersonal Relations, New York und London 1958; McGuire, J. W., A Syllogistic Analysis of Cognitive Relations, a. a. O., S. 65 ff; Rosenberg, M. J., An Analysis of Affective-Cognitive Consistency, in: Attitude Organization and Change, Hrsg. M. J. Rosenberg et al., New Haven und London 1960, S. 15 ff; Rosenberg, M. J. und Abelson, R. P., An Analysis of Cognitive Balancing, in: Attitude Organization and Change, Hrsg. M. J. Rosenberg et al., New Haven und London 1960, S. 112 ff; Festinger, L., Conflict, Decision, and Dissonance, Stanford, Cal. 1964; Brehm, J. W. und Cohen, A. R., Explorations in Cognitive Dissonance, New York, London und Sydney 1962.

[93]) Vgl. dazu auch Kaminski, G., Ordnungsstrukturen und Ordnungsprozesse, in: Handbuch der Psychologie, 1. Band, 2. Halbband. Hrsg. R. Bergius, Göttingen 1964, S. 462.

während sie von B abgelehnt wird, so wird bei A ein kognitives Ungleichgewicht (cognitive imbalance) hervorgerufen, wenn ihm dieser Zustand bewußt wird. Die Wiederherstellung des kognitiven Gleichgewichts kann auf verschiedene Weise erreicht werden: A versucht B umzustimmen (zu überzeugen); A ändert seine Attitüde gegenüber I, lehnt I also ebenfalls ab; A ändert seine Attitüde gegenüber B, hält ihn beispielsweise fortan für verständnislos, oberflächlich usw.

Gefühlsmäßige Bindungen sowie hervorgerufene kognitive Inkonsistenzen bilden für Überzeugung und Manipulation bedeutsame Nebenbedingungen. In der bewußten Schaffung oder Gestaltung solcher Bedingungen durch die Einfluß ausübende Person liegt ein typisch manipulatives Element[94]).

2.22 Persönlichkeitsmerkmale

Die einzelnen Menschen antworten unterschiedlich auf Versuche, sie zu überzeugen oder zu manipulieren. Soweit sich diese Unterschiede nicht auf die spezifischen Umweltbedingungen zurückführen lassen, sind sie als relativ konsistente Merkmale einer Person aufzufassen[95]). In der Persönlichkeitstheorie sind eine Reihe von Versuchen unternommen worden, Systeme von Persönlichkeitsmerkmalen zu entwickeln, anhand deren sich die individuellen Unterschiede zwischen einer Mehrzahl von Menschen erläutern lassen. Während sich die einzelnen Forscher von zum Teil weit auseinanderliegenden wissenschaftlichen Standorten diesem Problemkreis nähern, stimmen ihre Forschungsergebnisse meist insoweit überein, als sich ihre Merkmalssysteme letztlich auf relativ wenige Faktoren beschränken[96]).

In der Diskussion betriebswirtschaftlicher Führungsprobleme spielen die persönlichen Eigenschaften von Führern und Geführten eine bedeutsame Rolle. Das Schwergewicht der Betrachtung liegt entweder auf den bloßen „Leistungs-Eigenschaften" oder auf den sogenannten „Charakter-" oder „Wesens-Eigenschaften"[97]). Erstere stehen in der älteren Führungsstilliteratur im Mittelpunkt[98]). Dort werden vielfach Kataloge von Anforderungen, die an „gute" Führer zu stellen sind, gebildet[99]). Der Führer soll beispielsweise geschickt im Umgang mit Menschen sein, wissen, wie Entscheidungen zu lösen sind, usw. Bei einem leistungsbedingten Eigenschaftsbegriff ergeben

[94]) Vgl. Leavitt, H. J., Managerial Psychology, a. a. O., S. 186 f.

[95]) Vgl. Guilford, J. P., Personality, New York 1959, S. 6.

[96]) Vgl. dazu die Überblicke über die einschlägige Literatur bei Graumann, C.-F., Eigenschaften als Problem der Persönlichkeitsforschung, in: Handbuch der Psychologie, 4. Band, Hrsg. Ph. Lersch und H. Thomae, Göttingen 1960, S. 87 ff; Hall, C. S. und Lindzey, G., Theories of Personality, New York, London und Sydney 1957; Hofstätter, P. R., Persönlichkeit, in: Psychologie (Fischer-Lexikon), Frankfurt am Main 1957, S. 224.

[97]) Vgl. Graumann, C.-F., Eigenschaften als Problem der Persönlichkeitsforschung, a. a. O., S. 87.

[98]) Vgl. Häusler, J., Grundfragen der Betriebsführung, Wiesbaden 1966, S. 81 f.

[99]) Vgl. Bavelas, A., Leadership: Man and Function, Administrative Science Quarterly, 1960, S. 491 ff; Gouldner, A. W. (Hrsg.), Studies in Leadership, New York 1950, S. 31 ff; Scott, W. G., Human Relations in Management, a. a. O., S. 388 f.

sich Analogien zum Rollenbegriff (Rollenerwartungen, Rollenzumutungen) der Soziologie.

Demgegenüber ist als Charaktereigenschaft „jede unterscheidbare relativ überdauernde Weise (zu verstehen, A. d. V.), in der ein Individuum sich von anderen unterscheidet“[100]). Diese in der Psychologie vorherrschende Akzentuierung des Eigenschaftsbegriffs wird auch bei Gutenberg deutlich, wenn er schreibt: „Umstände, die in den Eigenschaften der mit Weisungsbefugnis ausgestatteten Personen liegen, bestimmen die Art und Weise, wie angeordnet wird. Einige besitzen Autorität, weil sie als Spezialisten anerkannt sind, andere weil sie zu überzeugen und zu faszinieren verstehen. Aber es wird immer Mitglieder geben, deren Autorität im wesentlichen auf der Stellung beruht, die sie im Stufenbau der betrieblichen Lenkungshierarchie einnehmen. Wiederum andere werden ihre Ressorts mehr autokratisch leiten, wie es ihrer Natur entspricht. Die Art und Weise, wie der einzelne seine Rolle im System der betrieblichen Führung spielt, wird stets von den menschlichen Eigenschaften abhängen, die ihn kennzeichnen und sein Verhalten im Leben wie im Betrieb bestimmen“[101]).

Persönlichkeitsmerkmale verweisen auf zu erwartendes Verhalten[102]). Das gilt gleichermaßen für Führer und Geführte. In der psychologischen Forschung werden Persönlichkeitsmerkmale als spezifische Arten von intervenierenden Variablen (Prädispositionen) aufgefaßt[103]). Im Zusammenhang mit der experimentellen Analyse von Kommunikationsprozessen bezeichnen sie Janis und Hovland als „Faktoren der Überzeugbarkeit“ (persuasibility factors)[104]). Persönlichkeitsmerkmale sind in diesem Sinne Indikatoren für die Bereitschaft einer Person, empfangene Informationen zu akzeptieren[105]).

Es kann nicht Aufgabe dieses Abschnittes sein, die in der Psychologie entwickelten vielfältigen Klassifikationsschemata von Persönlichkeitsmerkmalen darzustellen. Hier soll lediglich aufgezeigt werden, wie einzelne Merkmale in Beziehung zu den im vorausgehenden Abschnitt dargelegten kognitiven Informationen, Informationsstrukturen und -prozessen zu setzen sind. Es werden beispielhaft Persönlichkeitsmerkmale herausgegriffen, die bei der späteren eingehenden Analyse von Überzeugungs- und Manipulationsvorgängen von Bedeutung sind. Obwohl sich die Ausführungen schwerpunkt-

---

[100]) Guilford, J. P., a. a. O., S. 6.

[101]) Gutenberg, E., Unternehmensführung, a. a. O., S. 53.

[102]) Vgl. Graumann, C.-F., Eigenschaften als Problem der Persönlichkeitsforschung, a. a. O., S. 95 ff.

[103]) Vgl. Hall, C. S. und Lindzey, G., a. a. O., S. 263.

[104]) Janis, I. L. und Hovland, C. I., An Overview of Persuasibility Research, a. a. O., S. 1 f. „By ‚persuasibility factor‘ is meant any variable attribute within a population that is correlated with consistent individual differences in responsiveness to one or more classes of influential communications.“

[105]) Analog ist die Problemstellung, wenn die Anpassungsfähigkeit einer Person zur Diskussion steht. Vgl. Meffert, H., Die Flexibilität in betriebswirtschaftlichen Entscheidungen, unveröffentlichte Habilitationsschrift München 1968, S. 138 ff.

artig auf die individuellen Eigenschaften der beeinflußten Person (Untergebener, Geführter) beziehen, ist die analoge Übertragung auf die Person des Einflußnehmers (Vorgesetzter) ohne weiteres möglich. Die Konsequenzen bestimmter Persönlichkeitsmerkmale für den Führungsstil eines Vorgesetzten bzw. der Unternehmung hebt Gutenberg hervor[106]). Die individuellen Eigenschaften einer Person weisen vor allem auf die Möglichkeiten und die Beschränkungen hin, einen bestimmten Führungsstil zu entwickeln.

Geht man vom Begriff der kognitiven Persönlichkeit aus, so ergibt sich eine Zweiteilung der Persönlichkeitsmerkmale. Der eine Teil bezieht sich auf die die kognitive Persönlichkeit konstituierenden Werte, Überzeugungen, Attitüden und Programme sowie deren kognitive Struktur, während der andere vorwiegend die biologischen Merkmale einer Person umfaßt, wie etwa Alter, Körperbau, Geschlecht usw.[107]). Die zweite Kategorie von Persönlichkeitsmerkmalen kann ihrerseits als Determinante der kognitiven Persönlichkeit verstanden werden. Zu diskutieren ist dieser Problemkreis sowohl in Verbindung mit den individuellen Motiven, Bedürfnissen oder Trieben als auch mit der Entwicklung, den Erfahrungen und Erlebnissen aufgrund der physischen Besonderheiten des einzelnen.

Es bereitet zum Teil erhebliche Schwierigkeiten, verschiedene Aspekte der Persönlichkeit gegeneinander abzugrenzen und zu ordnen. Manche Menschen erweisen sich gegenüber allen Arten sozialer Beeinflussung als außerordentlich widerstandsfähig, andere sind als ausgesprochen „leichtgläubig" zu beurteilen. Die einen wiederum zeigen sich gegenüber neuen Ideen oder einer streng logischen Argumentation aufgeschlossen, während die anderen mit gefühlsmäßigen Appellen leichter ansprechbar sind. Die Angst von anderen manipuliert zu werden, die Abwehr jeder Art offener oder versteckter Überzeugung kann ebenso als prädispositives Merkmal einer Person aufgefaßt werden wie die Ablehnung eines autoritären Verhaltens, die Bevorzugung von Diskussionen in Gruppen und das sorgfältige Prüfen jedes Entscheidungsproblems[108]).

Eine große Bedeutung bei Experimenten über die Beeinflußbarkeit einer Person durch Kommunikation spielt die *Selbsteinschätzung* eines Indivi-

---

[106]) Vgl. Gutenberg, E., Unternehmensführung, a. a. O., S. 53.

[107]) Diese Annahme entspricht der in der Psychologie vorherrschenden Auffassung. Sie wird vielfach im Zusammenhang mit der Definition des Begriffes Persönlichkeit diskutiert. Vgl. Koch, M., Die Begriffe Person, Persönlichkeit und Charakter, in: Handbuch der Psychologie, 4. Band, Hrsg. Ph. Lersch und H. Thomae, Göttingen 1960, S. 1 ff. Diese Auffassung stimmt auch mit derjenigen von Kuhn überein, der schreibt: „The total set of behavior patterns which characterizes a particular person will be referred to as his p e r s o n a l i t y. Appearance, age, sex, race or other physical traits are not a part of personality, as such. Physical traits will also affect personality, as we shall see ... Personality is the focal point for the interaction of social forces with biological and psychological." Kuhn, A., The Study of Society, a. a. O., S. 233.

[108]) Vgl. z. B. Janis, I. L., Persönlichkeitsstruktur und Beeinflußbarkeit, in: Grundfragen der Kommunikationsforschung, Hrsg. W. Schramm, München 1964, S. 82 f; Agyris, Ch., Personality and Organizations, New York, Evanston, London und Tokyo 1965, S. 35 ff.

duums[109]). Es ist der Begriff, den sich das Individuum von sich selbst bildet. Der Selbstbegriff resultiert einmal aus der Beurteilung der eigenen Werte, Überzeugungen und Fähigkeiten im Verhältnis zu denen der Mitmenschen und zum anderen aus dem wahrgenommenen Verhalten der Mitmenschen gegenüber der eigenen Person[110]). Anerkennung und häufig empfangenes Lob führen beispielsweise zu einer Steigerung des Selbstgefühls, während die wiederholt empfundene Mißbilligung des eigenen Verhaltens nicht selten Unsicherheit, Ängstlichkeit oder Gefühle der Minderwertigkeit zur Folge hat. In der Psychologie herrscht allerdings weitgehend Einigkeit darüber, daß — von momentanen umwelt- und stimmungsbedingten Schwankungen abgesehen — die Selbsteinschätzung als relative Konstante des Verhaltens anzusehen ist[111]). Sie ist das Ergebnis der Entwicklung und der damit verbundenen Erlebnisse des Menschen.

Zwischen Selbsteinschätzung und der Unterscheidung von *„innen-"* und *„außengelenkter" Persönlichkeit*[112]) bestehen gewisse Parallelen. Der außengelenkte Typ ist durch eine Vielzahl gefühlsmäßiger und kommunikativer Verbindungen in seine soziale Umwelt integriert. Er zeigt dabei eine große Anpassungsfähigkeit an wechselnde Bedingungen und Meinungen. Seine Werte, Überzeugungen und Verhaltensprogramme orientieren sich primär an den erwarteten Reaktionen anderer. Der Selbstbegriff des außengelenkten Menschen spiegelt im Extremfall lediglich die momentan wahrgenommene Wertschätzung durch seine Mitwelt wider[113]). Demgegenüber fühlt sich der innengelenkte Typ weit weniger von sozialen Beziehungen und der Anerkennung durch Dritte abhängig. Empfangene Informationen unterzieht er einer kritischen Prüfung. Er testet sie anhand von Kriterien, die er als spezifische Ausprägungen seiner Individualität auffaßt[114]).

Das Merkmal der *autoritären Persönlichkeit* bezieht sich auf die Einstellung (Attitüde) einer Person gegenüber verschiedenen Arten sozialer Beeinflussung. Menschen sind insoweit als autoritär zu bezeichnen, als sie geltende soziale Normen in das eigene Wertsystem aufnehmen, ihr Verhalten daran ausrichten und dieselbe Einstellung auch von anderen fordern[115]). Das Merkmal der autoritären Persönlichkeit kann — ebenso wie alle anderen

---

[109]) Vgl. Cohen, A. R., Some Implications of Self-Esteem for Social Influence, in: Personality and Persuasibility, Hrsg. C. I. Hovland und I. L. Janis, New Haven und London 1959, S. 102 ff.

[110]) Vgl. Lersch, Ph., Aufbau der Person, a. a. O., S. 250 f; Jones und Gerard unterscheiden in diesem Zusammenhang zwischen „comparative appraisal" und „reflected appraisal". Vgl. Jones, E. E. und Gerard, H. B., a. a. O., S. 321 ff.

[111]) Vgl. Thomae, H., Das Problem der Konstanz und Variabilität der Eigenschaften, in: Handbuch der Psychologie, 4. Band, Hrsg. Ph. Lersch und H. Thomae, Göttingen 1960, S. 321.

[112]) Vgl. Riesman, D., The Lonely Crowd, New Haven 1950; Strunz, K., Das Problem der Persönlichkeitstypen, in: Handbuch der Psychologie, 4. Band, Hrsg. Ph. Lersch und H. Thomae, Göttingen 1960, S. 195 f.

[113]) Vgl. Kahn, R. L., Wolfe, D. M., Quinn, E. P. und Snoek, J. D., Organizational Stress, New York, London und Sydney 1964, S. 281.

[114]) Vgl. Strunz, K., Das Problem der Persönlichkeitstypen, a. a. O., S. 197.

[115]) Vgl. dazu Adorno, T., Frenkel-Brunswik, E., Levinson, D. und Sanford, R., The Authoritarian Personality, New York 1950.

Persönlichkeitsmerkmale — auf Vorgesetzte und Untergebene bzw. Führer und Geführte bezogen werden. Bei beiden äußert es sich in einer Ablehnung von Informationen und Verhaltensweisen, die nach Auffassung des einzelnen nicht den „herrschenden Ansichten" entsprechen. Janis spricht von dem starken, latenten Bedürfnis einer autoritären Persönlichkeit, gegenüber fremden sozialen Objekten (Dinge, Menschen, Ereignisse) Feindschaft an den Tag zu legen[116]). Damit werden autoritative Eigenschaften in die Nähe sozialer Vorurteile gerückt. Im alltäglichen Sprachgebrauch wird eine autoritative Gesinnung als Gegensatz zu einer kollegialen oder partnerschaftlichen Einstellung aufgefaßt[117]).

Eine Reihe weiterer Persönlichkeitsmerkmale wären noch anzuführen, die sich von den bisher genannten mehr oder weniger unterscheiden, wie etwa *neurotische Angst,* die Art und Weise, wie ein Individuum seine Umwelt wahrnimmt, d. h. die ihm eigenen *Wahrnehmungsprogramme,* sowie *Kontaktarmut.* Als *Phantasiereichtum* bezeichnen Janis und Field die Fähigkeit eines Individuums, die Konsequenzen einer empfangenen Information zu prognostizieren, besonders im Hinblick auf die mit der Annahme des Kommunikationsinhaltes verbundenen individuellen Belohnungen und Bestrafungen[118]). Die damit angesprochenen kognitiven Prozesse weisen letztlich auf die intellektuellen Fähigkeiten des Kommunikationsempfängers hin.

Die *Intelligenz* ist dann als Indikator für die Beeinflußbarkeit einer Person aufzufassen, wenn die individuellen Reaktionen auf verschiedene Arten der Argumentation des Senders getestet werden sollen. In der Psychologie wird Intelligenz meist als eine Kombination mehrerer Faktoren dargestellt. Als Hauptfaktoren stehen in der Regel die in den Gedächtnissen gespeicherten kognitiven Informationen (Wissen) im Vordergrund sowie die verschiedenen Arten der Verarbeitung dieser und der Aufnahme „neuer" Informationen (Denken)[119]). Die Vertreter des Informationsverarbeitungsansatzes beurteilen die Intelligenz einer Person anhand der von ihr gespeicherten und hervorrufbaren Problemlösungsprogramme bzw. heuristischen Prinzipien[120]).

Die verschiedenen Persönlichkeitsmerkmale stellen Abstraktionen der die kognitive Persönlichkeit kennzeichnenden Informationsverarbeitungsprozesse dar. Bei der Betrachtung von intrapersonellen Aspekten der Beeinflussung wird weitgehend darauf verzichtet, die Umweltstimuli näher zu bestimmen. Das betrifft gleichermaßen die Quelle des Stimulus wie die mög-

---

[116]) Vgl. Janis, I. L., Persönlichkeitsstruktur und Beeinflußbarkeit, a. a. O., S. 74.

[117]) Vgl. Kahn, R. L. et al., a. a. O., S. 285.

[118]) Vgl. Janis, I. L. und Field, P. B., Sex Differences and Personality Factors Related to Persuasibility, in: Personality and Persuasibility, Hrsg. C. I. Hovland und I. L. Janis, New Haven und London 1959, S. 56.

[119]) Vgl. Guilford, J. P., Personality, a. a. O., S. 358 f.

[120]) Vgl. z. B. Taylor, D. W., Thinking, in: Theories in Contemporary Psychology, Hrsg. M. H. Marx, New York und London 1963, S. 485 ff; Miller et al. vertreten die Auffassung, daß sich alle Persönlichkeitsmerkmale mit dem Begriff des kognitiven Programms bzw. Planes beschreiben lassen. Vgl. Miller, G. A., Galanter, E. und Pribram, K. H., a. a. O., S. 122.

lichen Ausprägungen seines Inhalts. Aus diesem Grunde sollen im folgenden die Überlegungen zur Beeinflussung durch Überzeugung und Manipulation auf das gesamte Gebiet sozialer Beziehungen in Organisationen ausgedehnt werden. Im Mittelpunkt stehen die Kommunikations- und Machtbeziehungen.

2.3 Interpersonelle Aspekte der Beeinflussung durch Überzeugung und Manipulation

Die Betriebswirtschaft ist wie jedes soziale System durch ein Netz von Interaktionen zwischen ihren Mitgliedern gekennzeichnet. Die Stimuli, die ein Organisationsmitglied empfängt, sind deshalb ihrem Wesen nach in der Mehrzahl soziale Stimuli. Als solche sind sie Ausdruck von interpersonellen Einflußbeziehungen. In der sozialwissenschaftlichen Literatur existieren eine Reihe von Begriffssystemen und Ansätzen, soziale Beeinflussungsprozesse zu diskutieren. Die moderne Organisationstheorie stellt eindeutig die Gesichtspunkte der Macht bzw. Autorität und der Kommunikation in den Vordergrund.

Die Ausübung sozialer Macht wird vielfach unabhängig von Kommunikationsvorgängen erklärt. Wissenschaftler, die diesen Weg beschreiten, gehen von den Mitteln aus, die der machtausübenden Instanz zur Verfügung stehen, um das „innere" und „äußere" Verhalten des Machtunterworfenen zu kontrollieren bzw. zu verändern. Dabei wird der Möglichkeit, den anderen für bestimmte Verhaltensweisen zu belohnen oder zu bestrafen, große Bedeutung beigemessen.

Nicht jede Art der Machtausübung ist an eine Kommunikation gebunden, dennoch ist Machtausübung ohne Kommunikation letztlich nicht denkbar[121]). Die Willensdurchsetzung in der betriebswirtschaftlichen Organisation ist mit mannigfachen Kommunikationsvorgängen verknüpft, wie etwa Anweisungen, Ratschlägen, Unterrichtungen, Empfehlungen, Richtlinien usw.

Bekanntlich sind Überzeugungsvorgänge in jedem Fall an Kommunikationen gekoppelt, während als Manipulation im Extremfall jede Art von Umweltveränderung durch die Einfluß ausübende Instanz aufgefaßt werden kann. Auch bei Kommunikationsvorgängen kann von der Umwelt der Kommunikationspartner nicht abstrahiert werden. Sie spielt für die Formulierung, Übersendung und Aufnahme einer Nachricht eine zentrale Rolle. Deshalb ist auch die Manipulation in enge Beziehung zur Kommunikation zu setzen. Informationsmanipulation vollzieht sich in aller Regel über Kommunikation.

---

[121]) Vgl. z. B. Cartwright, D., Power: A Neglected Variable in Social Psychology, in: Studies in Social Power, Hrsg. D. Cartwright, Ann Arbor, Mich. 1959, S. 7, sowie die empirischen Untersuchungen und graphentheoretischen Auswertungsmethoden von French, J. R. P. jr., A Formal Theory of Social Power, in: Group Dynamics, Hrsg. D. Cartwright und A. Zander, 2. Aufl., Evanston, Ill. 1962, S. 727 ff.

Die Kommunikations- und Machtbeziehungen in der Betriebswirtschaft kommen im folgenden lediglich insoweit zur Darstellung, als es für die Einordnung von Überzeugung und Manipulation in das System organisatorischer Einflußbeziehungen unerläßlich erscheint.

2.31 Die Kommunikationsbeziehungen in der Betriebswirtschaft

Bevor Überzeugung und Manipulation innerhalb betriebswirtschaftlicher Kommunikationsvorgänge sichtbar gemacht werden können, gilt es, die wichtigsten Elemente und die Struktur des organisatorischen Systems der Informationsübertragung kurz zu beschreiben[122]).

2.311 Elemente und Struktur der Kommunikationsbeziehungen

Ein Kommunikationsprozeß läßt sich auf einfachste Weise anhand des auf Shannon und Weaver zurückgehenden Grundmodells der Kommunikation veranschaulichen[123]). Die dabei verwendeten Begriffe entstammen zwar der an der Nachrichtentechnik anknüpfenden mathematischen Informationstheorie, doch sind sie auch auf soziale Kommunikationsvorgänge übertragbar. *Kommunikation* ist ein Prozeß des Wählens einer Information aus einer Informationsquelle, deren Kodierung, Weiterleitung über einen Kommunikationskanal, Dekodierung und Aufnahme durch den Empfänger. Bei Beschränkung auf die soziale Kommunikation in Betriebswirtschaften sind die Mitglieder oder Gruppen der Organisation die Kommunikationspartner, die je nach Informationsfluß als Sender (Quelle) oder Empfänger in Erscheinung treten. Die zwischen ihnen bestehenden Kontakte zum Zwecke des Austausches von Informationen konstituieren das *betriebswirtschaftliche Kommunikationssystem.*

Informationen und Kommunikationen lassen sich auf unterschiedlichen Ebenen betrachten und nach verschiedenen Gesichtspunkten beurteilen. Grundlage hierfür bildet zunächst die Unterscheidung zwischen Signalen und Zeichen bzw. Symbolen.

Jede Information besitzt eine physikalische Basis. Aus diesem Grunde ist ihre Übertragung mit einem Verbrauch bzw. einer Umwandlung von Energie verbunden. Die materielle Form einer Information wird *Signal* genannt.

---

[122]) Zu diesem Themenkreis existiert eine umfangreiche Literatur. Vgl. z. B. Redding, W. Ch. und Sanborn, G. A. (Hrsg.), Business and Industrial Communication, New York, Evanston und London 1964; Kramer, R., Information und Kommunikation, Berlin 1965; Bössmann, E., Die ökonomische Analyse von Kommunikationsbeziehungen in Organisationen, Berlin, Heidelberg und New York 1967; Guetzkow, H., Communication in Organizations, a. a. O., S. 543 ff; Bergmann, J. und Zapf, W., Kommunikation im Industriebetrieb, Frankfurt am Main 1965; Hall, M. F., Communication within Organizations, a. a. O., S. 54 ff; Haney, W. V., Communication and Organizational Behavior, a. a. O.; Katz, D. und Kahn, R. L., The Social Psychology of Organizations, a. a. O.; Scott, W. G., Human Relations in Management, a. a. O., S. 170 ff; Coenenberg, A. G., Die Kommunikation in der Unternehmung, Wiesbaden 1966.

[123]) Vgl. dazu Shannon, C. und Weaver, W., The Mathematical Theory of Communication, Urbana, Ill. 1949, S. 95 ff.

„Signale sind physikalisch wahrnehmbare Tatbestände, die der Übermittlung oder Speicherung von Nachrichten dienen“[124]). Sie treten — physikalisch betrachtet — als Laute, Gesten, Mimik, Schriftzeichen usw. in einer bestimmten räumlichen und zeitlichen Ordnung auf[125]). Empfänger von Signalen sind die menschlichen Sinnesorgane.

Mit dem Begriff *Zeichen* oder *Symbol* wird zum Ausdruck gebracht, daß der Empfänger die erhaltenen Signale versteht[126]). Ein Signal erhält die Funktion eines Zeichens, wenn es ein dem Kommunikationsinhalt Sinn gebendes Element darstellt[127]). Beim Sprechen von Mann zu Mann sind die als Schallwellen übertragenen Laute die Signale. Kommunikationskanal (Medium) ist die die Schallwellen „tragende“ Luft. In diese Überlegungen können noch die Effektoren als Signale abgebende und die Rezeptoren als Signale aufnehmende und weiterleitende Nervenzellen des menschlichen Organismus einbezogen werden[128]).

Die Vorgänge des Kodierens und Dekodierens einer Information lassen sich allgemein als Umwandlung von Zeichen in Signale und umgekehrt interpretieren. Voraussetzung für eine Kommunikation ist, daß Sender und Empfänger einen gemeinsamen Zeichenvorrat besitzen. Um sich verständigen zu können, müssen die Kommunikationspartner der gleichen „Sprache“ mächtig sein. Die Elemente einer einfachen Kommunikationsbeziehung sind schaubildlich wie folgt zusammenzufassen (vgl. Abb. 2.2):

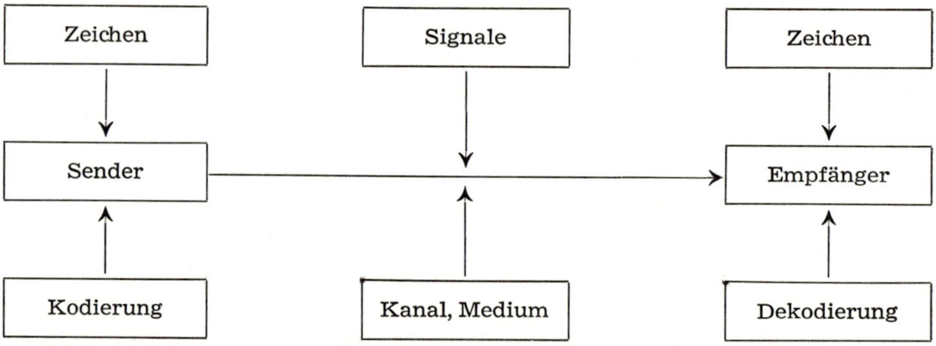

Abb. 2.2: Elemente einer Kommunikationsbeziehung

---

124) Kramer, R., a. a. O., S. 19.

125) Vgl. Cube, F. v., a. a. O., S. 60; Steinbuch, K., Automat und Mensch, Berlin, Göttingen und Heidelberg 1965, S. 22.

126) Vgl. Kuhn, A., a. a. O., S. 154. Cherry schlägt vor, den Ausdruck „Symbol“ tatsächlichen oder gedanklichen Gebilden vorzubehalten, die aus einem fest umrissenen geschichtlichen, kulturellen, religiösen oder sozialen Kontext ihren Sinn beziehen, wie etwa das Kreuz, die Krone, „Statussymbole“ usw. Vgl. Cherry, Colin, Kommunikationsforschung — eine neue Wissenschaft, Hamburg 1963, S. 18 f. Zwischen Zeichen und Symbolen wird hier also ein Unterschied postuliert. Der Zeichenbegriff wird im folgenden so weit gefaßt, daß er auch die von Cherry angeführten Sachverhalte einschließt.

127) Vgl. Cube, F. v., a. a. O., S. 60.

128) Vgl. Haney, W. V., a. a. O., S. 55 f; Kuhn, A., a. a. O., S. 62 ff.

In Übereinstimmung mit sprachanalytischen Untersuchungen werden in Publikationen über Kommunikation häufig drei *Dimensionen eines Zeichens* bzw. einer Information unterschieden: die syntaktische, die semantische und die pragmatische Dimension[129]). Unter *Syntax* ist die Struktur einer Zeichenfolge zu verstehen. Die Syntax repräsentiert die (grammatikalischen) Regeln zwischen den Zeichen einer Sprache oder allgemein eines Kodes. Die *Semantik* erfaßt die Beziehungen zwischen den Zeichen und den „Begriffen" oder „Objekten" (Ereignisse, Dinge usw.), die den Zeichen Bedeutung geben. Auf der Ebene der *Pragmatik* werden die Beziehungen zwischen den Zeichen und ihren jeweiligen Benutzern aufgezeigt. Diese Unterscheidung wird zuweilen zur Charakterisierung und Einordnung verschiedener Begriffe und Richtungen der Informations- bzw. Kommunikationstheorie herangezogen[130]). Dabei werden der syntaktischen Ebene der Signalbegriff und somit alle technischen Kommunikationsprobleme (technischer Lärm) zugewiesen, der semantischen der Begriff der „Nachricht" im Sinne des „objektiv" Gemeinten eines Kommunikationsinhalts, während auf der Ebene der Pragmatik der Beeinflussungscharakter einer Information zur Diskussion steht.

Jede dieser Betrachtungsebenen ist für einen Kommunikationsvorgang gleichermaßen von Bedeutung. Dennoch ist für *betriebswirtschaftliche Überlegungen* letztlich allein die *Pragmatik einer Information* entscheidend. Das zeigt sich auch an der in der Betriebswirtschaftslehre weitverbreiteten Definition des Begriffs der Information, der zufolge unter Information zweckorientiertes Wissen für betriebliche Dispositionen zu verstehen ist[131]). Dieser *problemorientierte Informationsbegriff* läßt einige Fragen offen, besonders diejenige, was als „Zweckorientiertheit" ausgelegt werden soll. Hier muß auf die Gedanken zu den intrapersonellen Aspekten der Beeinflussung zurückverwiesen werden. Danach steht fest: Eine Gleichsetzung des Begriffs der Zweckorientierung mit den Zielen der Betriebswirtschaft oder eines Individuums ist auf jeden Fall zu eng. *Unter pragmatischen Aspekten ist unter Kommunikation die Übertragung von Entscheidungsprämissen zu verstehen*[132]). Auf der pragmatischen Ebene stellt die Entscheidungsprämisse gewissermaßen die kleinste Informationseinheit dar (z. B. Alternativen-, Ziel-, Konsequenzeninformationen).

Das Kommunikationssystem der Betriebswirtschaft weist bestimmte Merkmale auf. Obwohl March und Simon darauf hinweisen, daß sich die organisatorischen Kommunikationsbeziehungen hinsichtlich Kanälen, Inhalt und Partnern wesentlich präziser charakterisieren lassen als etwa die der Mas-

[129]) Vgl. dazu und im folgenden Seiffert, H., Information über die Information, München 1968, S. 79 ff; Miller, G. A., Language and Communication, New York, Toronto und London 1963, S. 100 ff; Cube, F. v., a. a. O., S. 59 ff; Kuhn, A., a. a. O., S. 151 ff; Cherry, Colin, a. a. O., S. 18.

[130]) Vgl. Kramer, R., a. a. O., S. 28 ff; Niederberger, A. R. V., Das betriebliche Informationssystem, Wiesbaden 1967, S. 14 ff.

[131]) Vgl. Wittmann, W., Unternehmung und unvollkommene Information, Köln und Opladen 1959, S. 14.

[132]) Vgl. Simon, H. A., Administrative Behavior, a. a. O., S. 154.

senkommunikation[133]), ist die Zahl der Merkmale und ihrer Ausprägungen dennoch sehr groß und in sich heterogen. Beim Einsatz von Überzeugung und Manipulation als spezifischen Führungsinstrumenten kennzeichnen die verschiedenen Merkmale eines Kommunikationssystems das dem Beeinflussenden vorgegebene Bündel an Aktionsparametern und Daten.

Sehr global bleibt die Unterscheidung zwischen freien und gebundenen Kommunikationsbeziehungen[134]). Extrem *freie Kommunikationssysteme* liegen dann vor, wenn jedes Organisationsmitglied mit jedem beliebigen anderen Mitglied in Verbindung treten kann. Das betriebswirtschaftliche Kommunikationssystem wird in diesem Fall im wesentlichen durch das Netz der technisch möglichen Kommunikationswege und die im Laufe der Zeit sich herausbildenden Gewohnheiten bezüglich der Benutzung dieser Wege charakterisiert[135]). Demgegenüber ist von einem *gebundenen System* zu sprechen, wenn bestimmte organisatorische Einheiten nicht Kontakt miteinander aufnehmen können. Restriktionen bei der Kommunikation lassen sich nicht nur auf die Wahl des Kommunikationspartners, sondern auch auf andere Kommunikationsmerkmale beziehen, wie etwa Inhalt, Richtung, Medium, Sprache oder Zeitpunkt der Kommunikation.

Freiheit und Bindung bei der Kommunikation sind im Zusammenhang mit der Lösung betriebswirtschaftlicher Entscheidungsprobleme zu sehen. Insoweit der Informationsaustausch zwischen den Organisationsmitgliedern selbst Gegenstand von Planungsüberlegungen ist, spiegelt er *formale* organisatorische Gesichtspunkte wider[136]). Die Aufgabe der optimalen bzw. befriedigenden Gestaltung des Kommunikationssystems besteht darin, die für die Erreichung der Ziele der Betriebswirtschaft „zweckmäßigsten" Beschränkungen festzulegen. Die Dichte des Kommunikationsnetzes sowie Zahl und Inhalt der von ihm vermittelten Informationen werden u. a. durch Ausmaß und Art der Delegation der Entscheidungskompetenzen auf die Gesamtheit der Organisationsmitglieder und nicht zuletzt „durch die Auffassung der für die Betriebsleitung Verantwortlichen beeinflußt oder bestimmt, welches Maß an Information den einzelnen Betriebsgruppen oder Mitarbeitern im Interesse des Betriebes bzw. zur Erreichung des Betriebszweckes zukommen solle oder müsse"[137]).

Jede Betriebswirtschaft kennt neben den formalen auch *informale* Kommunikationsbeziehungen. Das informale Kommunikationssystem ist Ausdruck von sozio-emotionalen Beziehungen zwischen den Mitgliedern der Betriebs-

[133]) Vgl. March, J. G. und Simon, H. A., a. a. O., S. 3.

[134]) Vgl. dazu Gutenberg, E., Grundlagen der Betriebswirtschaftslehre, Band 1, Die Produktion, a. a. O., S. 273 ff; Albach, H., Entscheidungsprozeß und Informationsfluß in der Unternehmensorganisation, in: Organisation, TFB-Handbuch-Reihe, Hrsg. E. Schnaufer und K. Agthe, Berlin und Baden-Baden 1961, S. 377 f; Kramer, R., a. a. O., S. 127 ff.

[135]) Vgl. Hax, H., Kommunikationssysteme, in: Handwörterbuch der Organisation, Hrsg. E. Grochla, Stuttgart 1969, Sp. 847.

[136]) Vgl. Mayntz, R., Die soziale Organisation des Industriebetriebes, Stuttgart 1958, S. 22 f.

[137]) Kluth, H., Soziologie der Großbetriebe, Stuttgart 1968, S. 32 f.

wirtschaft. Es konkretisiert sich in einem System informaler Gruppen, das die formale „Soll-Organisation“ überlagert[138]). Von ihm gehen teils hemmende, teils fördernde Wirkungen auf die Ausführung der organisatorischen Entscheidungsprozesse aus[139]).

An der hierarchischen Organisationsstruktur anknüpfend, ist zwischen horizontal und vertikal angeordneten *Kommunikationswegen* zu unterscheiden. Die Kommunikationswege verbinden entweder gleichgestellte oder in einem Über- bzw. Unterordnungsverhältnis zueinander stehende Organisationsmitglieder. Horizontale, vertikale und „quer“ durch das hierarchische System verlaufende Informationen können Ausdruck formaler wie informaler organisatorischer Tatbestände sein. Von Bedeutung ist ferner, ob eine Information ihrem Empfänger direkt oder auf dem Umweg über Dritte (z. B. Dienstweg) zugeleitet wird[140]). Der Informationsfluß folgt entweder einstufig oder mehrstufig strukturierten Kommunikationswegen. Gleichzeitig ist zu beachten, daß sowohl Sender als auch Empfänger jeweils aus einer unterschiedlich großen Zahl von Personen oder Gruppen bestehen können.

Bei schematischer Betrachtung wird ein Kommunikationsweg als Verbindungskanal zwischen zwei Polen — dem Sender und dem Empfänger — aufgefaßt[141]). Tritt der eine Partner stets in der Rolle des Senders auf, während der andere nur als Empfangsinstanz fungiert, so liegen einseitig gerichtete Kommunikationswege vor. Hervorragendes Prinzip aller kommunikationstheoretischen Überlegungen ist nicht das einseitige Mitteilen von Gedanken, Ideen, Beobachtungen usw., sondern der Informationsaustausch und damit die zweiseitige Kommunikation[142]). Sender und Empfänger wechseln laufend ihre Rollen. Gerade die Wirksamkeit von Überzeugungsversuchen wird vielfach davon abhängen, wie sich die Informationsübertragung gestaltet, ob als einseitiges Dozieren oder als Diskussion und angeregtes Gespräch.

Handelt es sich bei einer Kommunikation um eine Reaktion auf eine zuvor empfangene Information, so spricht die Kommunikationsforschung von „feedback“, „Rückkoppelung“, „Rückmeldung“ oder „communication cycle“. *Rückkoppelung* ist das tragende Prinzip aller „selbststeuernden“ oder „zielorientierten“ Systeme[143]). Wo keine Möglichkeit zur Rückkoppelung besteht, fehlt die Kontrolle über Erfolg oder Mißerfolg des Beeinflussungsversuchs und somit die Möglichkeit zur Anpassung. Das gilt auch für Überzeugungsvorgänge. Der Überzeugende versucht, laufend Aufschluß über die Wirkung seiner Worte zu erlangen. Er benötigt Informationen, die ihm anzeigen, inwieweit er seinem Ziel nähergekommen ist. Das Kopfnicken des Angesprochenen, der Applaus des Publikums oder kritische Einwendungen sind

---

[138]) Vgl. Bergmann, J. und Zapf, W., a. a. O., S. 37 ff.

[139]) Vgl. Dahrendorf, R., Sozialstruktur des Betriebes, Wiesbaden 1959, S. 39; Größle, H. K., Der Mensch in der industriellen Fertigung, Wiesbaden 1957, S. 90.

[140]) Vgl. Mayntz, R., Soziologie der Organisation, a. a. O., S. 90.

[141]) Vgl. Kramer, R., a. a. O., S. 117.

[142]) Vgl. Scott, W. G., a. a. O., S. 182 f.

[143]) Vgl. Cherry, Colin, a. a. O., S. 82.

Beispiele für Rückkoppelungen. Bei betriebswirtschaftlichen Entscheidungsprozessen sind es besonders die Berichts- oder Kontrollinformationen, welche die willensbildende Instanz von der mit der Ausführung der gewählten Alternative betrauten Instanz erhält[144]).

Überaus verwirrend sind die Ausführungen in der einschlägigen Literatur zu den möglichen *Kommunikationsinhalten*. Mayntz beispielsweise unterscheidet zwischen Befehlen, Berichten, Beschwerden, Rügen, sachlichen Informationen, Mitteilungen ideologischen oder weltanschaulichen Inhalts, Mitteilungen, die überzeugen, belehren oder beeinflussen wollen, und privaten Mitteilungen, die mit den zweckorientierten Tätigkeiten der Mitglieder nichts zu tun haben[145]). Thayer hebt als sogenannte Funktionen organisatorischer Kommunikation die informierende, die wertende (evaluative), die instruierende, die beeinflussende und die überzeugende (persuasive) Funktion hervor[146]). Albach schließlich spricht in Anlehnung an Ackoff von informierenden, instruierenden und motivierenden Kommunikationsinhalten[147]) und setzt sie in Beziehung zu den in Entscheidungen eingehenden Informationen. Allen derartigen Aufzählungen und Abgrenzungen ist gemeinsam, daß sie die mit der Kommunikation verfolgten Absichten in den Vordergrund stellen. Die organisatorische Kommunikation wird unter pragmatischen Gesichtspunkten diskutiert.

2.312 Überzeugung und Manipulation als pragmatisches Problem der Kommunikation

Die *pragmatische* Dimension der Kommunikation bezieht sich auf die von einem Sender an einen Empfänger gerichtete „Aufforderung", die in der übersandten Information enthaltenen Schlußfolgerungen zu akzeptieren[148]). Aus entscheidungstheoretischer Sicht bedeutet dies die Aufforderung zur Übernahme bestimmter Prämissen — Zielinhalte, Zielgewichte, Alternativen, Daten usw. — in das kognitive Modell der Entscheidungssituation. Das bewußte und freiwillige Akzeptieren eines Kommunikationsinhaltes wurde als Überzeugung, das weitgehend unbewußte Übernehmen von Entscheidungs- bzw. Verhaltensprämissen als Manipulation bezeichnet.

Annahme oder Ablehnung einer Information hängt von der jeweiligen Kommunikationssituation ab. Die Liste der Einflußgrößen auf die Wirksamkeit einer Kommunikation ist, wenn nicht endlos, so doch von überwältigender Länge[149]). Eine erste Gruppe von Bestimmungsfaktoren betrifft Merkmale

[144]) Vgl. Pfiffner, J. M. und Sherwood, F. P., Administrative Organization, a. a. O., S. 299.

[145]) Vgl. Mayntz, R., Soziologie der Organisation, a. a. O., S. 90.

[146]) Vgl. Thayer, L. O., a. a. O., S. 135 ff.

[147]) Vgl. Albach, H., a. a. O., S. 378; Ackoff, R. C., Towards a Behavioral Theory of Communication, Management Science, 1958, S. 218.

[148]) Vgl. Cube, F. v., a. a. O., S. 61.

[149]) Vgl. Klapper, J. T., The Effects of Mass Communication, a. a. O., S. 3 f; im folgenden ferner Hare, A. P., Handbook of Small Group Research, New York und London 1962, S. 8 f; Janis, I. L. und Hovland, C. I., An Overview of Persuasibility Research, a. a. O., S. 4; Berlo, D. K., a. a. O., S. 40 ff; Berelson, B. und Steiner, G. A., a. a. O., S. 527 f.

der Kommunikationspartner. Es zählen dazu die Eigenschaften, Werte, Überzeugungen usw. der in Interaktion tretenden Individuen, die bereits an früherer Stelle behandelt wurden. Einzuschließen sind die Rollen, in denen sich die Kommunikationspartner gegenübertreten, sowie alle Mitgliedschaften in Gruppen innerhalb und außerhalb der Betriebswirtschaft und die daraus ableitbaren Bindungen und zusätzlichen Rollen. Als zweite zentrale Gruppe von Bestimmungsfaktoren sind die Charakteristika des Kommunikationsinhalts zu nennen. Es zählen dazu in erster Linie das Thema der Kommunikation, z. B. Instruktionen für eine auszuführende Aufgabe, sowie die Art und Weise, wie das Thema behandelt wird, also etwa Sprache, Stil, angeschlagener Ton, Argumente, Wertungen usw. Weiterhin wird die Kommunikationssituation durch die Eigenschaften der Kommunikationskanäle, die momentanen Umweltverhältnisse sowie durch die spezifische Kultur bestimmt, innerhalb welcher sich die Informationsübertragung vollzieht. Wie Klapper feststellt, ist fast jeder Aspekt des Lebens und der Kultur der Kommunikationspartner für die Wirksamkeit der Kommunikation maßgebend[150]). Hier ist allerdings eine Präzisierung vorzunehmen. Entscheidend ist letztlich, wie der Empfänger die Situation wahrnimmt bzw. wie der Sender glaubt, daß sie der Empfänger wahrnehmen wird, und er sie entsprechend gestaltet, um seinen Willen durchzusetzen.

Diese Hinweise sollen als Ansatzpunkt herangezogen werden, um der immer wieder erhobenen Forderung nach Begrenzung und Systematisierung der eine Kommunikationsbeziehung determinierenden Variablen zu genügen. Dabei wird an Überlegungen von Back angeknüpft und versucht, diese zu einem *Projektionsmodell der Analyse sozialer Kommunikationsprozesse* zu erweitern[151]). Das abzuleitende Bezugssystem scheint besonders dazu geeignet, Überzeugung und Manipulation in einer komplexen Kommunikationssituation sichtbar zu machen.

Die Verbindung zwischen Außenwelt und Individuum wird durch Stimuli hergestellt, die auf den menschlichen Organismus einwirken. Kommunikationen bilden eine Teilmenge aller vom Menschen empfangenen Umweltstimuli. Der Unterschied zwischen Kommunikation und Stimuli besteht darin, daß sich *Stimuli* auf unmittelbar erkennbare Umweltgegebenheiten beziehen, während bei *Kommunikation* die Nachricht einer menschlichen Kommunikationsquelle entstammt und der Empfänger mit dem Kommunikationsinhalt die Person des Senders assoziiert. Daraus ergeben sich Änderungen in der Bedeutung (meaning) der Nachricht[152]). Eine Blume in einem Beet wird anders wahrgenommen als eine Blume, die der Chef seiner Sekretärin überreicht.

---

[150]) Vgl. Klapper, J. T., a. a. O., S. 3 f.

[151]) Vgl. im folgenden Back, K. W., Can Subjects be Humans and Humans Subjects? In: Mathematical Methods in Small Group Processes, Hrsg. J. H. Criswell et al., Stanford, Cal. 1962, S. 35 ff.

[152]) Vgl. Back, K. W., a. a. O., S. 36.

Back hebt besonders die Informationen über den Sender hervor: über dessen Werte, Absichten, Glaubwürdigkeit oder allgemein dessen Persönlichkeit. Sie sind in mehr oder weniger verschlüsselter Form teilweise aus der übermittelten Nachricht ablesbar, teilweise basieren sie auf besonderen Stimuli, wie etwa der Beobachtung des anderen beim Gespräch von Mann zu Mann, oder sie werden im Verlauf der Kommunikation als bereits gespeicherte kognitive Informationen hervorgerufen.

Die Unterscheidung von Kommunikationen und Stimuli ergänzt Back durch die Unterscheidung von primären und sekundären Informationen[153]). Die *primären Informationen* befassen sich generell mit dem in der übermittelten Nachricht behandelten „Thema" (z. B. Art der Entscheidungsausführung). Die *sekundären Informationen* beinhalten alle zusätzlich in einer Kommunikationssituation vom Empfänger wahrgenommenen und/oder hervorgerufenen Informationen über den Sender.

Diese Gedankengänge lassen sich verallgemeinern, indem die sekundären Informationen nicht nur auf die Informationen über die Quelle, sondern auf alle neben der primären Nachricht weiterhin empfangenen Stimuli und hervorgerufenen Sachverhalte bezogen werden[154]). Primäre und sekundäre Informationen von Sender und Empfänger stimmen in aller Regel nicht überein. Der Sender kann nur teilweise Art und Umfang der in das Arbeitsgedächtnis des Empfängers eingehenden Informationen und deren Verarbeitung kontrollieren[155]).

Aus den bisherigen Überlegungen lassen sich einige Anhaltspunkte für eine differenzierte Betrachtung von Überzeugung und Manipulation gewinnen. Von Überzeugung im engsten Sinne ist dann zu sprechen, wenn sich der Sender bei seinem Versuch der Willensdurchsetzung ausschließlich auf primäre Kommunikationsinhalte stützt[156]). Überzeugung ist hier gleichzusetzen mit der Ausnutzung aller logischen und rhetorischen Mittel bei der Ausgestaltung der Nachricht, und zwar nicht in einem propagandistischen oder demagogischen, sondern im streng aristotelischen Sinn[157]). Im Vordergrund stehen Sachlichkeit und Logik der Argumentation, Sicherheit des Urteils, Hervorhebung gemeinsamer übergeordneter Wertvorstellungen sowie ein entsprechendes Wissen über das zu lösende Problem[158]).

Manipulative Elemente treten um so mehr hervor, je mehr der Sender bewußt sekundäre Informationen in die Kommunikationssituation einführt.

---

[153]) Vgl. Back, K. W., a. a. O., S. 41.

[154]) Vgl. z. B. den Ansatz von Janis, I. L. und Hovland, C. I., An Overview of Persuasibility Research, a. a. O., S. 4 ff.

[155]) Vgl. Reitman, W. R., Cognition and Thought, New York, London und Sydney 1965, S. 254 f.

[156]) Vgl. Kirsch, W., a. a. O., S. 391.

[157]) Vgl. Cartwright, D., Influence, Leadership, Control, a. a. O., S. 19.

[158]) Vgl. z. B. Hovland, C. I., Janis, I. L. und Kelley, H. H., Communication and Persuasion, a. a. O., S. 99 ff; Jones, E. E. und Gerard, H. B., a. a. O., S. 431 ff; Minnick, W. C., a. a. O., S. 739 ff; Cartwright, D., Influence, Leadership, Control, a. a. O., S. 19; Littmann, H. E., Führungstechnik im Betrieb, Betriebswirtschaftliche Forschung und Praxis, 1968, S. 360.

Allerdings sind damit vorwiegend solche Sekundärinformationen angesprochen, die von der Kommunikationsquelle, insbesondere von deren „wahren" Absichten ablenken sollen[159]). So gehört es beispielsweise zu einer weitverbreiteten Praxis, in Sitzungen Fragen von zweitrangiger Bedeutung an den Anfang der Tagesordnung zu setzen, um die eigentlich entscheidenden Probleme unter größerem Zeitdruck nach den vom Manipulator präzisierten Vorstellungen (primäre Informationen) lösen zu können. In dieselbe Richtung gehen Versuche des Manipulators, indirekte statt direkte Kommunikationswege zu wählen (der Chef beauftragt den informalen Gruppenführer, mit seinen Gefolgsleuten etwas zu besprechen), die Bindungen des zu Beeinflussenden an andere Organisationsmitglieder ins Spiel zu bringen („wenn Sie meinen Anweisungen nicht Folge leisten, schädigen Sie damit nur Ihre Kollegen"), kognitive Dissonanzen hervorzurufen oder die Wünsche, Gefühle und Schwächen des zu Beeinflussenden geschickt auszunutzen[160]).

Von Manipulation läßt sich auch in Verbindung mit der Gestaltung vorwiegend primärer Informationen sprechen. Als Manipulation wird dann die bewußte Veränderung primärer Informationen verstanden, in der Absicht, die Unterrichtung des Empfängers zu stören[161]). Sie vollzieht sich häufig als *Filterung* oder *Kondensation* von Informationen. Informationen werden bewußt unterdrückt oder verkürzt, um sie dem Empfänger vorzuenthalten[162]).

Die Frage, ob eine Manipulation vorliegt, ist im konkreten Fall nicht immer leicht zu beantworten. In der betriebswirtschaftlichen Organisation ist Filterung und Kondensation ein unerläßliches Instrument, um das Kommunikationssystem funktionsfähig zu halten. Das Fernhalten von Informationen von einem Organisationsmitglied geschieht häufig in der Absicht, die Kommunikationskanäle nicht zu überlasten und der beschränkten Informationsverarbeitungskapazität der Entscheidungssubjekte Rechnung zu tragen[163]). Außerdem soll auf diese Weise innerhalb der Organisation Ungewißheit in bezug auf die Aufgabenerfüllung absorbiert werden. Von *Ungewißheitsabsorption* ist immer dann zu sprechen, wenn aus einem umfangreicheren Informationsmaterial einige Schlußfolgerungen gezogen werden und die

---

159) Vgl. Leavitt, H. J., Managerial Psychology, a. a. O., S. 183.

160) „... the manipulator is extremely sensitive to people's humanity, fallibility, and emotionality. The good manipulator exploits people's needs for approval, support, recognition, dependency, participation ... The manipulator does not move precipitously, nor directly, nor completely. He influences in bits and pieces." Leavitt, H. J., Managerial Psychology, a. a. O., S. 186.

161) Vgl. Blohm, H. und Heinrich, L. J., Schwachstellen der betrieblichen Berichterstattung, Baden-Baden und Bad Homburg 1965, S. 18; Cyert, R. M. und March, J. G., A Behavioral Theory of the Firm, Englewood Cliffs, N. J. 1963, S. 67.

162) Vgl. Blohm, H. und Heinrich, L. J., a. a. O., S. 19 sowie Campbell, D. T., Systematic Error on the Part of Human Links in Communication Systems, in: Information and Control, 1958, S. 334 ff; Kramer, R., a. a. O., S. 54; Guetzkow, H., Communication in Organizations, a. a. O., S. 553.

163) Vgl. Guetzkow, H., Communication in Organizations, a. a. O., S. 553.

Schlußfolgerungen anstatt der gesamten Unterlagen übermittelt werden[164]). Unter Umständen wirkt gerade eine gestraffte Informationsübertragung auf die Empfänger überzeugend.

Der Kondensation primärer Informationen steht das Problem der *Redundanz* (Weitschweifigkeit) gegenüber[165]). Ein ebenso charakteristisches wie extremes Beispiel liefern dazu politische Propaganda und Werbung. Dort wird vielfach von der Annahme ausgegangen, daß eine Einstellungsänderung (attitude change) schon durch das mehrmalige Wiederholen derselben Argumente — in gleicher oder abgewandelter Form — erreicht werden kann. Auch redundant formulierte Botschaften können überzeugende und/oder manipulative Komponenten aufweisen.

Der Unterscheidung von Kommunikationen und Stimuli bzw. von primären und sekundären Informationen fügt Back eine zweite Dimension hinzu. Es ist die *„Symbolhaltigkeit"* der Sprachen, deren sich der Mensch bedient[166]). Der Mensch verwendet bei seinen Interaktionen mit der Umwelt unterschiedliche „Sprachen". Die dabei gebrauchten Zeichen oder Symbole stellen eine zusätzliche Quelle von Informationen dar, da sie das Denken des Empfängers beeinflussen[167]). Sie sind somit auch bei Versuchen der Überzeugung und Manipulation von Bedeutung. Bei unterschiedlichen Interaktionstypen, z. B. Gespräch, Lesen eines wissenschaftlichen Textes oder unmittelbarem Wahrnehmen und Erkennen von Umweltereignissen, hat der Symbolgehalt der empfangenen Signale eine unterschiedliche Bedeutung. Dasselbe gilt, wenn das Individuum in unterschiedlichen Rollen auftritt und beispielsweise als Chef, Freund oder Kollege spricht, d. h. sich der Sprache der jeweiligen Rolle bedient.

Hier ist darauf hinzuweisen, daß für ein Individuum eine entschlüsselte (dekodierte) Signalfolge neben einer denotativen auch eine konnotative Bedeutung besitzt[168]). Unter *denotativer* oder *designativer Bedeutung* wird die Beziehung zwischen einem Signal oder Zeichen und einem Umweltobjekt verstanden. Das Individuum erkennt z. B. in einem bestimmten Geräusch die Maschine A oder das Auto des B. Es hat gelernt, was sprachliche Ausdrücke wie etwa die Worte „Haus", „Arbeiter" oder „schlafen" bedeuten. Die Ab-

---

[164]) Zum Problem der Ungewißheitsabsorption in der Organisation vgl. March, J. G. und Simon, H. A., Organizations, a. a. O., S. 164 ff; Howard, J. A., Marketing Theory, Boston 1965, S. 38.

[165]) Vgl. dazu z. B. Kramer, R., a. a. O., S. 59 ff.

[166]) Vgl. Back, K. W., a. a. O., S. 36.

[167]) Zur Beeinflussung des Denkens durch die Sprache vgl. Whorf, B. L., Sprache, Denken, Wirklichkeit, Reinbek 1963.

[168]) Diese Unterscheidung steht in engem Zusammenhang mit den drei Dimensionen eines Zeichens bzw. einer Information — der designativen, der valuativen und der präskriptiven Dimension — nach Morris und ebenso mit den beiden Sprachebenen Semantik und Pragmatik. Im weitesten Sinne handelt es sich um verschiedene Begriffe für dieselbe Sache. Vgl. Morris, Ch., a. a. O., S. 54 ff. Zur Untersuchung von denotativer und konnotativer Bedeutung vgl. Berlo, D. K., a. a. O., S. 190 ff.; Carroll, J. B., Language and Thought, Englewood Cliffs, N. J. 1964, S. 40 f.

weichungen in der denotativen Bedeutung eines Wortes oder Satzes zwischen Individuen mit derselben Sprache halten sich in relativ engen Grenzen. Denotative Bedeutungen entsprechen weitverbreiteten individuell gelernten Konventionen.

Demgegenüber ist die *konnotative Bedeutung* eines Zeichens viel stärker vom Individuum abhängig. In ihr spiegeln sich in erster Linie die gefühlsmäßigen oder wertenden (valuativen) Vorstellungen wider, die beim Individuum durch den Empfang eines Zeichens hervorgerufen werden[169]). Ein besonders anschauliches Beispiel für unterschiedliche konnotative Bedeutungen liefern gerade die beiden Termini „Überzeugung" und „Manipulation". Von ihnen kann vermutet werden, daß sie in ihrer konnotativen Bedeutung als Gegensatzpaare angesehen werden. Würde man mehreren Individuen beispielsweise eine Liste mit Attributen wie „gut", „schlecht", „abzulehnen", „gutzuheißen", „hell", „dunkel", „schön", „häßlich" usw. vorlegen und sie bitten, jedes Attribut jeweils einem der beiden Ausdrücke zuzuordnen, so würden mit großer Wahrscheinlichkeit die Attribute, die „positive" („negative") Wertvorstellungen hervorrufen, dem Ausdruck „Überzeugung" („Manipulation") zugewiesen werden[170]). Konnotative Bedeutungen sind mehr personenbezogen und werden deshalb nur selten von allen Mitgliedern eines sozialen Systems (Gesellschaft, Organisation, Gruppe) geteilt.

Die unterschiedlichen Bedeutungen von Symbolen liefern einen weiteren Anhaltspunkt für die Analyse von Überzeugungs- und Manipulationsvorgängen. So kann beispielsweise die Wahl von Worten, die beim Empfänger „positive" Konnotationen hervorrufen, diesen gegenüber einem Beeinflussungsversuch zugänglicher machen. Dasselbe gilt für den umgekehrten Fall, wenn ein bestimmtes Verhalten verhindert oder eine Attitüde untergraben werden soll. Je mehr Zeichen unmittelbar auf Umweltobjekte Bezug nehmen, je stärker also ihre denotative Bedeutung hervortritt, um so mehr verringern sich die Manipulationsmöglichkeiten. Es ist ein geflügeltes Wort, daß faktisches Wissen am leichtesten überzeugt. Wie sehr jedoch auch bei dieser Aussage Vorsicht geboten ist, beweisen Statistiken, die allein durch die Art der Darbietung falsche Assoziationen wecken[171]). Als besonders „symbolträchtiges" und daher bevorzugtes Instrument für Manipulationsversuche

---

169) Berlo weist außerdem darauf hin, daß konnotative Bedeutungen nicht nur sehr stark auf die einzelne Person bezogen sind, indem sie deren Werte, Überzeugungen, Attitüden usw. anzeigen, sondern daß sie außerdem vielfach Kennzeichen einer „vagen" und „primitiven" Vorstellung von einem Zeichen bzw. einem sprachlichen Ausdruck sind. Vgl. Berlo, D. K., a. a. O., S. 209; außerdem Alston, W. P., Philosophy of Language, Englewood Cliffs, N. J. 1964, S. 44 f.

170) Dieses Vorgehen entspricht dem von Osgood, Suci und Tannenbaum zur Messung von „Bedeutungen" mit Hilfe des sogenannten „semantischen Differentials". Vgl. Osgood, Ch. E., Suci, G. J. und Tannenbaum, P., The Measurement of Meaning, Urbana, Ill. 1957.

171) Vgl. dazu ein Beispiel bei Kellerer, H., Statistik im modernen Wirtschafts- und Sozialleben, Reinbek 1960, S. 92. Dort wird gezeigt, daß bei der graphischen Darstellung der Umsatzentwicklung eines Betriebes die Unternehmungsleitung manipuliert werden kann, indem der Maßstab auf einer Achse des Koordinatensystems verändert wird.

sind beispielsweise die sogenannten „Statussymbole" aufzufassen[172]), wenn diese etwas anzeigen sollen (z. B. effektive Machtmittel), was in Wirklichkeit nicht existiert.

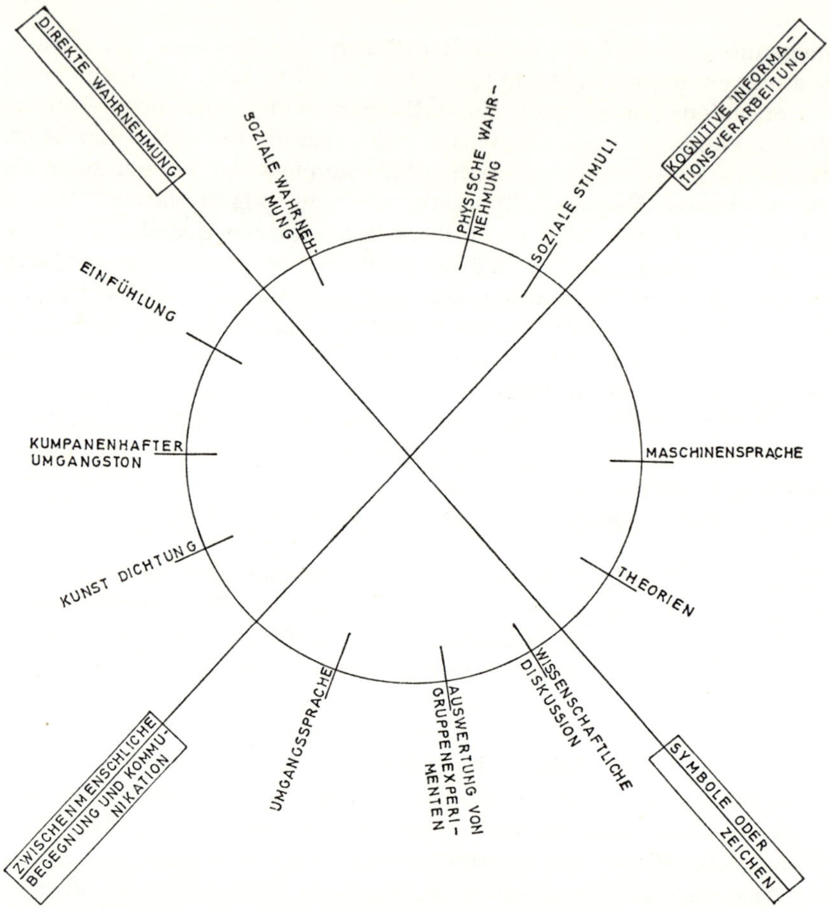

Abb. 2.3: Interaktionstypen bzw. Interaktionsmerkmale

Die hier aufgezeigten Möglichkeiten und Merkmale der Informationsübertragung lassen sich in einem auf Back zurückgehenden Schaubild zusammenfassen (vgl. Abb. 2.3)[173]). Auf einem Kreis sind beispielhaft verschiedene Typen von Interaktionen zwischen einem Individuum und seiner Umwelt eingetragen. Sie sind nach den zwei beschriebenen Dimensionen einer Interaktion angeordnet: Umweltstimuli und Kommunikationen bzw. primäre und sekundäre Informationen einerseits sowie Symbolgehalt verschiedener

[172]) Vgl. Hall, M. F., a. a. O., S. 55 f.

[173]) Vgl. dazu Back, K. W., a. a. O., S. 45.

„Sprachen" andererseits. Die erste Dimension umfaßt die Orientierung des Individuums an seiner Mitwelt und seiner Umwelt. Sie ist durch die beiden Endpunkte *zwischenmenschliche Begegnung und Kommunikation* sowie *kognitive Verarbeitung von Umwelteindrücken* gekennzeichnet. Die zweite Dimension erstreckt sich von den unmittelbar auf den Organismus einwirkenden Signalen *(direkte Wahrnehmung)* bis hin zu differenzierten *Sprach- und Symbolsystemen,* für die Kodierungs- und Dekodierungsprozesse unabdingbare Voraussetzung sind. Ausgangspunkt für die Betrachtung einer Dimension ist jeweils eines der beiden Extreme, von wo aus der Kreis in einer beliebigen Richtung zu umfahren ist.

Eine Änderung der Betrachtungsweise ergibt sich im vorliegenden Zusammenhang insofern, als die Kommunikation (Begegnung) als zentraler Interaktionstyp aufgefaßt wird, der in einer konkreten (Kommunikations-) Situation von mehreren anderen Interaktionstypen begleitet ist. Diese stellen ihrerseits Merkmale der betrachteten Kommunikationssituation dar. Die Kommunikation erfolgt beispielsweise in der Umgangssprache, die Kommunikationspartner zeichnen sich durch ein starkes (schwaches) Einfühlungsvermögen in die Person des anderen aus, sie nehmen bestimmte Objekte und Mitmenschen aus ihrer Umwelt wahr, Stimuli rufen bestimmte Werte hervor usw.

Anhand der spezifischen Ausprägungen der Merkmale läßt sich im Einzelfall diskutieren, wo Tendenzen zur Manipulation oder zur Überzeugung auftreten. Hinweise auf Interaktionstypen wie Kunst, Dichtung, Auswertung von Gruppenexperimenten oder Theorien müssen nicht als störend empfunden werden. Sie erklären sich daraus, daß die Überlegungen von Back nicht auf Organisationen beschränkt sind.

Die vorgetragene Konzeption zur Systematisierung von Interaktionstypen bzw. von Merkmalen einer Kommunikationssituation anhand von zwei Kriterien befindet sich auf einer relativ hohen Stufe der Abstraktion. Darin kann ebenso ein gewisser Mangel erblickt werden wie auch in der Tatsache, daß das Bezugssystem in erster Linie auf die Person des Informationsempfängers ausgerichtet ist. Die Bedeutung dieses Ansatzes ist insofern jedoch unverkennbar, als er einen der wenigen Versuche darstellt, die Vielzahl von Faktoren, die soziale Prozesse bestimmen, anhand weniger Kriterien zu ordnen. Selbstverständlich bleibt dabei noch offen, welche Auswirkungen von den einzelnen Faktoren auf die Prozesse der Informationsaufnahme und -verarbeitung ausgehen.

2.32 Die Machtbeziehungen in der Betriebswirtschaft

Ausdrücke wie Macht, Beeinflussung, Führung, Abhängigkeit, Beherrschung oder Autorität sind sehr stark mit konnotativen Bedeutungen beladen. Von scharfer Ablehnung bis hin zu gläubiger Zustimmung ist jede individuelle

Gefühlsregung bei ihrem Gebrauch denkbar[174]). Wie Peabody feststellt, kann sich die Organisationstheorie nicht mit dem intuitiven Verstehen dieser Termini begnügen. Sie hat vielmehr relativ präzise und notwendigerweise abstrakte Begriffe abzuleiten, um die sich dahinter verbergenden Phänomene sowohl verstehen als auch erklären und unter Umständen prognostizieren zu können[175]).

In den bisherigen Ausführungen wurden bereits verschiedene Aspekte dieser Phänomene behandelt. Weitere können ihnen hinzugefügt werden, wenn in Überzeugung und Manipulation Begriffe für zwei von mehreren Möglichkeiten der Beeinflussung oder Machtausübung erblickt werden.

2.321 Elemente und Struktur der Machtbeziehungen

Im allgemeinsten Sinne ist unter *sozialer Macht* die Fähigkeit einer Person oder Gruppe (A) zu verstehen, auf eine andere Person oder Gruppe (B) einzuwirken[176]). Wurde die Kommunikation unter pragmatischen Gesichtspunkten als *Übermittlung* von Entscheidungsprämissen interpretiert, so beruht die *Übernahme* der Entscheidungsprämissen durch den Informationsempfänger in sein kognitives Entscheidungsmodell auf der Ausübung von Macht. Der Begriff der Macht weist stets auf bestimmte Relationen zwischen den beiden Einheiten A und B hin. Die generelle Ursache der Macht des A über B liegt darin begründet, daß A über Mittel hinsichtlich von Zielen, Werten, Attitüden und Überzeugungen des B verfügt[177]). In dieser Verfügungsmacht (control) ist die „Chance“[178]) des A zu erblicken, „Verhalten, Meinungen, Attitüden, Ziele, Bedürfnisse, Werte und alle anderen Aspekte der Persönlichkeit“[179]) des B zu verändern.

Obwohl die in der sozialwissenschaftlichen Literatur vertretenen Konzeptionen zum Phänomen der Macht zum Teil erheblich voneinander abweichen, stimmen sie in bezug auf diese allgemeine Charakterisierung einer Machtbeziehung weitgehend überein. Die Begriffe Macht, Herrschaft, Beeinflussung, Autorität, Führung und Kontrolle (control) werden dabei häufig synonym verwendet. Dennoch fehlt es nicht an Versuchen, sie voneinander abzugrenzen. Das gilt vor allem für die Begriffe Macht und Autorität. Allseits aufgegeben wurde jedoch die in der klassischen Organisationslehre vorherrschende Bindung des Macht- bzw. Autoritätsbegriffs allein an das Wei-

---

174) Vgl. Martin, N. H. und Sims, J. H., Power Tactics, in: Readings in Managerial Psychology, Hrsg. H. J. Leavitt und L. R. Pondy, Chicago, London und Toronto 1964, S. 217.

175) Vgl. Peabody, R. L., a. a. O., S. 8.

176) Vgl. S. 23 f dieser Arbeit und die dort angegebene Literatur.

177) Vgl. z. B. Jones, E. E. und Gerard, H. B., a. a. O., S. 537 ff; Thibaut, J. W. und Kelley, H. H., The Social Psychology of Groups, New York, London und Sydney 1959, S. 100 ff; Homans, G. C., Elementarformen sozialen Verhaltens, a. a. O., S. 240 ff.

178) Max Weber definiert „Herrschaft“ bzw. „Autorität“ als „Chance, für spezifische (oder: für alle) Befehle bei einer angebbaren Gruppe von Menschen Gehorsam zu finden“. Weber, M., Wirtschaft und Gesellschaft, 1. Halbband, Köln und Berlin 1964, S. 157.

179) French, J. R. P. jr. und Raven, B., a. a. O., S. 150 f.

sungsrecht des Vorgesetzten und somit an die Kommunikation von Befehlen[180]). „Die so unergiebige amerikanische Diskussion über das Verhältnis der hierarchischen ‚Linien' zu den ‚Stäben' und über die nicht faßbare und nicht formalisierbare, aber doch höchst reale Autorität der Stäbe stand lange im Banne dieser Auffassung"[181]). Eine derartige Einengung bietet wenig Raum zur Erörterung alternativer Führungsmethoden. Sie macht es unmöglich, Überzeugung und Manipulation als spezifische Ausprägungen von Führungsstilen in voller Breite zu untersuchen.

Die Fähigkeit der Einwirkung auf Mitglieder oder Gruppen der Organisation ist zumindest nicht ausschließlich an bestimmte Personen, Gruppen, Positionen, Rollen oder Normen gebunden. Grundsätzlich kann sie jede organisatorische Einheit besitzen und unter gewissen Bedingungen gegenüber jeder anderen zum Einsatz bringen[182]). Damit erhebt sich die Frage nach diesen Bedingungen und damit die Frage nach den Elementen und der Struktur der Machtbeziehungen in der Betriebswirtschaft.

Ausgangspunkt vieler Untersuchungen über das Phänomen der Macht sind die Basen oder *Grundlagen der Macht* (bases of power), die A zur Beeinflussung des B einsetzen kann. Dahl zählt dazu alle Gelegenheiten, Handlungen, Objekte usw., die A benutzen kann, um das Verhalten des B zu verändern[183]). In einem entsprechenden Katalog treten so unterschiedliche materielle und immaterielle „Güter" in Erscheinung wie Produktionsmittel, Geld, Informationen, körperliche Kraft, Ansehen, Charisma, Verdienste, Können, Beziehungen oder Rechte. Aus der Kontrolle über bestimmte Ressourcen geht nicht hervor, ob A tatsächlich Macht ausübt. Außerdem spielt bei begrifflichen Überlegungen die Frage eine Rolle, ob Macht nur bewußt oder auch unbewußt ausgeübt werden kann und welche Motivation des A sich dahinter verbirgt[184]).

Das Problem der Machtbasen läßt sich nicht allein aus der Sicht der Machthaber diskutieren. Vielmehr sind die Wahrnehmungen und Erwartungen der Machtunterworfenen einzubeziehen. French und Raven heben gerade diesen für die Begründung eines Abhängigkeitsverhältnisses unerläßlichen Aspekt hervor. In grundsätzlicher Übereinstimmung mit einer Reihe weiterer

---

[180]) Einer der ersten, der hier eine differenzierte Betrachtung vornahm, war wohl Barnard, der neben die „authority of position" die „authority of leadership" stellte und damit letztlich zwischen „Macht einer Position" in der Organisationshierarchie und „persönlicher Macht bzw. Autorität" unterschied. Vgl. Barnard, Ch. J., a. a. O., S. 161 ff.; ferner Jackson, J., The Normative Regulation of the Authoritative Behavior, in: The Making of Decisions, Hrsg. W. J. Gore und J. W. Dyson, London 1964, S. 217 f.; Bass, B. M., a. a. O., S. 221 ff.; Mayer, A., Die soziale Rationalisierung des Industriebetriebes, a. a. O., S. 165 ff.

[181]) Luhmann, N., Funktionen und Folgen formaler Organisation, Berlin 1964, S. 98.

[182]) Vgl. Adams, J. St. und Romney, A. K., The Determinants of Authority Interaction, in: Decisions, Values and Groups, Hrsg. N. F. Washburne, Oxford, London, New York und Paris 1962, S. 228.

[183]) Vgl. Dahl, R. A., The Concept of Power, a. a. O., S. 203.

[184]) Vgl. Lasswell, H. D. und Kaplan, A., Power and Society, New Haven und London 1950, S. 76; Cartwright, D., Influence, Leadership, Control, a. a. O., S. 7 ff.; Thibaut, J. W. und Kelley, H. H., a. a. O., S. 31 ff.

Autoren unterscheiden sie fünf Basen der Macht: „reward power", „coercive power", „legitimate power", „referent power" und „expert power"[185]). Es handelt sich hierbei um fünf bedeutsame Machttypen, die in einem konkreten Beeinflussungsprozeß meist in kombinierter Form auftreten.

„Reward power" und „coercive power" kennzeichnen die *positive* und *negative Sanktionsgewalt* des A. Diese stützt sich auf die Überzeugung des B, daß ihm A, wenn er dessen Willen entspricht, eine Belohnung gewähren oder eine Bestrafung erlassen kann. A kontrolliert Werte, die B entweder zu erlangen oder zu vermeiden trachtet. Als Belohnungen sind etwa Erhöhungen von Akkordsätzen, Löhnen, Gehältern oder Gewährungen von Prämien, Beförderungen und Anerkennung durch Vorgesetzte und Kollegen, als Bestrafungen physische Unterdrückung, Entlassung, Degradierung und Verachtung durch Dritte aufzufassen. Die von A kontrollierten positiven und negativen Werte motivieren B zur Annahme der von A gesetzten Entscheidungsprämissen.

Die meisten terminologischen Diskussionen entzünden sich an dem Begriff der *legitimierten Macht*. Nach French und Raven beruht diese Machtbasis auf der Überzeugung des B, daß A ihn „zu Recht" (rechtmäßig) beeinflußt und er (B) verpflichtet ist, Gehorsam zu leisten[186]). B kann diese Werte oder Überzeugungen internalisiert haben, d. h. er ist sich nicht mehr bewußt, wie er sie erworben oder gebildet hat. Insoweit die diesbezüglichen kognitiven Informationen Bestandteil der Kultur des sozialen Systems sind, dem B angehört (Gruppe, Organisation, Gesellschaft), und beispielsweise in Gesetzen, Verträgen (Anstellungsvertrag) oder Satzungen als Normen verankert sind, ist diese Machtbasis mit dem Typ der „legalen Herrschaft" im Sinne von Max Weber identisch[187]). In diesem Falle bezieht sie sich in erster Linie auf die Autorität einer Position in der formalen organisatorischen Hierarchie.

Hier ist der Begriff der legitimierten Macht weiter auszulegen. Die Unterwerfung des B unter den Willen des A ist durch Werte oder Normen motiviert, denen sich B verpflichtet fühlt, unabhängig davon, ob diese noch von Dritten geteilt werden[188]). B akzeptiert freiwillig, jedoch ohne kritische Überprüfung die Kommunikationsinhalte des A als Entscheidungsprämissen[189]). Der Legitimitätsgedanke kann eng mit anderen Machtbasen ver-

---

185) Vgl. dazu und im folgenden French, J. R. P. jr. und Raven, B., The Bases of Social Power, a. a. O., S. 155 ff.; Simon, H. A., Authority, in: Research in Industrial Human Relations: A Critical Appraisal, Hrsg. C. M. Arensberg et al., New York 1957, S. 104 ff.; Hartmann, H., a. a. O., S. 6 ff.; Peabody, R. L., a. a. O., S. 117 ff.; Presthus, R. V., Authority in Organizations, a. a. O., S. 127 ff.; Mechanic, D., Sources of Power of Lower Participants in Complex Organizations, in: New Perspectives in Organization Research, Hrsg. W. W. Cooper, H. J. Leavitt und M. W. Shelly II, New York, London und Sydney 1964, S. 142 ff.

186) Vgl. French, J. R. P. jr. und Raven, B., a. a. O., S. 159.

187) Vgl. Weber, M., a. a. O., S. 160 ff.; Etzioni, A., Soziologie der Organisationen, München 1967, S. 83 ff.; Mayntz, R., Soziologie der Organisation, a. a. O., S. 97 ff.; Pfiffner, J. M. und Sherwood, F. P., a. a. O., S. 75 ff.; Häusler, J., a. a. O., S. 96 ff.

188) Vgl. French, J. R. P. jr. und Raven, B., a. a. O., S. 160 f.

189) Vgl. dazu Simon, H. A., Administrative Behavior, a. a. O., S. 22; Gilman, G., a. a. O., S. 107.

bunden sein. B wird es beispielsweise in bestimmten Fällen als gerechtfertigt erachten, bestimmte Verhaltensweisen zu belohnen oder zu bestrafen oder Informationen von Personen, die er für Experten hält, zu übernehmen[190]).

Die „referent power" basiert auf der *Identifizierung* des B mit anderen Personen oder Gruppen (A). B fühlt sich von A angezogen. Handelt es sich bei A um eine Person, so versucht B, es ihr gleichzutun, sie zu kopieren oder ihr zu gefallen. A besitzt für B Charisma. Handelt es sich bei A um eine Gruppe, bei B um eine Person, so wird B die Mitgliedschaft in der Gruppe erlangen oder aufrechterhalten wollen. Aufgrund des Ansehens, das A für B besitzt, kann A auf B Einfluß ausüben, ohne es zu wollen und sich dessen bewußt zu sein[191]). Festinger weist darauf hin, daß das Individuum sich besonders in unklaren Situationen an „soziale Realitäten" hält und seine Verhaltensweisen und Einstellungen dann bevorzugt an Personen und Gruppen ausrichtet, mit denen er sich identifiziert[192]). Ähnlich verhält es sich mit der Orientierung am *Gleichgesinnten* (cooriented peer), d. h. an einer Person oder Gruppe, deren Werte, Attitüden usw. den eigenen sehr ähnlich sind.

Identifizierung, Koorientierung und *Sachverständigkeit* (expert power) rükken dann sehr nahe aneinander, wenn die „Glaubwürdigkeit" einer Kommunikationsquelle zur Diskussion steht[193]). Die Besonderheit bei der Sachverständigkeit als Machtbasis liegt darin, daß A nach Auffassung des B auf bestimmten Gebieten Informationsvorteile besitzt[194]). A verfügt über Informationen, die B nach eigener Überzeugung zur Erreichung seiner Zielvorstellungen benötigt. Ein besonderes Problem taucht dann auf, wenn die Experteninformationen beim Empfänger eine kognitive Inkongruenz hervorrufen. Die Beseitigung einer solchen Inkongruenz oder Inkonsistenz führt nicht selten zu einer Beeinträchtigung der Macht des Experten. Das häufig ambivalente Verhältnis zwischen Stabsstellen und Betriebsleitung ist ein beredtes Beispiel hierfür.

Machtbasen sind in gewisser Weise passiv. Erst durch die spezifischen Handlungen, mit denen sie sich A zur Beeinflussung des B zunutze macht, werden sie aktiv[195]). Sie werden dann zu *Mitteln* oder *Instrumenten der Macht*

190) Legitimierend in diesem Sinne sind letztlich alle hervorgerufenen oder empfangenen (sekundären) Informationen, die B zur Annahme einer Entscheidungsprämisse motivieren. Vgl. Presthus, R. V., a. a. O., S. 125; Kirsch, W., a. a. O., S. 393.

191) Vgl. Cartwright, D., Influence, Leadership, Control, a. a. O., S. 29 f.

192) Vgl. Festinger, L., Informal Social Communication, in: Group Dynamics, Hrsg. D. Cartwright und A. Zander, Evanston, Ill. 1960, S. 287 f.

193) Zur Glaubwürdigkeit einer Kommunikationsquelle vgl. z. B. Klapper, J. T., a. a. O., S. 100 ff. sowie S. 99 ff. dieser Arbeit.

194) Hartmann gebraucht die Bezeichnung „funktionale Autorität". Er knüpft dabei letztlich an der auf Taylor zurückgehenden Konzeption der funktionalen Ordnung der Organisation an. Als funktionale Autorität faßt Hartmann die Chance auf, „auf Grund persönlicher Sachverständigkeit das zukünftige Handeln bzw. die zukünftige Einstellung anderer zu ändern". Hartmann, H., a. a. O., S. 6.

195) Vgl. Dahl, R. A., a. a. O., S. 203.

(means of power) des A. Als Machtmittel sind ebenso Drohungen und Versprechungen der Ausschöpfung der Machtgrundlagen wie auch deren tatsächliche Inanspruchnahme zu bezeichnen. Die Machtmittel manifestieren sich im Verhalten des A gegenüber B. Die von einzelnen Autoren angeführten Machtmittel weichen begrifflich zum Teil von typischen Machtbasen ab, zum Teil stimmen sie mit ihnen überein. So nennt beispielsweise Gilman vier „Methoden" der Machtausübung: *Zwang, Manipulation, Autorität* und *Überzeugung*[196]). Bei Rosenberg und Pearlin werden in Verbindung mit einer empirischen Untersuchung über die Führungsmethoden von Krankenschwestern fünf Methoden hervorgehoben: *Überzeugung, Manipulation, legitimierte Autorität, Zwang* und *vertraglich sanktionierte Gewalt*[197]). Es ist bemerkenswert, daß bei der von Rosenberg und Pearlin angestellten statistischen Erhebung Überzeugung und Manipulation mit weitem Abstand am häufigsten eingesetzt wurden. Ein Vergleich zwischen angeführten Machtbasen und Machtmitteln läßt außerdem vermuten, daß für die Führung durch Überzeugung und Manipulation die Basen Identifizierung und Sachverständigkeit von entscheidender Bedeutung sind.

Die Fähigkeit, zu überzeugen oder zu manipulieren, leitet sich ebenso von bestimmten Machtbasen ab wie etwa die Drohung mit Zwang, das Versprechen von Belohnungen oder die Berufung auf die „rechtmäßige" Ordnung. Machtbasen, Machtmittel sowie die entsprechenden Motivationen und Erwartungen der Beteiligten liefern erste Anhaltspunkte, die Machtbeziehungen zwischen Mitgliedern und Gruppen der betriebswirtschaftlichen Organisation zu beschreiben.

In der einschlägigen Literatur werden noch zusätzliche Merkmale von Machtrelationen behandelt. Die *Stärke der Macht* (amount of power) des A über B ist unterschiedlich zu interpretieren, je nachdem, ob sie aus der Sicht des Beeinflussenden oder des Beeinflußten verstanden wird. Den ersten Weg beschreitet Dahl. Er versteht unter Stärke der Macht die Erhöhung der Wahrscheinlichkeit, daß B eine bestimmte Aktion durchführt (bzw. seine Einstellung in der gewünschten Richtung ändert), falls A seine Machtmittel ihm gegenüber einsetzt[198]). French und Raven kommen von der entgegengesetzten Richtung. Ebenso wie Dahl gehen sie von einer Wahrscheinlichkeitsdifferenz aus. Diese wird jedoch jeweils auf eine von B wahrgenommene Machtbasis bezogen. So mißt sich beispielsweise die Stärke der Macht durch Belohnung aus der Differenz der von B subjektiv erwarteten Wahrscheinlichkeiten, von A belohnt zu werden (z. B. durch eine Gehaltserhöhung), für den Fall, daß B eine Information des A entweder akzeptiert oder aber sie zurückweist[199]).

---

196) Vgl. Gilman, G., a. a. O., S. 107.

197) Vgl. Rosenberg, M. und Pearlin, L. J., Power-Orientations in the Mental Hospital, Human Relations, 1962, S. 355 ff.

198) Vgl. Dahl, R. A., a. a. O., S. 203 f. sowie Harsanyi, J., Messung der sozialen Macht, a. a. O., S. 191.

199) Vgl. French, J. R. P. jr. und Raven, B., a. a. O., S. 156 f.

Der *Machtbereich* („range“ oder „scope of power“) des A über B ist durch die Menge der internen und externen Verhaltensweisen begrenzt, die A von B fordern und notfalls erzwingen kann[200]). In bezug auf die legitimierte Autorität in der Formalorganisation wird häufig von einer *Indifferenzzone* (zone of acceptance) des Untergebenen gegenüber den Weisungen des Vorgesetzten gesprochen[201]). „Der Vorgesetzte kann in einer bestimmten Zone von Entscheidungsmöglichkeiten für seine Untergebenen Wahlen treffen, Entscheidungsprämissen oder gar Entscheidungen auswählen oder den Wahlbereich des Untergebenen einengen“[202]). Der Machtbereich wird wesentlich durch die eingesetzten Machtmittel determiniert. Es ist zu vermuten, daß der Machtbereich bei Versuchen, zu überzeugen oder zu manipulieren, wesentlich schwerer abzustecken ist als bei Führungsmethoden, die den Normcharakter der Beeinflussung in den Vordergrund stellen.

Als zusätzliche Elemente, die die Struktur organisatorischer Machtbeziehungen kennzeichnen, sind weiterhin die Ausdehnung der Macht (extension of power) sowie zeitliche Aspekte der Machtausübung anzuführen. Unter *Ausdehnung der Macht* ist die Zahl der Personen zu verstehen, über die A Einfluß auszuüben in der Lage ist[203]). Es ist hier in erster Linie auf die Zahl der Untergebenen bzw. Gefolgsleute hinzuweisen, die A als formalen oder informalen „Führer“ akzeptieren. Der Faktor *Zeit* soll andeuten, daß eine Machtbeziehung sowohl von unterschiedlicher Dauer als auch auf bestimmte Zeitintervalle bezogen sein kann (z. B. Arbeitszeit).

2.322 Überzeugung und Manipulation als Instrumente der Machtausübung

Als Ausgangspunkt der generellen Beschreibung der Elemente und der Struktur der Machtbeziehungen in Betriebswirtschaften wurden die Basen der Macht eines Mitglieds oder einer Gruppe (A) im Hinblick auf die Beeinflussung eines anderen Mitglieds oder einer Gruppe (B) gewählt. A kontrolliert Mittel, die B entweder positiv oder negativ bewertet und die er folglich zu erlangen oder zu vermeiden trachtet. B steht dadurch bewußt oder unbewußt in einem *Abhängigkeitsverhältnis* zu A. Dieser verfügt über eine „Ergebniskontrolle“ (outcome control)[204]) hinsichtlich der von B angestrebten Ziele bzw. Werte.

Die *Ergebniskontrolle* von A über B nimmt bei der Diskussion des Machtphänomens eine zentrale Stellung ein. Unter Hinweis auf die Konditionierungsmethoden werden damit vorwiegend die Möglichkeiten von A an-

---

[200]) Vgl. Cartwright, D., Influence, Leadership, Control, a. a. O., S. 23.

[201]) Vgl. Barnard, Ch. J., a. a. O., S. 165 ff.; Peabody, R. L., a. a. O., S. 28; Simon, H. A., Administrative Behavior, a. a. O., S. 133 f.

[202]) Luhmann, N., a. a. O., S. 96.

[203]) Vgl. Harsanyi, J., a. a. O., S. 191; Dahl, R. A., a. a. O., S. 206; Cartwright, D., Influence, Leadership, Control, a. a. O., S. 22.

[204]) Vgl. Jones, E. E. und Gerard, H. B., a. a. O., S. 515 ff.

gesprochen, B für ein bestimmtes Verhalten wahlweise zu belohnen oder zu bestrafen[205]). B soll durch „Manipulation" der Belohnungen und Bestrafungen (outcomes) zur Akzeptierung von (primären) Kommunikationsinhalten veranlaßt werden.

Durch die Unterscheidung weiterer Machtbasen neben der Basis Sanktionsgewalt wird dieser Ansatz bereits verfeinert. Von Belohnung oder Bestrafung kann — bezogen auf alle Machtbasen — nur in einem sehr weitläufigen Sinn gesprochen werden. Dennoch besteht die Möglichkeit dazu insoweit, als jedes Verhalten von A, das B positiv (negativ) bewertet, von B als Belohnung (Bestrafung) empfunden werden kann[206]). Ein Untergebener befolgt die Anweisungen des Vorgesetzten innerhalb eines bestimmten sachlich begrenzten Machtbereiches (Indifferenzzone), weil er beispielsweise das Recht des Vorgesetzten, ihm Weisungen zu erteilen, bejaht. Der Untergebene bewertet die Beeinflussung durch den Vorgesetzten „an sich" positiv. Ist dies nicht der Fall, steht der Untergebene den Anordnungen des Vorgesetzten also grundsätzlich ablehnend gegenüber, so mag er sich dessen Willen dennoch beugen, etwa um einer Bestrafung (z. B. Entlassung) zu entgehen. Ebenso kann sich der Untergebene zur Annahme von Chefinformationen veranlaßt fühlen, weil er auf die fachlichen Qualifikationen des Vorgesetzten vertraut oder ihn persönlich hoch einschätzt und sich mit ihm identifiziert.

In keinem dieser Fälle liegt die Ursache für die Annahme von Entscheidungsprämissen in dem konkreten Inhalt der übertragenen primären Informationen (Anweisungen) begründet. Der Untergebene akzeptiert die Anweisung in erster Linie wegen der bei der Kommunikation mit übertragenen oder hervorgerufenen sekundären Informationen. Die Ergebniskontrolle (outcome control) von A über B schafft A die Möglichkeit, die primären Informationen zu manipulieren (z. B. zu filtern), das heißt, an B nur solche Informationen weiterzuleiten, von denen A wünscht, daß sie in das Modell der Entscheidungssituation des B eingehen[207]). Bei einer Ergebniskontrolle ist B also auf zweifache Weise von A abhängig:

1. Hinsichtlich der *primären* Informationen für die von ihm (B) zu treffenden bzw. auszuführenden Entscheidungen (Informationen für die organisatorischen Teilentscheidungen).

2. Hinsichtlich der Konsequenzen organisatorischer Teilentscheidungen für die Erreichung *persönlicher* Ziele oder Werte[208]). Die Prognose der individuellen Konsequenzen ist mit der Übertragung und/oder Hervorrufung von *sekundären* Informationen verbunden.

---

[205]) Vgl. Adams, J. St. und Romney, A. K., a. a. O., S. 229.

[206]) Vgl. Homans, G. C., Elementarformen sozialen Verhaltens, a. a. O., S. 85 ff.

[207]) Vgl. Long, N. E., Administrative Communication, in: Concepts and Issues in Administrative Behavior, Hrsg. S. Mailick und E. H. van Ness, Englewood Cliffs, N. J. 1962, S. 141.

[208]) Vgl. Fäßler, K., a. a. O., S. 241.

Diese Betrachtungsweise, die auf einer Art *„schicksalhaften“ Abhängigkeit*[209]) des B von A basiert, trägt den realen Verhältnissen nicht voll Rechnung. Der Begriff der Manipulation ist hier sozusagen als Sammelbegriff für alle Spielarten der Machtausübung aufzufassen. Vollkommen vernachlässigt bleibt die Tatsache, daß von primären Informationen eine unterschiedliche Überzeugungskraft ausgehen kann. French und Raven heben diesen Umstand vor allem bei der Machtbasis Sachverständigkeit hervor[210]). Eine derartige Betrachtung erlaubt es nicht, die Probleme der Machtausübung und somit der Führung in sozialen Systemen umfassend zu diskutieren. Nach Jones und Gerard gilt dies für all diejenigen Autoren, die ihre Aussagen über interpersonelle Machtbeziehungen vorwiegend auf die unmittelbaren Konsequenzen (outcomes) der Beeinflussung für den Machtunterworfenen — oder auch für beide Parteien — abstellen[211]).

Für Überzeugung wie für Manipulation erscheint gleichermaßen bedeutsam, daß A über Informationen über die zu beeinflussende Person oder Gruppe (B) sowie über alle momentanen und andauernden sozialen, physischen und psychischen Umweltgegebenheiten verfügt, welche die Bereitschaft von B, eine Information von A zu akzeptieren, beeinträchtigen könnten. Dazu zählt auch das Wissen des A, mit welchen Personen B sich identifiziert, wem er als Sachverständigen und *Meinungsführer* (opinion leader)[212]) besondere Achtung zollt und welchen Zielen und Normen die (informalen) Gruppen folgen, denen B angehört. Überzeugung und Manipulation als Instrumente der Führung beruhen darauf, daß A weiß, welche primären und sekundären Informationen er B in einer gegebenen Situation darbieten muß und wie dies zu geschehen hat, damit B sich die darin enthaltenen Schlußfolgerungen zu eigen macht. Es ist ohne weiteres einleuchtend, daß die Anstrengungen des A erleichtert werden, wenn er selbst als Experte oder Meinungsführer an-

209) A hat über B „Schicksalskontrolle“ (fate control), wenn A durch eine Verhaltensänderung das Ergebnis (outcome) des B bestimmen kann, ohne Rücksicht darauf, wie B reagiert. „Ergebniskontrolle“ bleibt allerdings nicht auf die „Schicksalskontrolle“ im engeren Sinn beschränkt. Sie bezieht auch die „Verhaltenskontrolle“ ein. Diese liegt vor, wenn es eine Verhaltensänderung des A für B wünschenswert werden läßt, sein Verhalten ebenfalls zu ändern, weil er dadurch sein Ergebnis verbessern kann. Zu den beiden Typen der Ergebniskontrolle vgl. Thibaut, J. W. und Kelley, H. H., a. a. O., S. 102 f.

210) Vgl. French, J. R. P. jr. und Raven, B., a. a. O., S. 163 f. Im Gegensatz zur Unterscheidung von primären und sekundären Informationen wird hier von einer primären oder direkten Beeinflussung gesprochen, wenn eines oder mehrere der eingesetzten Machtmittel den Ausschlag für die Akzeptierung einer Information geben. Die einer primären Information innewohnende Überzeugungskraft fassen French und Raven als sekundäre oder indirekte Beeinflussung auf.

211) Vgl. Jones, E. E. und Gerard, H. B., a. a. O., S. 529. Dazu zählen neben French und Raven z. B. noch Thibaut, J. W. und Kelley, H. H., a. a. O.; Homans, G. C., Elementarformen sozialen Verhaltens, a. a. O.; Adams, J. St. und Romney, A. K., a. a. O.; Harsanyi, J., a. a. O.; Dahl, R. A., a. a. O.

212) Zum Begriff und zur Bedeutung des „Meinungsführers“ bei Beeinflussungsprozessen vergleiche Katz, D. und Lazarsfeld, P. F., Persönlicher Einfluß und Meinungsbildung, a. a. O., S. 14 ff.; Klapper, J. T., a. a. O., S. 32 ff.

erkannt wird und demselben sozialen Bezugssystem (Gruppe) wie B angehört[213]).

Die Sachverständigkeit des A hat sich demnach nicht nur auf dessen Fähigkeit zu erstrecken, auf Grund von Informationsvorteilen in Form von Programmen oder heuristischen Prinzipien zur Lösung betriebswirtschaftlicher Entscheidungsprobleme beitragen zu können, sondern auch darauf, anderen gegenüber den eigenen Willen, die eigenen Werte, Attitüden, Überzeugungen und Programme so durchzusetzen, daß diese sie freiwillig — ob bewußt oder unbewußt — akzeptieren. Hierzu sind besondere Programme, heuristische Prinzipien, Strategien oder Taktiken erforderlich. Eine umfassende Diskussion der Basen und der Ausübung der Macht hat deshalb weit über die bloße Ergebniskontrolle (outcome control) hinauszugehen. Es ist das gesamte Informationspotential des A einzubeziehen, das A in die Lage versetzt, B mit Hilfe relativ „feinfühliger" und „spitzfindiger" Maßnahmen zu beherrschen. Das Sprichwort „Wissen ist Macht" erhält dadurch einen ebenso realen wie tiefgründigen Sinn. Für Zwecke der Manipulation kann es dabei durchaus unerwünscht sein, daß die zu beeinflussenden Individuen oder Gruppen das Ausmaß der Sachverständigkeit des A in dieser umfassenden Bedeutung erkennen.

In der Literatur wird dieses Phänomen mit zum Teil unterschiedlicher Interpretation mit Begriffen wie *„cue control"*, „key control", „social gatekeeper", „ecological control" oder *„Informationskontrolle"* — in dem hier gebrauchten doppeldeutigen Sinn — belegt[214]). Eine Person besitzt einen „Schlüssel", um sich die „Innenwelt", die kognitiven Strukturen und Prozesse anderer zu erschließen[215]). Diese Machtbasis schafft die Möglichkeit, zu überzeugen oder zu manipulieren, je nachdem, wie A glaubt, sein Ziel besser, leichter oder wirkungsvoller erreichen zu können. Das Wesen von Manipulation ebenso wie von Überzeugung besteht danach darin, daß der Vorgesetzte weiß, wie er die Untergebenen „anzupacken" hat, welche assoziativen Verbindungen er in einer bestimmten Situation bei ihnen hervorrufen oder aber unterdrücken sollte und wie dies zu geschehen hat.

Besonders in Veröffentlichungen über Rhetorik, Propaganda und Werbung werden zuweilen Kataloge von Techniken angeführt, mit deren Hilfe man glaubt, die Kommunikationsempfänger zur freiwilligen Annahme bestimmter Informationen veranlassen zu können. Der Grundgedanke dieser Überzeu-

[213]) Vgl. Siegel, A. E. und Siegel, S., Reference Groups, Membership Groups and Attitude Change, in: Group Dynamics, Hrsg. D. Cartwright und A. Zander, Evanston, Ill. 1960, S. 232 ff.; Newcomb, Th. M., Attitude Development as a Function of Reference Groups, in: Readings in Social Psychology, Hrsg. E. E. Maccoby et al., New York, Chicago, San Francisco und Toronto 1958, S. 265 ff.

[214]) Vgl. Jones, E. E. und Gerard, H. B., a. a. O., S. 513 ff.; Lewin, K., Field Theory in Social Sciences, a. a. O., S. 459 ff.; Cartwright, D., Influence, Leadership, Control, a. a. O., S. 19 f.; Katz, D. und Lazarsfeld, P. F., Persönlicher Einfluß und Meinungsbildung, a. a. O., S. 140 ff.

[215]) Mayer subsumiert diese Komponente der Machtausübung in der Betriebswirtschaft letztlich unter den Begriff der „sozialpsychischen Organisation". Vgl. Mayer, A., Die soziale Rationalisierung als Organisationsproblem, Neue Betriebswirtschaft, 1953, S. 26 f.; derselbe, Die soziale Rationalisierung des Industriebetriebes, a. a. O., S. 89 ff.

gungs- oder Manipulations*strategien* besteht darin, beim Empfänger bestimmte Werte, Attitüden und Überzeugungen, also syllogistische Strukturen, zu aktivieren, zu verfestigen und in konkrete Aktionen (z. B. Kaufhandlungen, Wahl eines bestimmten Kandidaten) umzusetzen. Einige *Beispiele* für solche Taktiken seien angeführt[216]):

(1) *Name Calling* (Dinge beim Namen nennen).

(2) *Glittering Generality* (z. B. Gebrauch von Schlagworten mit „positiven" Konnotationen, wie: „Eine Mutter gehört zu ihren Kindern").

(3) *Transfer* (mehr oder weniger versteckt die Gefühle, Sanktionsmöglichkeiten oder das Ansehen einer Person zur Sprache bringen).

(4) *Testimonial* (eine Information mit einer geachteten oder verhaßten Person in Verbindung bringen).

(5) *Plan Folks* or *Band Wagon* („diese Ansicht entspricht der Volksseele"; „alle machen es so").

(6) *Atmosphere Effect* (psychologische Umweltgestaltung).

(7) *Word Manipulation* (Sprachgestaltung, Sprachverdrehung, Weckung von Konnotationen usw.).

(8) *Equivocation* (den Empfänger zunächst durch unklare Redewendungen verwirren, um ihn im Anschluß daran leichter zur Akzeptierung von Informationen bewegen zu können).

Die Beherrschung eines möglichst großen Repertoires solcher Kommunikationsstrategien, besonders jedoch das Wissen um deren Wirkung in bestimmten Situationen sind Kennzeichen der Macht durch „cue control".

Die bisherigen Ausführungen beschränken sich darauf, die „cue control" neben die „outcome control" zu stellen und die Beeinflussungsarten Überzeugung und Manipulation — ohne sie zu differenzieren — der „cue control" zuzuordnen. In Wirklichkeit lassen sich „cue control" und „outcome control" nicht isoliert betrachten. Sie bedingen vielmehr einander. Daraus ergeben sich Konsequenzen für die Beschreibung von Überzeugung und Manipulation als spezifischen Instrumenten der Machtausübung.

„Outcome control" ist insofern stets mit „cue control" verbunden, als A bei der Wahl eines Machtmittels seine Wirksamkeit prognostiziert. Dies setzt Informationen über B und die jeweiligen Umweltbedingungen voraus. Je mehr Informationen A über die Wirksamkeit der von ihm kontrollierten Machtmittel (outcomes) besitzt, desto größer ist zwangsläufig seine „cue control". Bestimmte Machtmittel, besonders physischer Zwang und Unterdrückung, setzen allerdings kaum „cue control" voraus. Sie sind die stärksten oder zuverlässigsten Instrumente der Machtausübung. Auf sie wird vor

[216]) Vgl. dazu und im folgenden Thayer, L. O., a. a. O., S. 194 f.; Lee, A. M. und Lee, E. B., Propaganda Techniques, in: Consumer Behavior and the Behavioral Sciences, Hrsg. St. H. Britt, New York, London und Sydney 1966, S. 454 f.; ferner Miller, C. R., The Process of Persuasion, New York 1946.

allem dann zurückgegriffen, wenn schwächeren Methoden, wie Manipulation und besonders Überzeugung, kein Erfolg beschieden ist[217]). Gilman hebt hervor, daß ein mehr oder weniger erzwungener Übergang von einem Extrem zum anderen vielfach zu einer Desillusionierung des Vorgesetzten oder der Betriebsleitung führt, die nicht frei von Zynismus ist[218]).

Die Sicherung des Erfolges von Überzeugungs- und Manipulationsversuchen setzt ihrerseits die Ausübung von Ergebniskontrolle voraus. Die Ergebniskontrolle wird sozusagen in den Dienst der „cue control" gestellt. Dies trifft stets in dem Maße zu, wie in der Kommunikation Werte und Attitüden angesprochen werden, mit denen der Empfänger Belohnungen oder Bestrafungen assoziiert. A kann aufgrund seiner Machtmittel (outcomes) bei B ein bestimmtes Maß an „Goodwill" voraussetzen oder aktivieren, das ihm den Versuch erleichtert, B von der Richtigkeit einer Entscheidung zu überzeugen.

Manipulation und Überzeugung setzen auch insoweit eine gewisse Ergebniskontrolle voraus, als der Beeinflußte vor Umwelteinflüssen abgeschirmt werden soll, die den Erfolg der Beeinflussung beeinträchtigen könnten. In gewissem Umfang kann durch die Anordnung von Arbeitsplätzen, die Stellenbesetzung, Zusammensetzung von Arbeitsgruppen, die Arbeitsverteilung oder auch durch Beförderungen eine Abwehr oder Neutralisierung andersartiger Einflüsse erreicht werden[219]). Von besonderer Bedeutung für Überzeugungsversuche, aber noch mehr für Manipulationen ist dabei die *Kontrolle der Kommunikationskanäle* und *-medien*. Hierin liegt für jede Art von „cue control" eine zentrale Machtbasis[220]). Sie ermöglicht es dem Vorgesetzten, sich die wichtigsten Verbindungen zu sichern, z. B. indem er ein von den übrigen Gruppenmitgliedern hochgeschätztes Mitglied durch besondere Belohnungen zu seinem „Sprachrohr" macht. Andererseits kann er auf diese Weise den Untergebenen den Zugang zu bestimmten Informationen versperren bzw. die Informationen filtern oder verzerren.

Von Manipulation in Verbindung mit „outcome control" kann außerdem gesprochen werden, wenn A versucht, (sekundäre) Informationen zu übertragen und bei B hervorzurufen, die das Abhängigkeitsverhältnis aus dem Bewußtsein des B verdrängen, es in einem „positiven" Licht erscheinen lassen oder die Ergebniskontrolle vortäuschen sollen, wo sie nicht oder nicht mehr besteht. Nicht zuletzt kann es sich als notwendig erweisen, B davon

---

[217]) Vgl. McGregor, D., a. a. O., S. 18.

[218]) Vgl. Gilman, G., a. a. O., S. 136.

[219]) Damit wird letztlich auch das umstrittene Thema der „Gruppenpflege" angeschnitten. Vgl. zu diesem Problemkreis z. B. Likert, R., A Motivational Approach to a Modified Theory of Organization and Management, in: Modern Organization Theory, Hrsg. M. Haire, London und New York 1959, S. 182 ff.; Schelsky, H., Industrie- und Betriebssoziologie, in: Soziologie, Hrsg. A. Gehlen und H. Schelsky, 3. Aufl., Düsseldorf und Köln 1955, S. 185 f.

[220]) Bei der Erforschung der Wirkung besonders von Massenkommunikationen nimmt dieses Problem breiten Raum ein. Vgl. z. B. Hovland, C. I., Effects of the Mass Media of Communication, in: Handbook of Social Psychology, Hrsg. G. Lindzey, London 1954, S. 1062 ff.

zu überzeugen, daß A von seinen Machtmitteln auch tatsächlich Gebrauch macht und es nicht bei bloßen Drohungen beläßt.

Die globalen, bei der Ausübung sozialer Macht maßgeblichen Faktoren lassen sich in einem Schaubild zusammenfassen (vgl. Abb. 2.4). Die primären Kommunikationsinhalte des Senders (A) sollen in das kognitive Modell der Entscheidungssituation des Empfängers (B) als Prämissen eingehen. Wird ausschließlich die untere Hälfte der Abbildung betrachtet, so steht die von B wahrgenommene Abhängigkeit von A im Vordergrund. B akzeptiert ohne kritische Prüfung primäre Informationen des A, da er freiwillig oder unfreiwillig, bewußt oder unbewußt die Ergebniskontrolle des A hinsichtlich bestimmter Machtbasen anerkennt (Pfeile führen zu B hin). Durch die jeweiligen Umweltbedingungen kann die Macht von A über B eine Modifizierung erfahren (z. B. Gehaltserhöhung für einen Kollegen; diesem gewährte Statussymbole). Die hervorgerufenen oder wahrgenommenen Informationen bezüglich des Abhängigkeitsverhältnisses sind sekundärer Natur.

Analoge Überlegungen gelten für die obere Hälfte der Abbildung. Als Besonderheit tritt auf, daß A die Umwelt in seine Überlegungen voll einbezieht (psychologische Umweltgestaltung). Außerdem versucht A, die kognitiven Prozesse der Informationsverarbeitung des B zu steuern. Die Mittel, deren er sich dabei bedient, sind zum Teil aus denselben Machtbasen ableitbar, die auch der Macht durch Ergebniskontrolle zugrunde liegen (gestrichelte Linie).

Anhand der Abbildung und in Zusammenfassung der bisherigen Ausführungen lassen sich für die Abgrenzung von Überzeugung und Manipulation voneinander und gegenüber anderen Beeinflussungsarten gewisse Tendenzen aufzeigen.

Wird ausschließlich die untere Hälfte der Abbildung betrachtet, so kann von Überzeugung oder Manipulation im hier verstandenen Sinne nicht gesprochen werden. Der Begriff Manipulation wäre hier gleichbedeutend mit jeder von A vorgenommenen Veränderung der von ihm eingesetzten Machtmittel (outcomes). Manipulation und Überzeugung stützen sich in erster Linie auf „cue control". Sie bedienen sich bestimmter Formen der Ergebniskontrolle als zusätzlicher Hilfsmittel. Auszuschließen sind jedoch auch hier solch „extreme" Machtmittel wie physischer Zwang und Unterdrückung, die keine „cue control" voraussetzen.

Je bewußter, planvoller und vorbehaltloser A bei seinem Verhalten gegenüber B seine „cue control" — seine soziale, psychologische und informatorische Schlüsselposition — einsetzt, um so mehr manipuliert er, d. h. umgekehrt, um so weniger ist sein Verhalten als Überzeugungsversuch einzustufen. Daß B unter Umständen glaubt, überzeugt worden zu sein oder sich eine selbständige, unabhängige, „unbeeinflußte" Meinung gebildet zu haben, liegt in aller Regel in der Absicht des Manipulators. Je mehr sich A bei seinen Beeinflussungsversuchen zusätzlich auf seine Ergebniskontrolle stützt, desto mehr wird der Begriff der Manipulation selbst ausgeweitet und zu einem

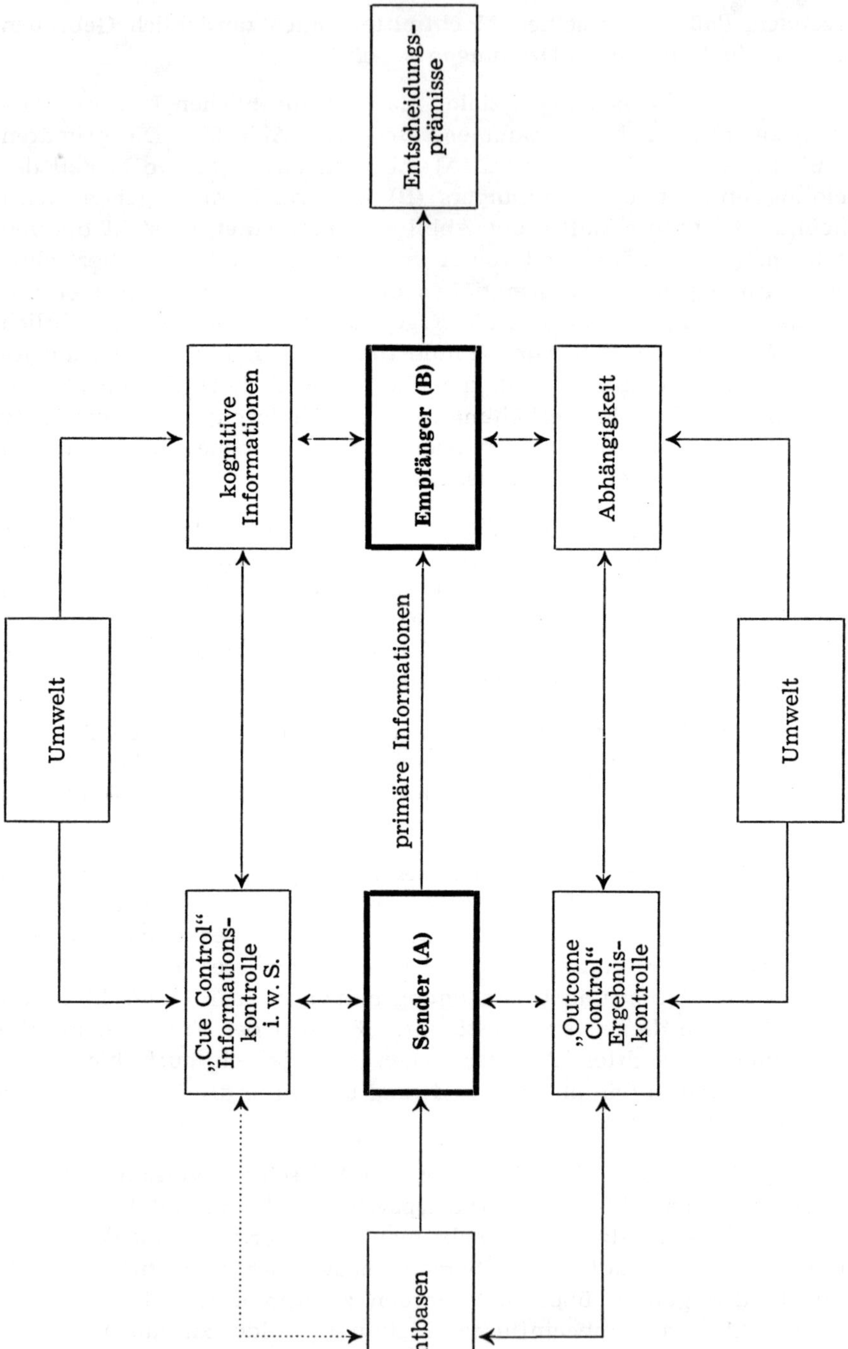

Abb. 2.4: Machtausübung durch „cue control“ und „outcome control“

Sammelbegriff für verschiedene Arten der Machtausübung. Andererseits ist unverkennbar, daß jede Überzeugung zwangsläufig ein gewisses Maß an „cue control“ und auch an „outcome control“ voraussetzt: an psychologischem Einfühlungsvermögen, Kenntnis der Umweltbedingungen, fachlichem Können, Urteilskraft, an Fähigkeiten, sich dem anderen verständlich zu machen und durch bestimmte Anreize seine Bereitschaft zur Annahme einer Information zu erhöhen.

An früherer Stelle wurde die Unterscheidung zwischen Verstärkung einer bestehenden Attitüde, Schaffung einer „neuen“ Attitüde und Veränderung — im Sinne von Umkehrung — einer bestehenden Attitüde eingeführt. Verstärkung und Umkehrung einer Attitüde sind die beiden Extrempunkte eines Kontinuums, das den zunehmenden (abnehmenden) Widerstand anzeigt, dem ein Beeinflussungsversuch von seiten des zu Beeinflussenden begegnen wird. Je größer dieser Widerstand ist, um so mehr wird der Beeinflussende auf seine „cue control“ (und seine „outcome control“) zurückgreifen müssen. Diese Tendenz steht in gewissem Widerspruch zu der zuvor getroffenen tendenziellen Aussage zur Differenzierung von Überzeugungs- und Manipulationsversuchen. In der Literatur wird deshalb allgemein von „überzeugenden“ (persuasive) Kommunikationsvorgängen gesprochen. Die manipulative Komponente wird primär in der Einführung bestimmter Stimuli in die Kommunikationssituation erblickt, die auf die Aktivierung, Unterdrückung, Verzerrung oder Ablenkung von bestimmten kognitiven Informationen abzielen.

2.4 Zusammenfassung und Ausblick: Die Problematik der Unterscheidung zwischen Überzeugungs- und Manipulationsvorgängen

Ziel dieses Kapitels war es, Überzeugung und Manipulation als Instrumente der Beeinflussung innerhalb verschiedener theoretischer Systeme sichtbar zu machen. Im Mittelpunkt stand dabei das Bemühen, sowohl eine begriffliche Klärung dieser beiden Ausprägungen der Beeinflussung anzustreben als auch wesentliche Einflußgrößen dieser Vorgänge herauszustellen. Um die Vielzahl der Aspekte und Einflußgrößen möglichst vollständig aufzeigen zu können, wurden die theoretischen Bezugssysteme in zwei Gruppen eingeteilt. Einer ersten Gruppe wurden diejenigen Systeme zugeordnet, die sich mit innerindividuellen Problemen der Beeinflussung befassen. Bei einer zweiten Gruppe lag das Schwergewicht auf den zwischenmenschlichen Beziehungen. Jeder der dargestellten Ansätze trug dazu bei, Größen abzuleiten, welche die Wirksamkeit von Überzeugungs- und Manipulationsversuchen bestimmen. Aussagen über die Konsequenzen solcher Einflußgrößen wurden allerdings noch nicht explizit formuliert. Sie sind Gegenstand des folgenden Kapitels.

Besonders auf Grund der unterschiedlichen Konnotationen werden in der Alltagssprache die Schwierigkeiten nicht erkannt, die eine von exakten theoretischen Grundlagen ausgehende Unterscheidung zwischen Überzeugungs- und Manipulationsvorgängen bereitet. Die Anhaltspunkte, die für eine solche Differenzierung aus den verschiedenen theoretischen Systemen abgeleitet wurden, weisen auf die Problematik einer solchen Unterscheidung hin. So ist es nicht verwunderlich, daß von den beiden Instrumenten der Beeinflussung auch in der „wissenschaftlichen" Diskussion häufig mit „positivem" bzw. „negativem" Unterton gesprochen wird. Ein typisches Beispiel ist der oft gegenüber der „Human-Relations-Bewegung" erhobene Vorwurf, ihr Ziel sei es, den Menschen zu „manipulieren"[221]). Dort, wo theoretische Aussagen über Versuche der Überzeugung und Manipulation abgeleitet werden, erfahren die beiden Termini meist erst in Verbindung mit den zu analysierenden Problemen eine Präzisierung. Gerade dabei erweist es sich, wie sehr Überzeugung und Manipulation ineinander übergehen.

Sowohl bei Überzeugung als auch bei Manipulation ist das Ergebnis der Beeinflussung die „freiwillige", mehr oder weniger bewußte Änderung der Einstellungen (Attitüden) und/oder des äußerlich beobachtbaren Verhaltens. Gerade die psychologische Forschung der Gegenwart hat erkannt, daß Diskussionen, die sich an Begriffen wie „freier Wille" oder „Bewußtsein" entzünden — an Begriffen, die in der Psychologie selbst sehr umstritten sind —, bislang zu keinem operationalen Ergebnis führen können. Die psychologische Forschung läßt heute deshalb Versuche erkennen, sich von solchen Begriffen soweit wie möglich zu lösen. Die im Zusammenhang mit dem „Informationsverarbeitungsansatz" vorgenommene Unterscheidung verschiedener Gedächtnistypen und Informationsverarbeitungseinheiten macht diese Tendenz deutlich.

Die sozialpsychologische und die kommunikationstheoretische Literatur stellt sich — soweit sie sich mit den hier zur Diskussion stehenden Problemen befaßt — ganz allgemein die Frage, *wie „überzeugend" (persuasive) eine Kommunikation unter bestimmten Bedingungen auf einen Empfänger wirkt.* Die Frage, ob die Informationsübertragung als Überzeugung, Manipulation, Überredung, offene oder versteckte „Verführung" oder als irgendeine andere Art der Beeinflussung zu bezeichnen sei, wird gar nicht gestellt. Vielmehr wird generell von *Überzeugungsprozessen (persuasion)* oder von Vorgängen der *Attitüdenänderung (attitude change)* gesprochen. Die Einflußgrößen, die in diesem Zusammenhang untersucht werden und die zum Großteil für den Informationssender Aktionsparameter darstellen, gehen allerdings weit über Überzeugungsversuche — so wie dieser Ausdruck in der Umgangssprache gebraucht wird — hinaus. Soweit dabei beispielsweise die Wirkung von Rollenspielen erforscht wird, sind diese Beeinflussungsversuche nicht einmal unmittelbar an Informationsübertragungen vom Überzeugenden an den zu

---

221) Vgl. Tannenbaum, R., Weschler, J. R. und Massarik, K. F., a. a. O., S. 18 ff.; Simon, H. A., Authority, a. a. O., S. 106.

Überzeugenden gebunden. Ein Vergleich der im folgenden Kapitel auszuwertenden Tests mit der in diesem Kapitel angestrebten begrifflichen Unterscheidung zwischen Überzeugung und Manipulation würde zeigen, daß manche Studien es gerechtfertigt erscheinen lassen, von Überzeugung zu sprechen, während für andere der Begriff der Manipulation vorzuziehen ist.

Das weite Spektrum experimenteller und empirischer Studien, das in der angelsächsischen Literatur unter dem Stichwort „persuasion" oder „attitude change" zusammengefaßt wird, veranlaßte dazu — nicht zuletzt um sprachlichen Mißverständnissen vorzubeugen —, die hiermit angesprochenen Beeinflussungsmethoden wahlweise als Überzeugung oder als Manipulation zu bezeichnen. Dies geschieht letztlich auch in der Absicht, von einer realistischen Einschätzung der Verhaltensweisen der Organisationsteilnehmer, insbesondere der Vorgesetzten gegenüber den Untergebenen, auszugehen. Wenn im folgenden davon abgesehen wird, zwischen Überzeugungs- und Manipulationsversuchen eine strenge Trennung vorzunehmen, so sollen damit die aufgezeigten Unterschiede zwischen den beiden Beeinflussungsmethoden nicht übersehen werden. Sie sollen nur nicht von neuem hervorgehoben werden.

3. *Kapitel*

Die Wirksamkeit von Überzeugungs- und Manipulationsversuchen

Obwohl der Beginn einer systematischen Kommunikationsforschung noch nicht sehr weit zurückliegt, wurden auf diesem Gebiet bereits bemerkenswerte Fortschritte erzielt. Das gilt gleichermaßen für den durch die Entwicklung und Anwendung der elektronischen Datenverarbeitung eindrucksvoll dokumentierten technischen und sozio-technischen Bereich der Kommunikationsforschung wie für das weite Gebiet der sozialen Kommunikation. Die soziale Kommunikationsforschung ist eine interdisziplinäre Disziplin, die von vielen Quellen gespeist wird. Die präzise Formulierung ihrer wissenschaftlichen Zielsetzungen verdankt sie denjenigen Forschern, deren Interesse in besonderem Maße der Wirksamkeit der Massenkommunikation gilt. Auf einen einfachen Nenner gebracht, lassen sich diese Ziele in die Frage kleiden: *Wer sagt was, unter welchen Bedingungen und wie zu wem und mit welchem Erfolg*[1])?

Zur Beantwortung dieser komplexen Frage wurden vor allem in den letzten drei Jahrzehnten eine nahezu unübersehbare Zahl von empirischen und experimentellen Studien angestellt[2]). Da bei den Untersuchungen, auf die im folgenden Bezug genommen wird, auf seiten des Empfängers im wesentlichen eine freie Willensbildung gewährleistet war — vom Sender also kein erkennbarer Druck oder Zwang auf den Empfänger ausgeübt wurde —, kann von Beeinflussungsversuchen durch Überzeugung oder Manipulation gesprochen werden.

Die Ergebnisse dieser kommunikationstheoretischen Studien sind für die Willensdurchsetzung in der Betriebswirtschaft von zum Teil erheblicher praktischer Bedeutung. Deshalb sollen sie hier ausgewertet und, soweit dies möglich ist, auf betriebswirtschaftliche Organisationen übertragen werden. Sie enthalten neben vielen Aussagen, die den Erfahrungen jedes einzel-

---

1) Vgl. zu dieser Fragestellung Smith, B. L., Lasswell, H. D. und Casey, R. D., Propaganda, Communication, and Public Opinion, Princeton 1946, S. 5; Katz, D. und Lazarsfeld, P. F., a. a. O., S. 71.

2) Die Ergebnisse dieser Studien sind erstmals meist in amerikanischen Fachzeitschriften veröffentlicht worden. Im Laufe der Zeit haben sie in zahlreiche Sammelwerke (readings) Eingang gefunden und sind in größere theoretische Bezugssysteme eingeordnet worden. Erst damit wurden sie einem breiteren Kreis potentieller Interessenten zugänglich. Auch für diese Arbeit standen bis auf wenige Ausnahmen nicht die verschiedenen Fachzeitschriften zur Verfügung, sondern eine Reihe von Bänden, in denen über die Ergebnisse der einzelnen Studien berichtet bzw. diese zusammengefaßt und ausgewertet wurden. Um korrekt und vollständig in den Literaturangaben zu sein, seien im folgenden neben den „sekundären" Quellen soweit möglich auch die primären Quellen angeführt.

nen entsprechen, auch Sätze, die dem „common sense" zuwiderzulaufen scheinen. Vor allem letztere verdienen Beachtung. Im Laufe der Jahre wurden die Testmethoden derart verfeinert und immer wieder zur Erklärung gleicher und ähnlicher Phänomene herangezogen, daß in den spezifischen Versuchsbedingungen nicht mehr ohne weiteres die Ursache für solche „nicht plausiblen" Ergebnisse gesehen werden kann. Vielmehr sind die Erkenntnisse der experimentellen und empirischen Kommunikationsforschung gerade in dieser Hinsicht als wertvoller Beitrag zur Erklärung der Wirksamkeit einzelner Faktoren und Verhaltensweisen bei der Kommunikation anzusehen. Sie hellen Zusammenhänge und Gesetzmäßigkeiten auf, die der Erfahrungswelt des einzelnen vielfach verschlossen bleiben, deren Kenntnis jedoch manche „unvorhergesehenen" und „unverständlichen" Erfolge oder Mißerfolge bei der Führung und Beeinflussung anderer erklärt.

3.1 Zur Methodik und Systematisierung kommunikationstheoretischer Untersuchungen von Überzeugungs- und Manipulationsversuchen

Es würde bei weitem den Rahmen dieser Arbeit sprengen, sollte in diesem Kapitel ein Überblick über die Gesamtheit der Ansätze und Ergebnisse der sozialen Kommunikationsforschung gegeben werden. Daher soll in erster Linie an den wissenschaftlichen Untersuchungen über die Wirksamkeit von Massenkommunikationen angeknüpft werden. Die Einengung der Problemstellung, die hierin erblickt werden könnte, erweist sich letztlich nicht als sehr einschneidend. Diese Richtung der Kommunikationsforschung hat nämlich in zunehmendem Maße die verschiedenen theoretischen Entwicklungen in den sozialwissenschaftlichen Teildisziplinen und besonders in der Psychologie in ihre Überlegungen einbezogen. Das Hauptmerkmal ihres Wissenschaftsprogramms ist darin zu erblicken, Hypothesen über die Wirkung auf bestimmte Weise ausgestalteter und unter spezifischen Bedingungen vorgenommener Kommunikationen abzuleiten und sie in kontrollierten Experimenten zu testen. Ein Großteil der Experimente wurde erstmals innerhalb des „Communication Research Program" der Yale Universität unter Leitung des Psychologen Carl I. Hovland durchgeführt. Im Verlaufe von drei Jahrzehnten entwickelte sich daraus eine weitverzweigte „Schule" von Gelehrten unterschiedlichster wissenschaftlicher Herkunft[3]), die sich der experimentellen Kommunikationsforschung widmeten.

---

[3]) Die Experimente und Forschungsergebnisse dieser „Schule" füllen bereits mehrere Bände. Fünf dieser Bände sind in diesem Kapitel von zentraler Bedeutung: Hovland, C. I., Lumsdaine, A. A. und Sheffield, F. D., Experiments on Mass Communication, New York 1949; Hovland, C. I. et al., Communication and Persuasion, a. a. O.; Hovland, C. I. et al., The Order of Presentation in Persuasion, New Haven und London 1957; Hovland, C. I. und Janis, I. L. (Hrsg.), Personality and Persuasibility, a. a. O.; Hovland, C. I. und Rosenberg, M. J. (Hrsg.), Attitude Organization and Change, a. a. O.

Die Bevorzugung des Experiments als wissenschaftliche Methode zur Gewinnung und Fundierung theoretischer Aussagen wirft eine Reihe schwerwiegender methodischer und methodologischer Probleme auf. Auf einige von ihnen soll kurz hingewiesen werden.

Grundlage der experimentellen Studien müßte ein ebenso differenziertes wie vollständiges System der die Wirksamkeit einer Kommunikation bestimmenden Größen sein. Solche *Einflußgrößensysteme* existieren zum gegenwärtigen Zeitpunkt nur in Ansätzen. Sie sind außerdem, je nach zugrundeliegender theoretischer Konzeption, auf unterschiedlichen Begriffssystemen aufgebaut, die sich zum Teil nur schwer in Einklang bringen lassen. Ausgehend vom Ablauf eines Kommunikationsvorgangs, werden in Abbildung 3.1 die wichtigsten Einflußgrößen und die möglichen Wirkungen eines Überzeugungs- oder Manipulationsversuches zusammengefaßt[4]). Das skizzierte „Variablensystem" soll diesem Kapitel als Bezugsrahmen dienen.

Die linke Spalte kennzeichnet das System der *Inputvariablen.* Es sind die äußerlich beobachtbaren Stimuli und Kommunikationen. Sie sind für den Kommunikationssender teils unabhängige Variablen, teils Daten. Die beiden mittleren Spalten stehen repräsentativ für alle *intervenierenden* oder *vermittelnden Variablen,* welche die intrapersonellen Prozesse des Kommunikationsempfängers determinieren. Hier ist eine weitestgehende Abstraktion vorgenommen. Der Informationsverarbeitungsprozeß wird in drei Stufen unterteilt[5]). Das Individuum empfängt einen Impuls, der es auf die Kommunikation (Inputvariablen) aufmerksam macht. Die zweite Stufe umfaßt die Prozesse der Wahrnehmung, der Interpretation oder der Dekodierung der empfangenen Stimuli. Von der „Verträglichkeit" der wahrgenommenen Informationen mit den bereits gespeicherten und hervorgerufenen Elementen und ihrer Interpretation hängt es weitgehend ab, ob und wie sie akzeptiert und in das System kognitiver Informationen integriert werden (Zustimmung). Daraus ergeben sich unter Umständen Attitüdenänderungen, die entweder als Verstärkung, Schaffung oder Umkehrung von Attitüden zu klassifizieren sind. Diese sind bereits das Ergebnis (output) des Beeinflussungsprozesses und deshalb bei dieser Betrachtung den abhängigen oder *Outputvariablen* des Systems zuzuordnen.

Die zentrale Rolle der *Attitüden* erklärt sich daraus, daß diese innerhalb der verschiedenen Kategorien kognitiver Informationen sozusagen eine *strukturbildende Funktion* erfüllen[6]). Sie sind bei Unterstellung syllogistischer Denkstrukturen das Ergebnis der Kombination von Werten und Überzeugungen (beliefs). Andererseits leitet sich aus ihnen die Motivation zum Handeln und somit die präskriptive oder imperativische Komponente

---

[4]) Vgl. Janis, I. L. und Hovland, C. I., An Overview of Persuasibility Research, a. a. O., S. 4.

[5]) Vgl. dazu Janis, I. L. und Hovland, C. I., a. a. O., S. 5.

[6]) Vgl. Scott, W. A., Cognitive Consistency, Response, Reinforcement, and Attitude Change, in: Decisions, Values and Groups, Hrsg. N. F. Washburne, Oxford, London, New York und Paris 1962, S. 119 f.

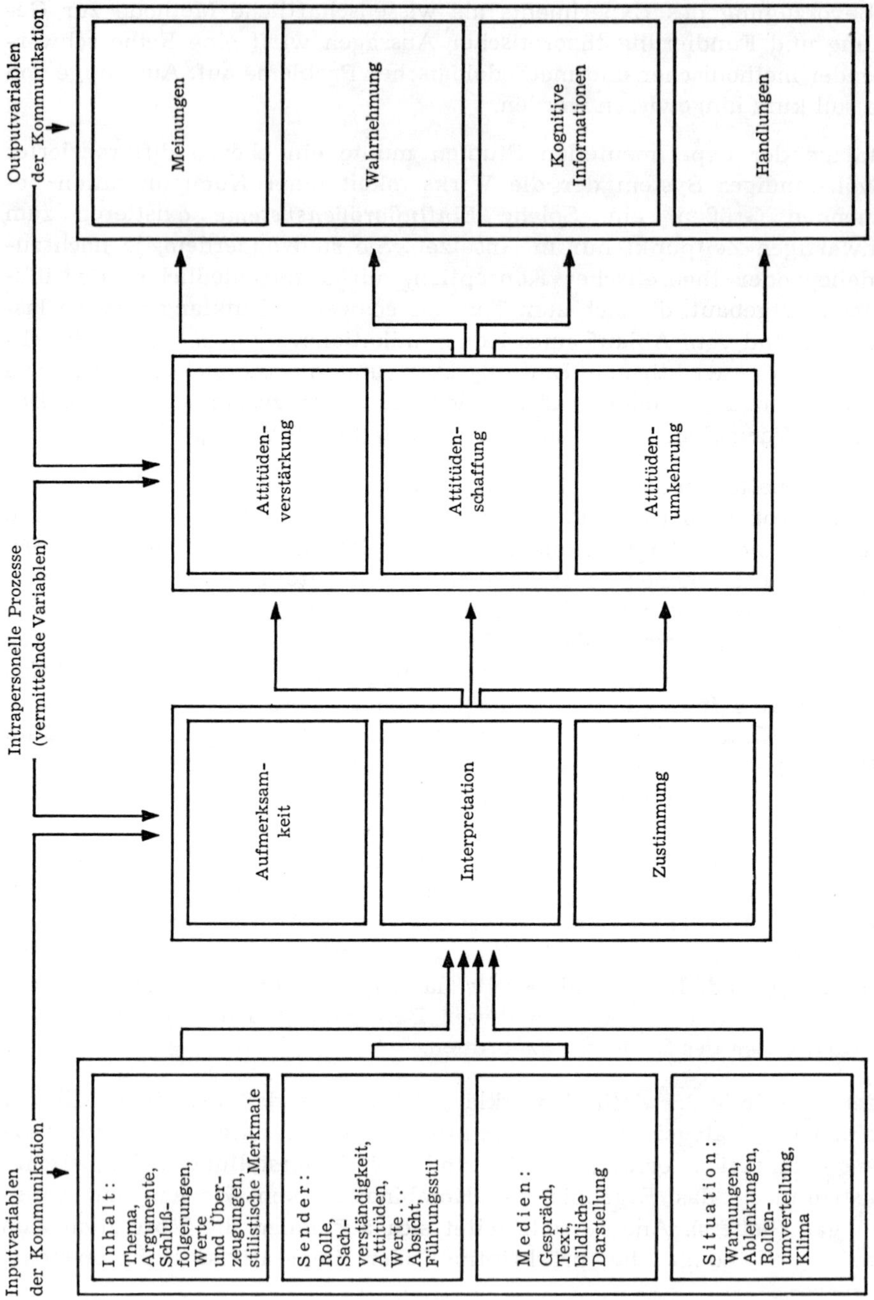

Abb. 3.1: Einflußgrößen und Wirkung „überzeugender" Kommunikation

kognitiver Informationen ab. Diese kommt in der Ausarbeitung, Veränderung und Ausführung kognitiver Programme zum Ausdruck.

Die Überprüfung der Wirkung der verschiedenen Variablen setzt ein analytisches Vorgehen voraus. Zu diesem Zwecke sind Versuchsanordnungen zu wählen, die eine Isolierung der Einflußgrößen erlauben. In kontrollierten analytischen Experimenten ist durch systematisches Variieren einer (unabhängigen) Variablen die Wirkung auf eine oder mehrere abhängige Variable zu ermitteln. Alle übrigen Einflußgrößen sind entweder aus der Versuchsreihe zu eliminieren, konstant zu halten, oder es sind deren Konsequenzen isoliert festzuhalten. Testmethoden, die diesen Anforderungen genügen, konnten bisher nur für bestimmte relativ globale Einflußgrößen entwickelt werden. Es ist auch nicht anzunehmen, daß es jemals gelingen sollte, alle Variablen oder alle Hypothesen, die gegenwärtig schon zum Thema Kommunikation existieren, auf diese Weise zu überprüfen[7]). Außerdem ist eine systematische Variation der intervenierenden Variablen (Persönlichkeitsmerkmale, Werte, Attitüden usw.) nur in Ausnahmefällen möglich[8]). Sie muß ebenfalls über Stimuli und Kommunikationen herbeigeführt werden. Gerade der Frage, welche Elemente (Werte, Überzeugungen) eines mehrstufigen hierarchischen Systems von Syllogismen bei einem Überzeugungs- oder Manipulationsversuch attackiert werden sollen, um die Änderung einer bestimmten Attitüde (abhängige Variable) herbeizuführen, wurde noch wenig Aufmerksamkeit geschenkt[9]).

Von zentraler Bedeutung ist die Frage nach der *empirischen Relevanz der Testergebnisse* und damit nach der Übertragbarkeit der Ergebnisse auf betriebswirtschaftliche Organisationen. Sie bezieht sich zum einen auf die Bedingungen, unter denen die Experimente stattfanden, zum anderen auf die Beziehungen zwischen den Variablen des Einflußgrößensystems. Es sind im wesentlichen drei Bedingungen, die für die Mehrzahl der Experimente zutrafen[10]). Die Versuchspersonen (Kommunikationsempfänger) waren „gefangen", d. h. sie konnten nicht frei darüber entscheiden, ob sie an dem Experiment teilnehmen wollten oder nicht; bei den Versuchspersonen handelte es sich vielfach um Schüler (Schulklassen), Studenten oder Soldaten; meist lag eine Ein-Weg-Kommunikation zwischen Sender (Experiment ausführende Person) und Empfängern vor, wobei der Informationsaustausch zwischen den Versuchspersonen Beschränkungen unterlag (vgl. Abb. 3.2).

Aus der ersten Bedingung läßt sich keine Begrenzung in bezug auf die empirische Relevanz der Testergebnisse ableiten. Innerhalb eines bestimmten Geltungsbereichs (Indifferenzzone) kann sich auch ein Organisationsmitglied nicht der Beeinflussung durch den jeweiligen Vorgesetzten oder den

---

[7]) Vgl. Hovland, C. I. et al., Communication and Persuasion, a. a. O., S. 4 f.

[8]) Eine Möglichkeit dazu ist die Hypnose. Vgl. dazu ein Experiment von Rosenberg, M. J., An Analysis of Affective-Cognitive Consistency, a. a. O., S. 15; ferner Berelson, B. und Steiner, G. A., a. a. O., S. 121 ff.

[9]) Vgl. Jones, E. E. und Gerard, H. B., a. a. O., S. 436.

[10]) Vgl. dazu Hovland, C. I. et al., Communication and Persuasion, a. a. O., S. 5.

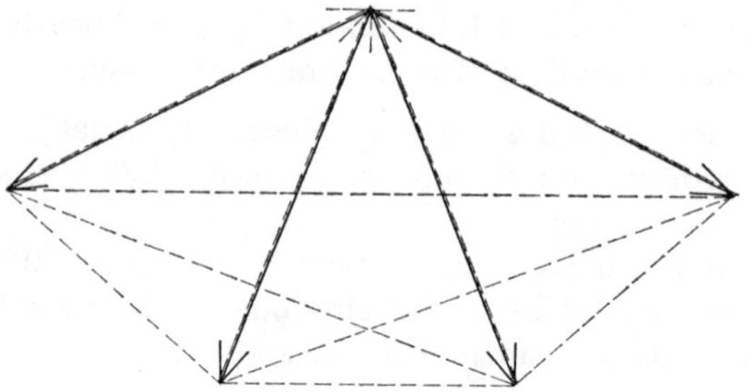

Abb. 3.2: Kommunikationsstruktur bei experimenteller Prüfung der Wirksamkeit „überzeugender" Kommunikationen

Gruppenführer entziehen. Sowohl in den Experimenten als auch in der Organisation tritt diese Art von Abhängigkeit nicht immer voll ins Bewußtsein. Die zweite Bedingung weist darauf hin, daß Bildungsstand, Intelligenz, Alter sowie sozialer und kultureller Hintergrund der Versuchspersonen jeweils in bestimmte Richtungen tendieren. Hieraus lassen sich unter Umständen gewisse Vorbehalte hinsichtlich der Allgemeingültigkeit der Ergebnisse ableiten. Ähnliches gilt bezüglich der Beschränkung der Studien auf Bewohner der USA. Anthropologische Untersuchungen zu diesem Problemkreis sind noch nicht bekannt geworden. Entsprechende Ergänzungen des Forschungsprogramms sind unerläßlich.

Die einschneidendsten Konsequenzen für die generelle Gültigkeit der Versuchsergebnisse sind von der dritten Bedingung zu erwarten. Überzeugungs- und Manipulationsversuche in Betriebswirtschaften werden sich in aller Regel in Form des zweiseitigen Gesprächs oder in Form von Diskussionen in Gruppen abspielen. Gerade zu diesem Problemkreis macht die experimentelle Kommunikationsforschung nur wenige Aussagen. Sie ist hier in besonderem Maße auf die Kleingruppenforschung angewiesen, die eine Reihe von Hypothesen, die sich auf alternative Kommunikationsnetze und die Entscheidungsfindung in Gruppen beziehen, abgeleitet und auch getestet hat[11]). Gerade von der Kleingruppenforschung hat die Kommunikationsforschung viele Aussagen übernommen und unter veränderten Bedingungen erneut in Experimenten überprüft. Auf diese Weise lassen sich in gewissem Umfang die Vorbehalte gegenüber Versuchsanordnungen entkräften, die dem Kommunikations- und Interaktionsgefüge „natürlicher" sozialer Gruppen nur in Ausnahmefällen gerecht werden[12]). Besonders experimentelle Rollenspiele lassen einen ähnlichen Effekt erwarten wie Gruppendiskussionen.

[11]) Vgl. z. B. Bavelas, A., Communication Patterns in Task-Oriented Groups, in: Group Dynamics, Hrsg. D. Cartwright und A. Zander, Evanston, Ill. 1960, S. 669 ff.; Kelley, H. H., Communication in Experimentally Created Hierarchies, in: Group Dynamics, a. a. O., S. 781 ff.; Guetzkow, H. und Simon, H. A., The Impact of Certain Communication Nets upon Organization and Performance in Task-Oriented Groups, Management Science, 1955, S. 233 ff.; Berelson, B. und Steiner, G. A., a. a. O., S. 326 ff.

[12]) Vgl. Hovland, C. I. et al., Communication and Persuasion, a. a. O., S. 5.

Die Frage nach der empirischen Relevanz bleibt auch dann noch bestehen, wenn eine Hypothese über die Wirksamkeit einer Einflußgröße in einem kontrollierten analytischen Experiment statistisch signifikant bestätigt wird. Bei einem konkreten Überzeugungs- oder Manipulationsversuch sind gleichzeitig mehrere Variablen wirksam, zwischen denen bestimmte funktionale Beziehungen bestehen. Bezüglich der angestrebten Änderung der Attitüden können die auftretenden Einflußgrößen in einem komplementären oder konkurrierenden Verhältnis stehen. Bei komplementären Beziehungen wirken die einzelnen Größen in die gleiche Richtung. Sie fördern (hemmen) die Wirksamkeit der Kommunikation. Der Versuch, den Kommunikationsempfänger zur freiwilligen Annahme einer Entscheidungsprämisse zu bewegen, wird beispielsweise erleichtert, wenn der Sender als Experte anerkannt wird und es ihm gleichzeitig gelingt, „überzeugende" Argumente vorzubringen. Konkurrierende Beziehungen zwischen einzelnen Variablen bezüglich des Ergebnisses der Beeinflussung liegen vor, wenn sich die Wirkungen der Einflußgrößen ganz oder teilweise gegenseitig aufheben. Eine Information wird beispielsweise zwar sehr „überzeugend" vorgetragen, die darin enthaltenen Schlußfolgerungen widersprechen jedoch den Zielen und Normen der Gruppe, welcher der Empfänger angehört.

Der Untersuchung der Zusammenhänge zwischen mehreren Einflußgrößen des Systems wurde bisher in der Kommunikationsforschung noch nicht genügend Beachtung geschenkt. Als statistisches Verfahren zur Überprüfung und Stützung von Zusammenhängen zwischen verschiedenen Testergebnissen bietet sich die *Regressionsanalyse* an. Ihre größte Bedeutung hat sie bei der Untersuchung der „Überzeugbarkeit" einer Person durch verschiedene Klassen von Kommunikationen (Y_A, Y_B usw.) erlangt[13]). Die Überzeugbarkeit einer Person ist von mehreren Persönlichkeitsmerkmalen (X_1, X_2 usw.) abhängig. Die zwischen den Persönlichkeitsmerkmalen bestehenden korrelativen Beziehungen werden durch multiple Regressionsgleichungen zum Ausdruck gebracht. Es ergeben sich so viele Regressionsgleichungen, wie Klassen von Kommunikationen unterschieden werden.

Ein weiteres Verfahren zur quantitativen Analyse der Zusammenhänge zwischen mehreren Variablen stellt die sogenannte *Faktorenanalyse*[14]) dar. Sie baut auf der Regressionsanalyse auf. Bei diesem Verfahren werden zunächst sämtliche Korrelationen zwischen je zwei Variablen festgestellt. Dann wird versucht, „diese Wechselbeziehungen auf die Wirksamkeit einer möglichst kleinen Zahl von Grunddimensionen (‚Faktoren') zurückzuführen, an denen die einzelnen Variablen graduell verschiedenen Anteil haben"[15]). Die

---

[13]) Zur Anwendung der Regressionsanalyse bei der quantitativen Analyse der Überzeugbarkeit einer Person vgl. Janis, I. L. und Hovland, C. I., An Overview of Persuasibility Research, a. a. O., S. 13 ff.

[14]) Zur Faktorenanalyse vgl. Cattell, R. B., Factor Analysis, New York 1952; Mittenecker, E., Die quantitative Analyse der Persönlichkeit, in: Handbuch der Psychologie, 4. Band, Hrsg. Ph. Lersch und H. Thomae, Göttingen 1960, S. 59 ff.; Überla, K., Faktorenanalyse, Berlin, Heidelberg und New York 1968.

[15]) Mittenecker, E., a. a. O., S. 70.

Faktorenanalyse wäre besonders dafür geeignet, die Vielzahl von Hypothesen und Testergebnissen über die Wirksamkeit von Kommunikationen auf eine begrenzte Zahl von unabhängigen Variablen (Faktoren) zu reduzieren. Gegenwärtig können mit dieser Methode nur lineare Beziehungen zwischen den Variablen mit additiver Wirkung der Faktoren analysiert werden. In dieser Form wird sie zum Teil bei der Auswertung der Ergebnisse von Experimenten über die Überzeugbarkeit einer Person angewandt[16]).

Der Input eines Überzeugungs- oder Manipulationsversuches besteht aus allen vom Empfänger während eines bestimmten Zeitraums wahrgenommenen Stimuli und Kommunikationen. Der Output setzt sich aus den sich daraus ergebenden Attitüdenänderungen zusammen oder allgemein: aus Änderungen der kognitiven Informationen und Prozesse (z. B. Wahrnehmung) sowie Änderungen der äußerlich beobachtbaren Reaktionen (z. B. Meinungen, Handlungen)[17]). Obwohl die Meinungsäußerung nur eine der Outputvariablen darstellt, ist sie für kommunikationstheoretische Untersuchungen von ausschlaggebender Bedeutung[18]). Hypothesen über intrapersonelle Veränderungen lassen sich experimentell nur mit Hilfe der äußerlich beobachtbaren Reaktionen des Beeinflußten verifizieren oder falsifizieren. In der Meinungsäußerung nach der „überzeugenden" Kommunikation im Verhältnis zu derjenigen davor (zweimalige Befragung) spiegeln sich Wirksamkeit und Wirkungen der Beeinflussung wider. Der Erfolg der Beeinflussung wird in der Regel als durchschnittliche Änderung der Meinungen innerhalb der Gruppe der Versuchspersonen in Richtung auf die vom Sender vertretene Auffassung gemessen[19]).

Die während des Experiments erfragten Meinungen der Versuchspersonen müssen sprachliche Wiedergaben ihrer Überzeugungen, Werte oder Attitüden sein. Dazu sind Interview- oder Befragungstechniken anzuwenden, die eine unverzerrte Meinungsäußerung gewährleisten. Die Psychoanalyse hat Verfahren entwickelt und erfolgreich angewandt, die das Individuum veranlassen sollen, intraindividuelle Assoziationen frei zu äußern. Um intraindividuelle Änderungen feststellen und auch messen zu können, muß sich das Individuum mit den zum Ausdruck gebrachten Meinungen identifizieren. Es darf nicht „vorgeschobene" Auffassungen kundtun, in denen sich die „Willfährigkeit" (compliance) des Individuums gegenüber den vermuteten Wünschen, Absichten oder Erwartungen anderer (z. B. der das Experiment leitenden Person) zeigt. Eine Internalisation der in den Meinungen enthaltenen Attitüden, Werturteile usw. ist nicht unbedingt erforderlich[20]).

---

16) Vgl. z. B. Janis, I. L. und Field, P. B., A Behavioral Assessment of Persuasibility: Consistency of Individual Differences, in: Personality and Persuasibility, a. a. O., S. 44 ff.

17) Vgl. rechte äußere Spalte von Abb. 3.1.

18) Vgl. im folgenden Hovland, C. I. et al., Communication and Persuasion, a. a. O., S. 6 ff.

19) Vgl. Hovland, C. I., Lumsdaine, A. A. und Sheffield, F. D., Experiments on Mass Communication, a. a. O., S. 284 ff.

20) Zur Unterscheidung von „identification", „internalization" und „compliance" vgl. Cartwright, D., Influence, Leadership, Control, a. a. O., S. 28.

Die folgenden Ausführungen über die Wirksamkeit von Überzeugungs- und Manipulationsversuchen sind in Analogie zu der in Abb. 3.1 vorgenommenen Systematisierung der Einflußgrößen gegliedert. Als Haupteinflußgrößen werden zunächst Inhalt, Sender, Medien und Situation (zusätzliche Umweltbedingungen) der Kommunikation unterschieden. Sie repräsentieren die vom Kommunikationsempfänger wahrnehmbaren Faktoren. Diese lassen sich ihrerseits in eine Vielzahl von Variablen unterteilen. Nur für eine begrenzte Auswahl von ihnen liegen Hypothesen und Testergebnisse vor. Schon aus diesem Grund kann die Kommunikationsforschung nicht mit einem geschlossenen theoretischen System aufwarten. Ihre Aussagen bleiben auf bestimmte Problemkreise beschränkt.

Empfänger einer Information ist eine Person oder eine Gruppe. Im Mittelpunkt der folgenden Analyse stehen das Individuum und seine Reaktionen auf Umweltstimuli. Die Unterteilung der Haupteinflußgröße Kommunikationsempfänger führt zu verschiedenen Typen von intervenierenden Variablen. Im Anschluß an die einschlägigen Ergebnisse der Kommunikationsforschung wird zunächst von den kognitiven Informationen einer Person und deren Struktur ausgegangen. Die „Überzeugbarkeit" des Kommunikationsempfängers ist in Verbindung mit dessen Persönlichkeitsmerkmalen zu sehen. Gruppenzugehörigkeit und Gruppennormen weisen auf die Einordnung des Kommunikationsempfängers in die soziale Umwelt und auf Rückwirkungen hin, die sich daraus für seine kognitive Persönlichkeit ergeben.

3.2 Der Kommunikationssender

Es ist zu vermuten, daß die Wirksamkeit einer Kommunikation in hohem Maße davon bestimmt wird, wie der Kommunikationsempfänger den Sender wahrnimmt und welche Attitüden der Empfänger gegenüber dem Sender gebildet hat. Einige grundlegende Fragen dazu wurden bereits im Zusammenhang mit dem Machtphänomen diskutiert. Die Kommunikationsforschung befaßt sich im wesentlichen mit zwei Gesichtspunkten dieses Problemkreises: der Glaubwürdigkeit und der wahrgenommenen Absicht des Kommunikationssenders. Umfaßt der Begriff der Glaubwürdigkeit eine ganze Reihe von Variablen, so handelt es sich bei der wahrgenommenen Absicht des Senders um eine relativ genau abgrenzbare Inputvariable.

3.21 Glaubwürdigkeit des Kommunikationssenders

Unter die *Glaubwürdigkeit* sind letztlich alle sekundären Informationen zu subsumieren, die der Empfänger während des Überzeugungs- oder Manipulationsversuches mit der Person oder Gruppe des Senders assoziiert und die ihr gegenüber entweder eine positive oder negative Grundhaltung konstituieren[21]). Hohe Glaubwürdigkeit kann beispielsweise darauf zurück-

[21]) Vgl. Hovland, C. I. et al., Communication and Persuasion, a. a. O., S. 254.

zuführen sein, daß sich der Sender mit dem Empfänger identifiziert, ihn für sachverständig, intelligent, vertrauenswürdig, gewissenhaft oder zuverlässig hält, beide derselben Gruppe angehören, gewisse Wertvorstellungen teilen, der Sender in der Organisation eine hohe Position einnimmt oder im Gespräch zu faszinieren versteht. Sender, die ihre eigene Glaubwürdigkeit nicht hoch einschätzen oder sie zu steigern trachten, versuchen häufig, die von ihnen ausgesandten Informationen Quellen zuzuschreiben, die in den Augen des Empfängers hohes Ansehen besitzen *(Prestigesuggestion).*

In der Betriebswirtschaft haben zumindest diejenigen Kommunikationspartner, die in regelmäßigem Kontakt zueinander stehen, wie Vorgesetzte und deren unmittelbare Untergebene sowie Mitglieder derselben formalen oder informalen Gruppe, auf vielfältigen Erfahrungen basierende und daher relativ präzise und verfestigte gegenseitige Attitüden.

Die Kommunikationsforschung trennt nicht streng zwischen verschiedenen Ursachen und Erscheinungsformen der Glaubwürdigkeit, obwohl anzunehmen ist, daß diese die Wirksamkeit von Versuchen, zu überzeugen oder zu manipulieren, unterschiedlich beeinflussen. Sie hat sich vielmehr generell mit der Bedeutung und den Wirkungen von sehr glaubwürdigen und nicht sehr glaubwürdigen Kommunikationsquellen auseinandergesetzt. Entsprechende experimentelle Studien wurden von Hovland und Weiss[22]) sowie von Kelman und Hovland[23]) durchgeführt. Aus ihnen lassen sich eine Reihe von Thesen ableiten[24]). Unterschiede in den Attitüden der Empfänger gegenüber dem Sender der Kommunikation haben Rückwirkungen auf die Wahrnehmung und Beurteilung des Kommunikationsinhalts — Logik der Argumentation, Vernünftigkeit der Schlußfolgerungen usw. — sowie der übrigen Merkmale der Kommunikationssituation.

> *Je glaubwürdiger die Quelle für den Kommunikationsempfänger ist, desto mehr neigt dieser dazu, die verschiedenen Charakteristika des Kommunikationsinhalts und die sonstigen Umweltstimuli positiv zu beurteilen.*

Die gleiche Information wird unterschiedlich aufgenommen, je nachdem, wer sie ausspricht oder wie derjenige, der sie übermittelt oder dem sie zugeschrieben wird, eingeschätzt wird.

Das primäre Interesse der zitierten Studien galt der Attitüdenänderung bzw. der Bereitschaft dazu. Befragungen unmittelbar nach dem Beeinflussungsversuch ergaben, daß eine Meinungsänderung in Richtung auf die in der Kommunikation vertretene Auffassung bei der sehr glaubwürdigen Kom-

---

22) Vgl. Hovland, C. I. und Weiss, W., The Influence of Source Credibility on Communication Effectiveness, Public Opinion Quarterly, 1951, S. 635 ff.

23) Vgl. Kelman, H. C. und Hovland, C. I., „Reinstatement" of the Communicator in Delayed Measurement of Opinion Change, Journal of Abnormal and Social Psychology, 1953, S. 327 ff.

24) Vgl. dazu und im folgenden Hovland, C. I. et al., Communication and Persuasion, a. a. O., S. 19 ff. und S. 241 ff.

munikationsquelle wesentlich häufiger als bei der weniger glaubwürdigen Quelle zu verzeichnen war.

Je glaubwürdiger die Kommunikationsquelle ist, desto größer ist die Bereitschaft des Empfängers, die in der Kommunikation enthaltenen Schlußfolgerungen zu akzeptieren, und desto häufiger übernimmt er diese tatsächlich als Entscheidungsprämissen.

Weiterhin ließ sich feststellen, daß im Zeitpunkt der Kommunikation der Einfluß des Senders im positiven wie im negativen Sinn am größten war. Er nahm jedoch im Verlaufe der folgenden Wochen rascher ab als der des Kommunikationsinhalts. Dieses Ergebnis ist bemerkenswert. Während die Wirksamkeit der von der glaubwürdigen Quelle übertragenen Information allmählich zurückging, nahm die Wirksamkeit der vom Empfänger ursprünglich als wenig glaubwürdig eingestuften Quelle zu (*„sleeper effect"*)[25]. Nach einem bestimmten Zeitraum war die Wirkung der Kommunikation dieselbe, unbeschadet der vormaligen Beurteilung des Senders durch den Empfänger.

Der Einfluß der Glaubwürdigkeit des Senders auf die Bereitschaft des Empfängers, eine Information zu akzeptieren, ist auf einen kürzeren Zeitraum begrenzt als der Einfluß des Kommunikationsinhalts.

Diese Aussagen bedürfen einer Erklärung und Überprüfung. Die Tatsache, daß gleiche Kommunikationen je nach der Glaubwürdigkeit der Quelle unterschiedlich beurteilt werden, läßt mehrere Interpretationen zu. Meist wird davon ausgegangen, daß das Individuum versucht, komplexe Situationen zu strukturieren und zu vereinfachen. Zu diesem Zweck sucht es entweder nach Gemeinsamkeiten zwischen verschiedenen Merkmalen einer Situation, oder es weitet die Vorstellungen, die es sich von einem Merkmal gebildet hat, auch auf die übrigen Merkmale aus. Dieser *„Ausstrahlungseffekt"* („halo effect")[26] bedeutet, daß der Empfänger gegenüber der erhaltenen Information dieselbe positive oder negative Einstellung einnimmt, die er der Person des Senders entgegenbringt[27]. Keine Bestätigung fand die These, daß der Empfänger aufgrund der negativen Einstellung gegenüber dem Sender dem Inhalt der Kommunikation keine Beachtung schenkt und/oder nicht versucht, diesen zu verstehen[28].

Die abnehmende Bedeutung der Attitüden gegenüber dem ursprünglichen Sender führen Hovland und Weiss darauf zurück, daß im Laufe der Zeit der Empfänger mit dem Kommunikationsinhalt die Einstellung gegenüber dem

---

25) Ein „sleeper effect" wurde bereits festgestellt von Hovland, C. I., Lumsdaine, A. A. und Sheffield, F. D., a. a. O., S. 188 f.

26) Vgl. Zalkind, S. S. und Costello, T. W., a. a. O., S. 37.

27) Vgl. Asch, S. E., The Doctrine of Suggestion, Prestige and Imitation in Social Psychology, Social Psychology Review, 1948, S. 250 ff.

28) Vgl. Hovland, C. I. et al., Communication and Persuasion, a. a. O., S. 254 ff.

Sender nicht mehr „spontan assoziiert"[29]). Es werden nicht mehr beide Tatbestände gleichzeitig hervorgerufen. Die vormalige Einschätzung der Glaubwürdigkeit des Senders braucht dabei keineswegs in Vergessenheit geraten zu sein. Tatsächlich konnte nachgewiesen werden, daß die Empfänger bei Befragungen in der Lage waren die sekundären Informationen über den Sender wieder hervorzurufen. In der Studie von Kelman und Hovland wurden deshalb den Versuchspersonen nach Ablauf einer bestimmten Zeit (3 Wochen) nochmals Informationen über die Glaubwürdigkeit der vormaligen Sender geliefert. Die Wirkung war dieselbe wie unmittelbar nach der Kommunikation. Der positive bzw. negative Prestigeeffekt wurde wieder hergestellt[30]). Die Wirksamkeit des Kommunikationsinhalts war allerdings etwas zurückgegangen, was beispielsweise mit dem Vergessen von Einzelheiten des Inhalts erklärt werden kann.

Alle der bisher gemachten Aussagen bezüglich der Wirkungen des Inhalts und der Glaubwürdigkeit des Senders unmittelbar nach der Kommunikation und nach Ablauf einer bestimmten Zeit (3 Wochen) sind in der auf Kelman und Hovland zurückgehenden Abb. 3.3 veranschaulicht[31]). Alle Werte sind relativ zu I + P (Wirksamkeit des Inhalts I plus positiver Prestigeeffekt P) angegeben. Der Wert 50 ist ein willkürlich gewählter Bezugspunkt. Die Abstände zwischen den mit einem Kreis versehenen Punkten basieren auf empirischen Daten. Andere Werte, wie die für die isoliert betrachtete Wirksamkeit des Inhalts unmittelbar nach der Kommunikation (I) bzw. 3 Wochen später (I′), sind hypothetisch. Der abermalige Hinweis auf die Glaubwürdigkeit des Senders 3 Wochen nach der „überzeugenden" Kommunikation läßt den positiven bzw. negativen Prestigeeffekt ($\pm P_{\text{Aktivierung}}$) erneut wirksam werden.

Die hier angestellten Überlegungen sind auch auf betriebswirtschaftliche Organisationen übertragbar. Besonderheiten ergeben sich nur insoweit, als die Kommunikationsbeziehungen in Organisationen nicht auf einmaligen Informationsübertragungen, sondern auf einer Vielzahl mehr oder weniger regelmäßiger Kontakte basieren. Es ist daher nicht anzunehmen, daß der Kommunikationsempfänger eine bestimmte Zeitspanne nach der Kommunikation den Sender nicht mehr mit dem Inhalt assoziiert.

> *Je enger und vielfältiger die Kontakte zwischen Organisationsmitgliedern und je feststehender die gegenseitigen Attitüden sind, desto mehr bleibt der Einfluß des Senders auch in der Zeit nach einer bestimmten Kommunikation erhalten.*

Bei den Kommunikationsbeziehungen zwischen negativ zueinander eingestellten Organisationsmitgliedern ist ein „sleeper effect" höchstens in abge-

---

[29]) Hovland, C. I. und Weiss, W., a. a. O., S. 648.

[30]) Vgl. Hovland, C. I. et al., Communication and Persuasion, a. a. O., S. 257 f.

[31]) Vgl. dazu und zur Erläuterung der Abbildung Kelman, H. C. und Hovland, C. I., a. a. O., S. 233 f.

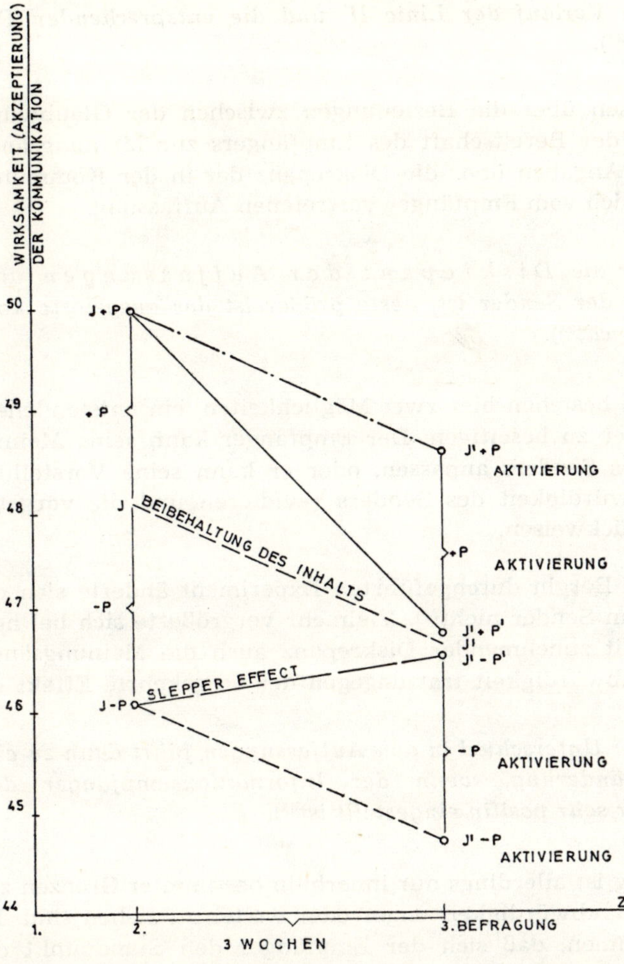

Abb. 3.3: Wirkungen des Inhalts und der Glaubwürdigkeit des Senders der Kommunikation unmittelbar nach der Kommunikation sowie drei Wochen später mit und ohne Hinweis auf die Glaubwürdigkeit des vormaligen Senders

schwächter Form zu erwarten, während der Einfluß eines hochgeschätzten, glaubwürdigen Vorgesetzten auch dann ungebrochen bleibt, wenn der Untergebene die empfangenen Informationen erst längere Zeit nach der Kommunikation in sein Modell der Entscheidungssituation aufnimmt.

Je mehr Zeit zwischen Kommunikation und der Verwertbarkeit der darin enthaltenen Schlußfolgerungen in einem Entscheidungsprozeß liegt, desto mehr läßt die Wirksamkeit des Kommunikationsinhalts nach (vgl. den Verlauf der Linie II' und die entsprechenden Parallelen in Abb. 3.3)[32]).

Die Hypothesen über die Beziehungen zwischen der Glaubwürdigkeit des Senders und der Bereitschaft des Empfängers zur Meinungsänderung enthalten keine Angaben über die Diskrepanz der in der Kommunikation und der ursprünglich vom Empfänger vertretenen Auffassung.

Je größer die Diskrepanz der Auffassungen und je glaubwürdiger der Sender ist, desto größer ist das ausgelöste kognitive Ungleichgewicht[33]).

Grundsätzlich bestehen hier zwei Möglichkeiten, ein entstandenes Ungleichgewicht wieder zu beseitigen. Der Empfänger kann seine Meinung ändern, sie an die des Senders anpassen, oder er kann seine Vorstellung von der hohen Glaubwürdigkeit des Senders revidieren und die vorgetragene Anschauung zurückweisen.

In einem von Bergin durchgeführten Experiment änderte sich die Attitüde gegenüber dem Sender nicht[34]). Vielmehr vergrößerte sich bei hoher Glaubwürdigkeit mit zunehmender Diskrepanz auch die Meinungsänderung. Bei geringer Glaubwürdigkeit trat dagegen der umgekehrte Effekt ein.

Ein großer Unterschied in den Auffassungen führt dann zu einer starken Meinungsänderung, wenn der Informationsempfänger dem Sender gegenüber sehr positiv eingestellt ist[35]).

Diese Wirkung ist allerdings nur innerhalb bestimmter Grenzen zu erwarten, die je nach Glaubwürdigkeit enger oder weiter zu ziehen sind. Es ist dabei nicht anzunehmen, daß sich der Empfänger den Standpunkt des Senders ganz zu eigen macht, er wird aber seine eigene Auffassung in wesentlichen Punkten revidieren oder ergänzen. Der Sender wiederum kann bewußt eine seine Überzeugungen und Werte überspitzt wiedergebende Meinung vertreten, um beim Empfänger ein gewisses Mindestmaß an Einstellungswandel herbeizuführen. Überschreitet er die Grenze, so besteht die Gefahr, daß die Information zurückgewiesen und der Sender fortan vom Empfänger für weniger glaubwürdig gehalten wird.

---

[32]) Zu den Bedingungen für das Behalten, Vergessen und Erinnern vgl. Hörmann, H., a. a. O., S. 225 ff.

[33]) Vgl. Heider, F., a. a. O., S. 277 f.

[34]) Vgl. Bergin, A. E., The Effect of Dissonant Persuasive Communications upon Changes in Self-Referring Attitudes, Journal of Personality, 1962, S. 423 ff. Über dieses Experiment berichten Jones, E. E. und Gerard, H. B., a. a. O., S. 439 ff.

[35]) Vgl. Berelson, B. und Steiner, G. A., a. a. O., S. 538; Hovland, C. I., Reconciling Conflicting Results Derived from Experimental and Survey Studies of Attitude Change, American Psychologist, Nr. 14, 1959, S. 12 f.

Für Betriebswirtschaften bedürfen diese Aussagen nur dann einer Ergänzung, wenn es sich um die Lösung sehr komplexer Entscheidungsprobleme handelt.

Die Bereitschaft des Individuums, von einer glaubwürdigen Quelle Informationen zu akzeptieren, steigt in dem Maße, wie das Individuum Entscheidungen zu fällen hat, denen es sich nur schwer gewachsen fühlt und für die ihm die nötigen Informationen fehlen[36]).

Damit ist in erster Linie auf die Macht des Sachverständigen verwiesen. Manchmal akzeptiert der Empfänger dessen Informationen, ohne eine mögliche Diskrepanz zu den eigenen kognitiven Informationen wahrzunehmen. Die Bereitschaft oder Fähigkeit des Empfängers, sich mit den erhaltenen Informationen kritisch auseinanderzusetzen, kann in diesem Falle nur gering sein. Es stellt sich die Frage, ob hier noch von Überzeugung gesprochen werden kann. Die Möglichkeiten des Experten, ein mit der Lösung schlecht definierter Entscheidungsprobleme befaßtes Individuum zu manipulieren, sind sehr groß.

Eingangs wurden verschiedene Merkmale angeführt, welche die Glaubwürdigkeit des Senders konstituieren. Wie jedes einzelne dieser Merkmale wirkt und wie sich der Sender jeweils verhalten soll, um erfolgreich zu überzeugen oder zu manipulieren, konnte nicht gesagt werden. Jones und Gerard unterscheiden zwischen der auf wahrgenommener Sachverständigkeit und der auf wahrgenommener Koorientierung beruhenden Glaubwürdigkeit[37]). Geht man von einem einfachen Syllogismus aus, so kann eine Attitüdenänderung durch eine Änderung entweder der Wert- oder der Überzeugungsprämisse, auf der die Attitüde aufbaut, herbeigeführt werden.

Versucht der Sender, durch „faktisches Wissen" eine Überzeugung (belief) des Empfängers zu ändern, so wird er um so erfolgreicher sein, je mehr er als Experte gilt. Die Untergrabung eines Wertes wird demjenigen erleichtert, der als Gleichgesinnter (cooriented peer) wahrgenommen wird[38]).

Diese Hypothesen hat die Kommunikationsforschung noch nicht zu testen versucht. Eine Studie von Weiss bestätigt lediglich die Wirksamkeit der Koorientierung bei Beeinflussungsversuchen[39]).

Teilen Sender und Empfänger gewisse Werte und gelingt es dem Sender, diese im Zeitpunkt der Beeinflussung beim Empfänger hervorzurufen,

---

[36]) Vgl. Hovland, C. I. et al., Communication and Persuasion, a. a. O., S. 39.

[37]) Vgl. Jones, E. E. und Gerard, H. B., a. a. O., S. 436.

[38]) Vgl. Jones, E. E. und Gerard, H. B., a. a. O., S. 442.

[39]) Vgl. Weiss, W., Opinion Congruence with a Negative Source on one Issue as a Factor Influencing Agreement on another Issue, Journal of Abnormal and Social Psychology, 1957, S. 180 ff.

so steigt dessen Bereitschaft, seine Meinung auch auf Gebieten zu ändern, die von den gemeinsamen Werten nicht berührt werden.

Von den gemeinsamen Werten, Überzeugungen oder Attitüden geht eine Ausstrahlung auch auf andere kognitive Informationen aus. Mit diesem „Ausstrahlungseffekt" läßt sich zu einem wesentlichen Teil die Homogenität der Ziele, Normen und Meinungen in Gruppen erklären. Die Stellung des Gruppenführers stützt sich unter anderem auch darauf, daß er es versteht, die Gemeinsamkeiten zwischen den Gruppenmitgliedern immer wieder hervorzuheben, um so den Zusammenhalt der Gruppe zu erhöhen oder eine Veränderung in den Zielen oder Werten der Gruppe in der von ihm bestimmten Richtung zu erreichen.

3.22 Offenkundigkeit der Absicht

Eine weitere Determinante der Wirksamkeit einer Kommunikation ist die *dem Sender vom Empfänger zugeschriebene Absicht, ihn beeinflussen zu wollen*[40]). Das Individuum reagiert vielfach sehr feinfühlig auf Versuche, es zu beeinflussen. Die aus Erfahrung resultierende Befürchtung, zu einem Verhalten veranlaßt zu werden, das einseitig die Ziele des Beeinflussenden begünstigt, steigert die kritische Einstellung des Individuums in Situationen, in denen es eine Beeinflussung erwartet. Es möchte vor allem solche Beeinflussungsversuche erkennen und sich ihnen widersetzen, die es als Manipulation erachtet[41]).

Bei Überzeugungsversuchen wird die Absicht des Senders, Einfluß auszuüben, meist sehr deutlich. Das Erkennen dieser Absicht sowie die Unklarheit über die „wirklichen" Ziele des Senders und die Konsequenzen für die eigenen Ziele lösen beim Kommunikationsempfänger vielfach Abwehrmechanismen aus. Die Bereitschaft, in der Kommunikation enthaltene Schlußfolgerungen zu akzeptieren, wird dadurch gemindert. Die Kommunikationsforschung hat dieses Phänomen untersucht und dabei folgende Hypothese verifiziert:

Eine „zufällig" aufgenommene Kommunikation ist wirksamer als eine, von welcher der Empfänger annimmt, sie sei speziell dazu bestimmt, ihn zu beeinflussen („o v e r h e a r i n g e f f e c t")[42]).

---

[40]) Vgl. im folgenden Jones, E. E. und Gerard, H. B., a. a. O., S. 444 ff.

[41]) Vgl. Gibb, J. R., Defensive Communication, in: Readings in Managerial Psychology, Hrsg. H. J. Leavitt und L. R. Pondy, Chicago, London und Toronto 1964, S. 193; Hovland, C. I. et al., Communication and Persuasion, a. a. O., S. 295.

[42]) Als Ergebnis empirischer Studien zur Wahl des Prädidenten der USA von 1940 wurde diese These von Lazarsfeld, Berelson und Gaudet aufgestellt. Vgl. Lazarsfeld, P. F., Berelson, B. und Gaudet, H., The People's Choice: How the Voter Makes up his Mind in a Presidential Compaign, New York 1948, S. 152 f. Experimentell wurde sie überprüft von Brock, T. C. und Becker, L. A., Ineffectiveness of „Overheard" Counterpropaganda, Journal of Personal and Social Psychology, 1965, S. 654 ff.; Walster, E. und Festinger, L., The Effectiveness of „Overheard" Persuasive Communications, Journal of Abnormal and Social Psychology, 1962, S. 395 ff.

Bei der „zufällig“ aufgenommenen Kommunikation vermutet bzw. assoziiert der Empfänger keine Absicht des Empfängers, ihn zu beeinflussen. Er hört beispielsweise ein Gespräch an, ohne von den Gesprächspartnern bemerkt zu werden. Besteht jedoch diese Absicht auf seiten des Senders, so liegt eine Manipulation vor. Die Erklärung für die größere Wirksamkeit einer „zufällig“ gehörten Information ist in der weitgehenden Ausschaltung geistiger Abwehrkräfte zu erblicken, da das Individuum auf die Beeinflussung nicht „eingestellt“ ist. Hier ergeben sich gewisse Analogien zur wahrgenommenen Glaubwürdigkeit der Kommunikationsquelle, besonders bezüglich der Merkmale Koorientierung und Identifikation. Bei einer sehr glaubwürdigen Kommunikationsquelle nimmt das Individuum die Situation unter Umständen ähnlich wahr wie bei „zufällig“ erhaltenen Informationen. Der innere Widerstand ist stark reduziert, und — mit Ausnahme der Beeinflussung durch den Experten — das Individuum wähnt sich in einer Situation, in der es sich eine „unabhängige“ Meinung bilden kann.

Zusätzlich erhebt sich die Frage, ob alle Arten „zufällig“ aufgenommener Informationen gleich wirksam sind. Walster und Festinger stellten in einem Experiment fest, daß Raucher durch ein „zufällig“ angehörtes Gespräch über die krebsfördernde Wirkung des Rauchens stärker beeinflußt wurden als Nichtraucher[43]).

> *Eine „zufällig“ aufgenommene Kommunikation ist um so wirksamer, je mehr der Empfänger die darin enthaltenen Schlußfolgerungen auf sich beziehen kann.*

Informationen, die das Individuum unmittelbar berühren oder für die es starkes Interesse zeigt, sind bei „zufälliger“ Wahrnehmung besonders wirkungsvoll. Sie erregen in verstärktem Maße die Aufmerksamkeit des Individuums. In diesen Problemkreis ließe sich auch die Diskrepanz zwischen der in der Kommunikation enthaltenen und der vom Empfänger vertretenen Auffassung einbeziehen. Es kann davon ausgegangen werden, daß auch bei größeren Unterschieden in den Anschauungen die Wirksamkeit einer „zufällig“ das Individuum erreichenden Information größer ist als bei der deutlich erkennbaren Absicht des Senders, den Empfänger zur Revision einer Attitüde zu bewegen. Allerdings wird das Individuum sich weniger oft „zufällig“ Kommunikationen aussetzen, die mit den eigenen Anschauungen wenig verträgliche Informationen enthalten. Das Individuum steuert in dieser Hinsicht seine Aufmerksamkeit gegenüber Umweltstimuli[44]).

Bei der Willensdurchsetzung gegenüber subordinierten Organisationsmitgliedern lassen sich zumindest näherungsweise Kommunikationssituationen herstellen, in denen das Organisationsmitglied glaubt, eine Information „zu-

---

[43]) Vgl. Walster, E. und Festinger, L., a. a. O., S. 395 ff.

[44]) Vgl. Jecker, J. D., Selective Exposure to New Information, in: Conflict, Decision, Dissonance, Hrsg. R. R. Sears, L. Festinger und D. H. Lawrence, Stanford, Cal. 1964, S. 65 ff.; Klapper, J. T., a. a. O., S. 19 ff.

fällig" zu hören. Eine solche Möglichkeit ist in der *Gruppendiskussion* zu erblicken. Hier wird der einzelne Zeuge von Gesprächen, ohne sich in jedem Fall unmittelbar angesprochen zu fühlen, beispielsweise dann, wenn sich ein Gruppenmitglied mit den Argumenten eines anderen auseinandersetzt. Eine weitere Möglichkeit sind *Ausbildungsprogramme*, in denen der Auszubildende — um seinen Erfahrungsbereich zu vergrößern — in verschiedenen Abteilungen der Betriebswirtschaft eingesetzt wird. Das Bewußtsein, nur für einen kurzen Zeitraum in eine Arbeitsgruppe integriert und mit bestimmten Tätigkeiten betraut zu sein, macht den einzelnen aufgeschlossener gegenüber den verschiedenartigen Eindrücken, die in den einzelnen Abteilungen auf ihn einströmen[45]). Er setzt sich unbefangener, „zufälliger" diesen Eindrücken aus.

Allein das Erkennen der Absicht, Einfluß ausüben zu wollen, schränkt die Wirksamkeit von Überzeugungsversuchen ein.

Je größer der innere Widerstand oder das Mißtrauen gegenüber Überzeugungsversuchen, desto mehr ist der Beeinflussende gezwungen, den zu Beeinflussenden zu manipulieren.

Der Beeinflussende muß eine Situation schaffen, in welcher der zu Beeinflussende mit der empfangenen Information nicht spontan die Beeinflussungsabsicht des Senders assoziiert.

3.3 Die Kommunikationsmedien

Der Begriff des Kommunikationsmediums wird in der Literatur nicht näher bestimmt und auch nicht einheitlich gebraucht. Vor allem fehlt es an einer Abgrenzung gegenüber dem Begriff der Kommunikationsquelle. Charakteristische Medien oder Mittel der Massenkommunikation sind Zeitungen, Zeitschriften und Bücher, Rundfunk- und Lautsprecheranlagen sowie Film und Fernsehen[46]). Katz und Lazarsfeld zählen auch Personen und ihre Gespräche dazu[47]). Sie wollen damit die Bedeutung der zwischenmenschlichen Beziehungen für die Wirksamkeit der typischen Massenmedien hervorheben.

In betriebswirtschaftlichen Organisationen werden zum Teil andere Medien benutzt als bei Massenkommunikation. Außerdem sind die Gewichte anders verteilt. Es erweist sich als vorteilhaft, zunächst zwischen verschiedenen *Kommunikationsformen* zu unterscheiden und dabei von der Dreiteilung in mündliche, schriftliche und bildliche Kommunikation auszugehen[48]). *Münd-*

---

[45]) Vgl. zu der Ausbildungsmethode des „Arbeitsplatzringtausches" (job rotation) Schönfeld, H.-M., a. a. O., S. 197 ff.

[46]) Vgl. Hovland, C. I., Effects of the Mass Media of Communication, a. a. O., S. 1063 ff.

[47]) Vgl. Katz, D. und Lazarsfeld, P. F., a. a. O., S. 17.

[48]) Vgl. Staudacher, F., Die Informationspolitik: Ein Instrument betrieblicher Personalpolitik, Diss. München 1967, S. 92; im folgenden ferner Hardwick, C. T. und Landuyt, B. F., Administrative Strategy and Decision Making, Cincinnati, Ohio 1966, S. 380 f.

liche Kommunikation vollzieht sich als direkte persönliche Begegnung der Gesprächspartner (face-to-face), allein oder in Gruppen (Konferenzen, Versammlungen). Daneben kann sie über die Medien Telefon oder Lautsprecher erfolgen. Die *schriftliche* Kommunikation umfaßt die gesamte „Papierflut"[49]) innerhalb der Organisation, bestehend aus Aktenstücken, Belegen, Dokumenten, Briefen, Memoranden, Berichten, Planungsunterlagen, Dienstvorschriften, Werkszeitschriften usw. *Bildliche* Kommunikationsformen können sowohl bei der mündlichen (Gestik, Mimik) als auch bei der schriftlichen Informationsübertragung (Illustrationen) Verwendung finden.

Es ist bemerkenswert, daß die Kommunikationsforschung (Massenkommunikation) kaum Aussagen über die isolierte Wirkung einzelner Medien auf die Attitüden und das Verhalten der Kommunikationsempfänger macht[50]). Bei den entsprechenden Studien stehen meist andere Variablen im Vordergrund, wie die Art der Aufbereitung des Kommunikationsinhalts und die Persönlichkeitsmerkmale der Empfänger (Alter, Bildung usw.). Auf diese Studien wird in dieser Arbeit gesondert eingegangen. Zuweilen werden in Verbindung mit den verschiedenen Kommunikationsmedien sehr spezielle Probleme diskutiert, die für die betriebswirtschaftliche Kommunikation nicht von unmittelbarem Interesse sind und auch zu sehr in unwägbare Details führen würden, z. B. Schriftbild, Artikel- oder Vortragslänge, Vortragstempo, Sendezeit usw.[51]).

Hinsichtlich der allgemeinen Überzeugungskraft verschiedener Typen von Kommunikationsmedien werden bereits seit den Dreißigerjahren empirische und experimentelle Studien angestellt[52]). Das Ergebnis ist einheitlich und nicht verwunderlich.

> *Die Informationsübertragung im persönlichen Gespräch ist wirksamer als diejenige über Rundfunk oder Lautsprecher, und diese wiederum ist wirksamer als die schriftliche Kommunikation. Film und Fernsehen können zwischen die ersten beiden Kategorien eingeordnet werden*[53]).

Jedes Medium weist bestimmte Merkmale auf, von denen angenommen wird, daß sie unterschiedlich stark die Aufmerksamkeit auf die Kommunikation lenken, zum Verständnis des Inhalts beitragen und die Bereitschaft zum Akzeptieren der Information beeinflussen[54]). Von keinem dieser Merkmale konnte explizit nachgewiesen werden, daß es für den Erfolg eines Überzeugungsversuchs ausschlaggebend sei[55]).

---

49) Simon, H. A., Administrative Behavior, a. a. O., S. 159.

50) Vgl. Klapper, J. T., a. a. O., S. 104; Hovland, C. I., Effects of the Mass Media of Communication, a. a. O., S. 1080.

51) Vgl. Klapper, J. T., a. a. O., S. 112.

52) Bekanntgeworden sind die Studien von Cantril, H. und Allport, G. W., The Psychology of Radio, New York 1935.

53) Vgl. Klapper, J. T., a. a. O., S. 106.

54) Vgl. Hovland, C. I., Effects of the Mass Media of Communication, a. a. O., S. 1080 ff.

55) Vgl. Klapper, J. T., a. a. O., S. 110.

Für die Willensdurchsetzung in der Betriebswirtschaft durch Überzeugung und Manipulation ist vor allem der deutliche Unterschied in der Wirksamkeit von mündlicher und schriftlicher Kommunikation von Bedeutung. Im Verhältnis zwischen unmittelbarem Vorgesetzten und Untergebenen sowie zwischen Mitgliedern derselben Gruppe dominiert ohnehin die mündliche Kommunikation im Rahmen der persönlichen Begegnung. Der Grund liegt nicht allein in ihrer größeren Überzeugungskraft, sondern auch in der größeren Einfachheit und Schnelligkeit der Informationsübertragung[56]). Bei Routineprozessen genügt vielfach eine Andeutung oder ein Wink, um die gewünschte Reaktion auszulösen. Hier kommt es nicht so sehr auf die überzeugende Wirkung der Kommunikation an.

Bei Massenkommunikation vollzieht sich die mündliche Kommunikation ohne technisches Medium gewöhnlich als Vortrag vor einem größeren Publikum. Der persönliche Kontakt bleibt gering. In Betriebswirtschaften basiert die Mehrzahl der mündlichen Kommunikationen auf wesentlich intensiveren Formen der zwischenmenschlichen Begegnung. Es ist das Gespräch von Mensch zu Mensch oder das Gruppengespräch. In beiden Fällen kann die Kommunikation entweder primär eine einseitige Informationsübertragung sein, d. h. einer der Partner hält einen Vortrag, monologisiert, instruiert oder erteilt Anweisungen, oder es findet eine zweiseitige Kommunikation (z. B. Diskussion) statt. Die Frage nach der größeren Wirksamkeit von Vortrag oder Diskussion war Gegenstand experimenteller Studien[57]).

Zur „freiwilligen" Übernahme von Entscheidungsprämissen sind Individuen leichter durch Diskussionen als durch Vorträge (Instruktionen, Anweisungen) zu bewegen. Die Überlegenheit der Diskussion zeigt sich besonders bei der

(1) Schaffung von Attitüden und bei starken Änderungen fest verankerter Attitüden,

(2) Hervorrufung von heuristischen Prinzipien oder von Lösungen für komplexe Entscheidungsprobleme,

(3) Auslösung von Problemlösungsprozessen oder von konkreten Aktionen.

Die Vorzüge der Diskussion gegenüber Formen der einseitigen Informationsübertragung sind weniger bei „kleinen" Änderungen (z. B. Verstärkung bestehender Attitüden) oder bei der Auslösung mehr oder weniger routinemäßig ablaufender Prozesse zu sehen als bei „schwerwiegenden" Attitüden- und Verhaltensänderungen. Das trifft beispielsweise für den Versuch zu, *Vorurteile* gegenüber Neuerungen abzubauen und in positive Einstellungen umzuwandeln. Von besonders großer Wirksamkeit erwiesen sich beispiels-

---

[56]) Vgl. Hardwick, C. T. und Landuyt, B. F., a. a. O., S. 381 ff.

[57]) Vgl. Berelson, B. und Steiner, G. A., a. a. O., S. 546 ff.

weise Gruppendiskussionen im Gegensatz zu Vorträgen bei den von Lewin angestellten Experimenten über die Änderung der Essensgewohnheiten während der Kriegszeit[58]).

Soweit es sich um Überzeugungs- und Manipulationsversuche im Rahmen von sehr komplexen Entscheidungsprozessen handelt, werden meist mehrere Medien kombiniert zum Einsatz gebracht. Den einzelnen Mitgliedern eines Entscheidungskollegiums werden beispielsweise in Form von Statistiken und Planvorentwürfen schriftliche Unterlagen an die Hand gegeben. Die mündliche Kommunikation in der Gruppe besteht aus Vorträgen, in denen die einzelnen Mitglieder Stellungnahmen abgeben, Rückfragen stellen und in denen die endgültige Lösung ausgehandelt wird.

> *Der parallele Einsatz m e h r e r e r M e d i e n bei einem Überzeugungs- oder Manipulationsversuch ist wirksamer als der eines einzigen Mediums*[59]).

Bei schwierigen Entscheidungsproblemen ist zum besseren Verständnis der Zusammenhänge vielfach eine schriftliche oder bildliche Kommunikation zur Ergänzung des mündlichen Informationsaustausches unentbehrlich[60]).

In der Massenkommunikation spielt die Frage des Prestiges, der Glaubwürdigkeit oder der *Autorität eines Mediums* (z. B. die New York Times) eine große Rolle[61]). In der Betriebswirtschaft sind die charakteristischen Medien der Massenkommunikation nur von untergeordneter Bedeutung. Eine Trennung zwischen Kommunikationssender, -medium und -kanal läßt sich hier nur schwer vornehmen. Es kann deshalb lediglich die sehr allgemeine Aussage gemacht werden:

> *Kommunikationssender, -medien oder -kanäle, die sich als sehr wirksam, glaubwürdig oder zuverlässig erwiesen haben, tendieren dazu, immer häufiger zum Einsatz gebracht zu werden*[62]).

Ein Sender, der um seine Glaubwürdigkeit weiß, wird versuchen, sie zur Geltung zu bringen. Umgekehrt strahlt das Prestige einer Kommunikationsquelle auch auf den Empfänger aus. Sie verleiht auch ihm Ansehen, Glaubwürdigkeit und Autorität. Das Organisationsmitglied wird deshalb die Verbindung aufrechterhalten und ausbauen wollen. Außerdem werden sich immer mehr Organisationsmitglieder an die glaubwürdigen oder wirkungsvollen Quellen wenden.

---

[58]) Vgl. Lewin, K., Studies in Group Decision, in: Group Dynamics, Hrsg. D. Cartwright und A. Zander, Evanston, Ill. 1953, S. 289.

[59]) Vgl. Klapper, J. T., a. a. O., S. 106 f.

[60]) Vgl. Berelson, B. und Steiner, G. A., a. a. O., S. 547.

[61]) Vgl. Hovland, C. I., Effects of the Mass Media of Communication, a. a. O., S. 1082 f.

[62]) Vgl. March, J. G. und Simon, H. A., a. a. O., S. 167.

3.4 Der Kommunikationsinhalt

Besonders in Veröffentlichungen und Äußerungen über Rhetorik werden eine Vielzahl von Empfehlungen abgegeben, wie der Inhalt einer Botschaft zu gestalten ist, um möglichst wirkungsvoll zu sein[63]). Die verschiedenen Empfehlungen sind zum Teil höchst widersprüchlich. Bisher konnte die Kommunikationsforschung nur wenige der Variablen und Variablenausprägungen des Inhalts der Kommunikation auf ihre Wirksamkeit bei Überzeugungs- und Manipulationsversuchen hin überprüfen. Die vorgenommenen Untersuchungen befassen sich vor allem mit den Themen: Art und Folge der Argumente, Formulierung der als Prämissen zu übernehmenden Schlußfolgerungen, Einbeziehung von Überzeugungen (beliefs) und Werten in die Kommunikation durch Bezugnahme auf Tatsachenwissen, das Wecken von Gefühlen und die Abgabe von Werturteilen.

3.41 Argumentation

Allein die Frage nach der *„besten" Argumentation* bei Überzeugungs- und Manipulationsversuchen hat von so vielen Annahmen auszugehen und bietet zu so vielen Überlegungen und Vermutungen Anlaß, daß kaum endgültige Antworten zu erwarten sind. Unter starker Vereinfachung der Problemstellung hat die Kommunikationsforschung im wesentlichen zwei Fragen untersucht[64]): Ist es für den Sprecher vorteilhafter, nur Argumente zu liefern, welche die von ihm vertretene Schlußfolgerung stützen, oder soll er auch Argumente anführen, die gegen die Schlußfolgerung sprechen, und sich mit diesen auseinandersetzen? Hat man sich für den zweiten Fall entschieden, ist es dann günstiger, zuerst den eigenen Standpunkt vorzutragen und sich anschließend mit Gegenargumenten zu befassen, oder verspricht das umgekehrte Vorgehen einen größeren Erfolg? Die zweite Frage stellt sich ebenso bei einem wie bei zwei Sprechern. Hat ein Sprecher dadurch einen Vorteil, daß er als erster seine Meinung vortragen darf, oder wäre es für ihn günstiger, an zweiter bzw. letzter Stelle zu Wort zu kommen?

Die Vermutung liegt nahe, daß beim Empfänger Zweifel an der „Richtigkeit" einer Schlußfolgerung geweckt werden, wenn der Sender auch Gegenargumente anführt und diese nicht überzeugend entkräftet. Andererseits kann dem Sender Unredlichkeit vorgeworfen werden, wenn er es versäumt, auch die negativen Konsequenzen einer Entscheidung zu diskutieren, besonders wenn diese auf der Hand liegen. Der Sender hat zu unterscheiden, in welchem Maße und wie er Gegenargumente in die Kommunikation einbaut, damit die Wirksamkeit des Überzeugungs- und Manipulationsversuches möglichst groß ist.

---

[63]) Vgl. z. B. Brembeck, W. L. und Howell, W. S., Persuasion: A Means of Social Control, Englewood Cliffs, N. J. 1952; Minnick, W. C., The Art of Persuasion, Boston 1957; Miller, C. R., The Process of Persuasion, a. a. O.

[64]) Vgl. Hovland, C. I. et al., The Order of Presentation in Persuasion, a. a. O., S. 1 ff.

In einer Studie von Hovland, Lumsdaine und Sheffield[65]) bestand die eine Kommunikation ausschließlich aus einseitig die vertretene Schlußfolgerung stützenden Argumenten *(einseitige Darstellung)*, während in die zweite Kommunikation auch solche die Schlußfolgerung kritisch beleuchtenden Argumente aufgenommen wurden *(zweiseitige Darstellung)*, wenn auch in einem wesentlich geringeren Umfang. Jede der Kommunikationen (Rundfunkübertragungen) wurde einer anderen Gruppe von Versuchspersonen zugeleitet. Die Wirksamkeit der verschiedenen Kommunikationen (Änderung der Meinungen) war für beide Gruppen nahezu gleich groß[66]). Insgesamt gesehen erwies sich keine Darstellung als erfolgreicher. Eine Differenzierung ergab sich erst, als zusätzliche Faktoren bei der Ergebnisauswertung berücksichtigt wurden. In der zitierten Studie waren es die ursprüngliche Meinung der Empfänger über die vom Sender behandelten Probleme sowie das Bildungsniveau bzw. die Intelligenz der Empfänger.

Für Personen, deren *ursprüngliche Meinung* dem in der Kommunikation vertretenen Standpunkt relativ nahe kam, war die einseitige Darstellung wesentlich wirksamer als die zweiseitige. Auf Personen, die ursprünglich eine entgegengesetzte Auffassung vertreten hatten, wirkte die zweiseitige Darstellung überzeugender[67]). Während bei der einen Gruppe die Erwähnung möglicher Gegenargumente anscheinend Zweifel wachrief, wurde bei der anderen Gruppe die einseitige Darstellung offenbar auch als einseitig empfunden, und sie stieß daher auf größeren Widerstand. Das scheint zumindest insoweit zu gelten, als die angeführten Argumente dem Empfänger bekannt waren und sich für ihn daher keine neuen positiv zu bewertenden Konsequenzen eröffneten. Aufgrund der Unterschlagung aller Argumente, welche zu dem vom Sender eingenommenen Standpunkt im Gegensatz standen, hat diese Gruppe den Sender zudem vermutlich für wenig aufrichtig und zu sehr auf den eigenen Vorteil bedacht gehalten.

Zu einem ähnlichen Ergebnis führte die Berücksichtigung des *Bildungsniveaus* der Empfänger. Der gebildetere Teil der Versuchspersonen beurteilte die Nachricht kritischer. Die zweiseitige Darstellung erwies sich deshalb bei dieser Gruppe als wirksamer. Umgekehrt verhält es sich bei den weniger gebildeten Personen. Bei ihnen führte die einseitige Darstellung zu einer stärkeren Meinungsänderung. Das Ergebnis wurde noch aufschlußreicher bei der Kombination von Bildungsniveau und ursprünglicher Meinung der Empfänger[68]). Bei den Personen mit höherem Bildungsniveau war die zweiseitige Darstellung wirksamer, ohne Rücksicht auf die vormalige Auffassung der Empfänger bezüglich des behandelten Themas. Dagegen zeigten sich die weniger gebildeten Personen mit relativ positiver Einstellung gegenüber dem in der Kommunikation vertretenen Standpunkt ungleich

---

[65]) Vgl. im folgenden Hovland, C. I., Lumsdaine, A. A. und Sheffield, F. D., a. a. O., S. 201 ff.

[66]) Vgl. Hovland, C. I., Lumsdaine, A. A. und Sheffield, F. D., a. a. O., S. 210.

[67]) Vgl. Hovland, C. I., Lumsdaine, A. A. und Sheffield, F. D., a. a. O., S. 212 f.

[68]) Vgl. Hovland, C. I., Lumsdaine, A. A. und Sheffield, F. D., a. a. O., S. 215.

mehr von der einseitigen Darstellung überzeugt. Bei ursprünglich entgegengesetzter Auffassung schien auch bei den weniger Gebildeten die zweiseitige Darstellung erfolgreicher zu sein, jedoch ergaben sich hier nur sehr geringe Unterschiede zur einseitigen Darstellung.

> *Die zweiseitige Darstellung — Berücksichtigung von Gegenargumenten — ist bei den Personen wirksamer als die einseitige, deren ursprüngliche Auffassung in starkem Gegensatz zu der in der Kommunikation vertretenen Anschauung steht, sowie bei Personen mit höherem Bildungsniveau, unbeschadet deren ursprünglicher Auffassung.*
>
> *Die einseitige Darstellung ist vor allem bei Personen mit niedrigem Bildungsniveau, deren ursprüngliche Auffassung in relativ schwachem Gegensatz zu der in der Kommunikation vertretenen Auffassung steht, wirkungsvoller als die zweiseitige Darstellung*[69]*).*

Aus diesen Aussagen lassen sich wertvolle Hinweise für die Führung subordinierter Organisationsmitglieder ableiten. So kann es bei einer bestimmten Person und einem bestimmten Entscheidungsproblem angebracht sein, einfache und klare Anweisungen zu erteilen und nur die Konsequenzen hervorzuheben, die der Untergebene im Hinblick auf seine Ziele positiv bewertet, während unter anderen Bedingungen ein sorgfältiges Abwägen des Für und Wider und ein vorsichtiges Herantasten an die vertretene Schlußfolgerung (z. B. zu wählende Alternative) vorzuziehen ist.

Es ist zu erwarten, daß sich die Argumentation auch auf die Nachhaltigkeit bzw. Dauer einer Attitüdenänderung auswirkt. Lumsdaine und Janis[70]) führten ein Experiment durch, in welchem sie die Widerstandskraft der Individuen gegen nachfolgende konkurrierende Einflüsse *(Gegenpropaganda)* prüften, wenn die Meinungsänderung entweder durch einseitiges oder durch zweiseitiges Darbieten der Argumente ausgelöst wurde.

> *Die zweiseitige Darstellung ist auf lange Sicht dann wirksamer als die einseitige, wenn das Individuum nach der Kommunikation Einflüssen ausgesetzt ist, welche der gebildeten Meinung entgegenstehen*[71]*).*

Wird das Individuum mit beiden Seiten eines Problems vertraut gemacht, so kann es nicht mehr so leicht durch Argumente überrascht werden, die wieder Zweifel an der gebildeten Meinung oder der getroffenen Entscheidung aufkommen lassen. Gegenargumente können entweder beim Individuum selbst hervorgerufen werden, oder sie können von der sozialen Umwelt (z. B. Kollegen) stammen. Fehlen konkurrierende Einflüsse oder wird der ein-

---

69) Vgl. Hovland, C. I. et al., Communication and Persuasion, a. a. O., S. 110.

70) Vgl. im folgenden Lumsdaine, A. A. und Janis, I. L., Resistance to „Counterpropaganda" Produced by One-Sided versus Two-Sided „Propaganda" Presentations, Public Opinion Quarterly, 1953, S. 311 ff.

71) Vgl. Hovland, C. I. et al., Communication and Persuasion, a. a. O., S. 110.

genommene Standpunkt durch nachträgliche Einflüsse noch verstärkt, so ist die langfristige Wirksamkeit der zweiseitigen Darstellung nicht größer als die der einseitigen[72]). Ein „Impfen" gegen konkurrierende Einflüsse durch die Anführung von Gegenargumenten ist nur dann von Bedeutung, wenn diese Argumente noch nicht bekannt waren und sie den Überzeugungs- und Manipulationsversuch dennoch nicht zum Scheitern bringen[73]). Die angeführte Hypothese hat daher nur für einen sehr beschränkten Problemkreis Gültigkeit, z. B. für die Kommunikation über Themen, die das Individuum in seiner Persönlichkeit wenig tangieren und über die es keine festverankerten Attitüden besitzt.

In beiden angeführten Studien wurde der negativen Seite (Gegenargumente, negative Konsequenzen) auch bei der zweiseitigen Darstellung wesentlich weniger Beachtung geschenkt als der positiven. Es besteht die Gefahr, daß eine stärkere Hervorhebung der negativen Seite die Wirksamkeit der Kommunikation wesentlich verringert. Dies wurde auch in einer Studie von Thistlethwaite und Kamenetzky[74]) bestätigt.

Je stärker die Bezugnahme auf die negative Seite ist und je mehr darin für den Empfänger neue Gegenargumente enthalten sind, desto geringer ist die Wirksamkeit der Kommunikation[75]).

Es besteht sogar die Möglichkeit, daß der Empfänger seine Meinung so ändert, daß die Änderung entgegengesetzt zu der vom Sender gewünschten Richtung erfolgt (*„Bumerangeffekt"*).

Über unterschiedliche Reaktionen auf vorgetragene positive und negative Argumente liegen kaum Forschungsergebnisse vor. Im Einzelfall wäre beispielsweise zu berücksichtigen, wie groß die Gesamtzahl positiver und negativer Argumente ist und wie viele davon vorgetragen werden, wie der Empfänger die Argumente gewichtet (Gewichtung der Konsequenzen), inwieweit diese persönliche Ziele des Empfängers berühren, wie der Sender die negative Seite „verpackt" und wie er sie zu entkräften versteht.

Verwendet der Sender sowohl positive als auch negative Argumente, so bleibt die Frage offen: Ist es bei Darstellung beider Seiten eines Problems wirksamer, die positiven Argumente an den Anfang zu stellen und ihnen die negativen folgen zu lassen, oder verspricht das umgekehrte Vorgehen einen

---

72) Vgl. Berelson, B. und Steiner, G. A., a. a. O., S. 553.

73) Zur „Impfung" gegen Gegenargumente vgl. Jones, E. E. und Gerard, H. B., a. a. O., S. 480 und die dort beschriebenen Studien von McGuire, J. W., The Effectiveness of Supportive and Refutational Defences in Immunizing and Restoring Beliefs against Persuasion, Sociometry, 1961, S. 184 ff.; McGuire, J. W. und Papageorgis, D., The Relative Efficacy of Various Types of Prior Belief-Defense in Producing Immunity against Persuasion, Journal of Abnormal and Social Psychology, 1961, S. 327 ff.

74) Vgl. Thistlethwaite, D. L. und Kamenetzky, J., Attitude Change Through Refutation and Elaboration of Audience Counter-Arguments, Journal of Abnormal and Social Psychology, 1955, S. 3 ff.

75) Vgl. Klapper, J. T., a. a. O., S. 114.

größeren Erfolg? Mit dieser Frage hat sich bereits Aristoteles auseinandergesetzt[76]). Er vertrat die Auffassung, daß bei einer Debatte, bei der unterschiedliche Standpunkte vorgetragen werden, der erste Sprecher einen Vorteil (Primat) besitze, den die nachfolgenden Sprecher nur unter bestimmten Bedingungen ausgleichen könnten. Diese Auffassung wurde in einer vielzitierten Studie von Lund[77]) bestätigt gefunden. Dort waren drei Gruppen von Personen einer Kommunikation über mehrere Themen ausgesetzt worden. Bei der einen Hälfte jeder Gruppe standen alle positiven Argumente am Anfang, bei der anderen Gruppe alle negativen Argumente. Das Ergebnis zeigte eine wesentlich größere Durchschlagskraft der zuerst angeführten positiven oder negativen Argumente *(„primacy effect" oder „prior-entry-effect")*. Bei dieser Studie wurden beide Seiten vom gleichen Sender beleuchtet.

Längere Zeit galt der „Primat des ersten Wortes" bzw. der „Primat des ersten Sprechers" als unumstößliches „Gesetz". Es wurde schwer erschüttert, als zunächst Cromwell[78]) eine wesentlich größere Wirksamkeit und schließlich Hovland und Mandell[79]) eine geringfügige, aber dennoch merklich größere Wirksamkeit der zuletzt vorgetragenen Argumente in den von ihnen durchgeführten Experimenten feststellten *(„recency effect")*.

> *Wenn nacheinander unterschiedliche Standpunkte zu einem Problem vorgetragen werden, so ist der zuerst angeführte Standpunkt nicht notwendigerweise von größerer Wirksamkeit als der zuletzt angeführte*[80]).

Diese generelle Hypothese soll als Ausgangspunkt zur Überprüfung verschiedener Faktoren und Bedingungen dienen, die Erklärungen für das Auftreten eines „primacy effects" oder eines „recency effects" im Einzelfall liefern.

Ein Grund für die Widersprüchlichkeit der Testergebnisse ist in den gewählten *Themen der Kommunikation* zu erblicken[81]). In den meisten Studien behandelte die Kommunikation aktuelle Themen, über welche die Individuen bereits Informationen und unter Umständen feste Meinungen besaßen (z. B. Fragen der Tagespolitik). Die im Experiment am Anfang stehenden Argumente sind deshalb innerhalb einer langen Reihe von Kommunikationen zu demselben Thema zu sehen. Ähnlich verhält es sich bei Beeinflussungs-

---

[76]) Vgl. dazu Jones, E. E. und Gerard, H. B., a. a. O., S. 451 f.

[77]) Vgl. Lund, F. H., The Psychology of Belief: The Law of Primacy in Persuasion, Journal of Abnormal and Social Psychology, 1925, S. 183 ff.

[78]) Vgl. Cromwell, H., The Relative Effect on Audience Attitude of the First versus the Second Argumentative Speech of a Series, Speech Monographs, 1950, S. 105 ff.

[79]) Vgl. Hovland, C. I. und Mandell, W., Is There a „Law of Primacy in Persuasion"?, in: The Order of Presentation in Persuasion, Hrsg. C. I. Hovland et al., New Haven und London 1957, S. 13 ff.

[80]) Vgl. Hovland, C. I. et al., The Order of Presentation in Persuasion, New Haven und London 1957, S. 130.

[81]) Vgl. Jones, E. E. und Gerard, H. B., a. a. O., S. 453.

prozessen in der Betriebswirtschaft. Die in Anweisungen, Instruktionen oder bei Diskussionen vorgebrachten Argumente sind dem Organisationsmitglied meist nicht neu. Sie waren bereits Gegenstand vorausgehender formaler und informaler Kommunikation[82]). Ob für den Empfänger bei einem isoliert betrachteten Beeinflussungsversuch die zuerst oder die zuletzt vorgetragenen Argumente von größerer Überzeugungskraft sind, muß daher vollkommen vom Zufall bzw. anderen Einflußgrößen abhängig sein.

> *Ohne Kontrolle über vorausgehende Kommunikationen und hervorrufbare kognitive Informationen kann ebenso der zuerst wie der zuletzt vertretene Standpunkt von größerer Wirksamkeit sein*[83]*).*

Demgegenüber ergab sich bei Studien, die sich mit ungewöhnlichen Themen befaßten, eine größere Durchschlagskraft der zuerst angeführten Argumente. Bei Asch[84]) und bei Luchin[85]) sollten die Versuchspersonen auf bestimmte Weise eine ihnen unbekannte Person charakterisieren, über deren Eigenschaften sie in einer vorausgehenden Kommunikation unterrichtet worden waren. Das Besondere an der Kommunikation war, daß sie die Person anhand sich widersprechender Merkmale (z. B. extrovertiert und introvertiert) beschrieb. Die Mehrzahl der Individuen erkannte diesen Widerspruch nicht. Sie wurde vielmehr von der in der ersten Hälfte der Kommunikation gelieferten Beschreibung der Person auf der Grundlage jeweils einer Merkmalsausprägung (z. B. extrovertiert) am meisten beeinflußt. Dieser Effekt kann bei allen widersprüchlichen Kommunikationsinhalten vermutet werden, deren Interpretation zumindest momentan beim Empfänger auf Schwierigkeiten stößt. Der Empfänger wird versuchen, zunächst den Anfang der Kommunikation zu verstehen und in sein Modell der Entscheidungssituation einzuordnen. Für nachfolgende Informationen, die zu den zuerst vorgetragenen in Widerspruch stehen, ist aufgrund der starken Beanspruchung durch die zuerst angeführten Argumente seine Aufnahmefähigkeit und Aufnahmebereitschaft bereits stark herabgesetzt. Die Gegensätze werden entweder nicht wahrgenommen oder zugunsten der zuerst empfangenen Informationen überspielt.

> *Werden von einem Sender in einer Kommunikation widersprüchliche Informationen zu sehr ungewöhnlichen Themen (Entscheidungsproblemen) geliefert, so sind die zuerst angeführten Argumente von größerer Wirksamkeit als die dazu in Gegensatz stehenden nachfolgenden Argumente*[86]).

---

[82]) Vgl. Hovland, C. I. et al., Communication and Persuasion, a. a. O., S. 128.

[83]) Vgl. Jones, E. E. und Gerard, H. B., a. a. O., S. 453.

[84]) Vgl. Asch, S. E., Forming Impressions of Personality, Journal of Abnormal and Social Psychology, 1946, S. 258 ff.

[85]) Vgl. im folgenden Luchins, A. S., Primacy-Recency in Impression Formation, in: The Order of Presentation in Persuasion, a. a. O., S. 33 ff.

[86]) Vgl. Hovland, C. I. et al., The Order of Presentation in Persuasion, a. a. O., S. 133.

Ein „primacy effect" kann auch dadurch erzielt werden, daß das Individuum nach Anhören der einen Seite eines Problems veranlaßt wird, sich *öffentlich* darüber zu *äußern*, bevor es die Gegenseite gehört hat. Die Wirksamkeit der anschließend dargebotenen gegenteiligen Meinung wird dadurch erheblich vermindert[87]). Das Individuum fühlt sich an die getroffene Aussage mehr oder weniger stark gebunden. Hovland, Campbell und Brock[88]) konnten nachweisen, daß dieser Effekt nicht bzw. in wesentlich schwächerer Form eintrat, wenn das Individuum die Äußerung anonym machte, z. B. in einem Fragebogen ohne Namensangabe. Eine *Selbstverpflichtung* kann von jeder vor anderen vorgenommenen Handlung oder geäußerten Meinung ausgehen. Eine beliebte Manipulationstaktik in Kollegien besteht in Probeabstimmungen, bevor opponierende Redner zu Wort gekommen sind.

> *Der zuerst vorgetragene Standpunkt ist wirksamer als der danach angeführte Standpunkt, wenn der Empfänger nach Anhören der ersten Seite seine Meinung darüber öffentlich anzeigt*[89]).

Eine Reihe von Studien befaßte sich speziell mit den Bedingungen, die zum Eintritt eines „recency effect" beitragen. Hierbei fand vor allem der Faktor *Zeit* Beachtung. Der zuletzt vorgetragene Standpunkt erwies sich immer dann als wesentlich durchschlagskräftiger, wenn zwischen dem Vortrag der positiven und negativen Seite eines Problems durch denselben Sender ein größerer Zeitraum lag, die Messung der Meinungsänderung aber unmittelbar nach Übermittlung des zweiten Standpunkts erfolgte[90]). Wurden die Versuchspersonen zwischen den beiden Teilen der Kommunikation außerdem zu Handlungen veranlaßt oder mit Problemen beschäftigt, die mit dem Beeinflussungsprozeß nichts zu tun hatten, so ließ sich ebenfalls eine nachhaltige Wirkung zugunsten der zuletzt angegebenen Argumente feststellen[91]).

> *Die Wirksamkeit des zuletzt vorgetragenen Standpunkts ist größer als die des zuerst angeführten, wenn zwischen dem Vortrag der beiden Standpunkte ein größerer Zeitraum liegt und/oder das Individuum dabei mit anderen Tätigkeiten beschäftigt ist.*

Die angeführte Hypothese läßt sich mit dem Verlauf von *Vergessenskurven* sowie mit der Bedeutung von *Ablenkungen* für das Vergessen begründen.

---

[87]) Vgl. Brehm, J. B. und Cohen, A. R., Explorations in Cognitive Dissonance, New York, London und Sydney 1962, S. 246 f.

[88]) Vgl. Hovland, C. I., Campbell, E. H. und Brock, T., The Effects of „Commitment" on Opinion Change Following Communication, in: The Order of Presentation in Persuasion, a. a. O., S. 23 ff.

[89]) Vgl. Hovland, C. I. et al., The Order of Presentation in Persuasion, a. a. O., S. 131.

[90]) Vgl. dazu die Studie von Miller, N. und Campbell, D. T., Recency and Primacy in Persuasion as a Function of the Timing of Speeches and Measurements, Journal of Abnormal and Social Psychology, 1959, S. 1 ff. Über sie wird berichtet in Jones, E. E. und Gerard, H. B., a. a. O., S. 453 ff.

[91]) Vgl. Luchins, A. S., Experimental Attempts to Minimize the Impact of First Impressions, in: The Order of Presentation in Persuasion, a. a. O., S. 62 ff.

Sie gilt nur dann, wenn das Individuum beide Teilkommunikationen gleich gut versteht und es noch keine Attitüden unmittelbar zu dem behandelten Problem besitzt[92]).

Die Wirksamkeit der Argumentation sowie der Rednerfolge bei Überzeugungs- und Manipulationsversuchen konnte nur an einigen relativ speziellen Beispielen aufgezeigt werden.

Auch hier spielt die Glaubwürdigkeit bzw. Autorität des Senders eine zentrale Rolle. Es kann beispielsweise vermutet werden, daß es für einen glaubwürdigen Sender vorteilhafter ist, seine *schlagkräftigsten Argumente an den Anfang* seiner Rede zu stellen und weniger fundierte Argumente weiter an den Schluß zu rücken[93]). Außerdem wird ein sehr glaubwürdiger Sender den möglichen Vorteil des ersten Sprechers kraft seiner Persönlichkeit ausgleichen können. Schließlich wird der Erfolg des nachfolgenden Sprechers in einer Debatte nicht zuletzt davon abhängen, wie überzeugend er die Argumente der Vorredner entkräften kann und wie gut er es versteht, die Aufmerksamkeit erneut auf sich zu lenken.

3.42 Schlußfolgerungen

Der Sender kann die Schlußfolgerungen in der Kommunikation explizit als Ergebnis der von ihm angeführten Werte und Überzeugungen bzw. Argumente zum Ausdruck bringen, oder er kann die einzelnen Argumente für sich sprechen lassen und es dem Empfänger überlassen, daraus entsprechende Schlußfolgerungen zu ziehen. Fände bei einem Beeinflussungsversuch nur ein einziger Syllogismus Verwendung, so würde der Sender bei *expliziter Formulierung der Schlußfolgerung* eine Wertprämisse und eine Überzeugungsprämisse anführen und daraus selbst die Attitüde als Schlußfolgerung ableiten. Bei *impliziter Formulierung der Schlußfolgerung* würde der Sender lediglich die Wert- und die Überzeugungsprämisse angeben, nicht jedoch die Attitüde. Zum Beispiel:

Sender (implizit)	Ein Jahresumsatz unter 3 Mill. ist schlecht.	(Wertprämisse, Ziel oder Anspruchsniveau)
Sender (explizit)	Vorjähriger Umsatz: 2,5 Mill.	(Überzeugungsprämisse)
Empfänger	Daraus folgt: Der vorjährige Umsatz war schlecht.	(Attitüde)

Die zu übernehmenden Attitüden sind entweder „abgeleitete Werte" oder „abgeleitete Überzeugungen". In der Sprache der Entscheidungstheorie

[92]) Vgl. Jones, E. E. und Gerard, H. B., a. a. O., S. 453.

[93]) Vgl. dazu eine Studie von Janis, I. L. und Feierabend, R. L., Effects of Alternative Ways of Ordering Pro und Con Arguments in Persuasive Communications, in: The Order of Presentation in Persuasion, a. a. O., S. 115.

wäre von Zielen, Daten, Alternativen oder Konsequenzen von Alternativen zu sprechen, die in das Modell der Entscheidungssituation einzufügen sind.

Es stellt sich die Frage, ob sich die Wirksamkeit von Überzeugungs- und Manipulationsversuchen ändert, wenn die Schlußfolgerungen vom Sender entweder implizit oder explizit formuliert werden[94]). Die explizite Formulierung kann in der Aufforderung zur „freiwilligen" Übernahme der Schlußfolgerungen gipfeln (imperativische Aussage). An früherer Stelle wurde festgestellt, daß eine „zufällig" aufgenommene Information wirksamer sei als eine, aus der die Absicht des Senders hervorgeht, Einfluß auszuüben. Dasselbe könnte für Kommunikationsinhalte vermutet werden, in denen die zu akzeptierenden Schlußfolgerungen nur in versteckter Form zum Vorschein kommen. So wird vielfach angenommen, explizit vorgebrachte Schlußfolgerungen würden beim Empfänger Mißtrauen erwecken, belehrend oder „manipulativ" wirken und deshalb auf Ablehnung stoßen. Umgekehrt würde es dem Empfänger Freude bereiten, selbst die Argumente des Senders weiterzuentwickeln und sich eine „eigene" Meinung zu bilden bzw. das vom Sender angestrebte Ergebnis zu antizipieren.

Solche Vermutungen setzen ein relativ hohes Maß an Initiative, Engagement, Interesse und Intelligenz auf seiten des Empfängers voraus. Sie abstrahieren außerdem von der Komplexität des Kommunikationsinhalts sowie von den Attitüden, Zielen oder Werten, die beim Empfänger durch das aufgeworfene Problem berührt werden. So ist es nicht verwunderlich, daß eine Studie von Hovland und Mandell[95]) nicht zu dem erwarteten Ergebnis führte. Allerdings beschäftigte sich dieses Experiment mit sehr komplexen Situationen. Die Versuchspersonen (Studenten) sollten davon überzeugt werden, daß eine Abwertung des amerikanischen Dollars wünschenswert sei. Dazu mußten sie mit einigen wirtschaftlichen Gesetzmäßigkeiten vertraut gemacht werden. Wie sich zeigte, war die Wirksamkeit der Kommunikation wesentlich größer, wenn die Schlußfolgerung (. . ., daher ist eine Abwertung des Dollars angebracht) in der Kommunikation explizit gezogen wurde.

> *Bei sehr komplexen Informationen ist das explizite Formulieren der Schlußfolgerungen durch den Sender wirksamer als die „Überweisung" dieser Aufgabe an den Empfänger*[96]).

Bei sehr komplexen Informationen besteht vor allem die Gefahr, daß der Empfänger — wenn er selbst die Schlußfolgerungen ziehen soll — nicht

[94]) Vgl. dazu und im folgenden Hovland, C. I. et al., Communication and Persuasion, a. a. O., S. 100 ff.

[95]) Vgl. Hovland, C. I. und Mandell, W., An Experimental Comparison of Conclusion-Drawing by the Communicator and by the Audience, Journal of Abnormal and Social Psychology, 1952, S. 581 ff.

[96]) Vgl. Hovland, C. I. et al., Communication and Persuasion, a. a. O., S. 105.

zu dem für den Beeinflussenden gewünschten Ergebnis kommt. Ein größerer Erfolg der Beeinflussung bei impliziter Schlußfolgerung ließ sich in der zitierten Studie auch nicht für die intelligentere Gruppe der Versuchspersonen nachweisen. Dieses Ergebnis steht allerdings in Widerspruch zu einer anderen Untersuchung[97]). Ein Film, durch den Vorurteile abgebaut werden sollten, erwies sich für den intelligenteren Teil des Publikums dann als wirksamer, wenn keine Schlußfolgerungen gezogen wurden[98]). Der Unterschied läßt sich anhand der in beiden Studien verwendeten Themen und Inhalte der Kommunikation erklären. Im ersten Fall war die Kommunikation für die Empfänger schwer verständlich, und sie tangierte außerdem deren persönliche Werte oder Ziele nicht unmittelbar; im zweiten Fall bereitete die Interpretation der Information keine Schwierigkeiten, und sie stand zudem in Widerspruch zu tief verwurzelten Attitüden (Vorurteilen) der Empfänger.

Handelt es sich nicht um die Umkehrung (conversion) bestehender Werte oder Attitüden, sondern um deren Hervorrufung, Verstärkung und evtl. um deren Schaffung, so ist von explizit formulierten Schlußfolgerungen ein größerer Erfolg zu erwarten[99]). Diese Annahme stützt sich vor allem auf Erfahrungen aus der Werbung[100]). Der Überzeugungs- oder Manipulationsversuch wird hier häufig in zwei Schritten gesehen. Es gilt, zunächst bereits bestehende Werte, Ziele oder Attitüden aus dem Langgedächtnis hervorzurufen oder sie zu „kreieren" und in das Arbeitsgedächtnis bzw. das Modell der Entscheidungssituation einzuführen. Sodann sind dem Individuum Informationen zu liefern, die ihm aufzeigen, wie er diese persönlichen Ziele erreichen kann[101]).

> *Je deutlicher der Weg zur Erreichung persönlicher Ziele vorgezeichnet ist, mit desto größerer Wahrscheinlichkeit wird ihm gefolgt[102]). Nachdem es dem Überzeuger oder Manipulator gelungen ist, beim Beeinflußten bestimmte Werte, Ziele oder Attitüden zu etablieren, sind explizit formulierte Schlußfolgerungen (Empfehlungen) wirksamer als „verschlüsselte", indirekte Empfehlungen.*

Die bisher gemachten Aussagen tendieren dazu, der expliziten Formulierung der Schlußfolgerungen durch den jeweiligen Sender den Vorzug vor implizit

---

[97]) Vgl. Cooper, E. und Dinerman, H., Analysis of the Film „Don't Be A Sucker": A Study in Communication, Public Opinion Quarterly, 1951, S. 243 ff.

[98]) Vgl. Cooper, E. und Dinerman, H., a. a. O., S. 263.

[99]) Vgl. Klapper, J. T., a. a. O., S. 117.

[100]) Vgl. dazu Tillmann, R. und Kirkpatrick, C. A., Promotion: Persuasive Communication in Marketing, Homewood, Ill. 1968, S. 114 ff.

[101]) Über die Wirksamkeit von Überzeugungsversuchen, bei denen zunächst Werte hervorgerufen bzw. Bedürfnisse geweckt werden und anschließend aufgezeigt wird, wie sie sich befriedigen lassen, vgl. die Studie von Cohen, A. R., Need for Cognition and Order of Communication as Determinants of Opinion Change, in: The Order of Presentation in Persuasion, a. a. O., S. 79 ff.

[102]) Vgl. Cartwright, D., Creating Cognitive Structure, a. a. O., S. 454.

ausgedrückten Schlußfolgerungen einzuräumen. Hinzu kommt, daß es der einzelne vielfach sehr bequem findet, sich auf die Meinung eines anderen, z. B. des Vorgesetzten, zu stützen. In manchen Dingen läßt sich das Individuum gern überzeugen. „It would be hypothezised that on certain issues it is more convenient to ‚borrow' the opinions of others. This type of borrowing is likely to occur not only when the individual himself is less informed on the topic than the communicator but also when he has little involvement in the issue"[103]).

Für Überzeugungs- und Manipulationsversuche jedoch, die eine Änderung (Umkehrung) von Werten oder Attitüden zum Ziel haben, scheint es angebracht zu sein, den Empfänger selbst die Argumente abwägen und die notwendigen Schlußfolgerungen ziehen zu lassen. Die vom Sender vertretenen Werte, Ziele oder Attitüden weichen in diesem Fall von denen des Empfängers ab. Es besteht ein interindividueller Konflikt. Der Überzeuger oder Manipulator versucht, den offenen Ausbruch des Konflikts zu vermeiden bzw. den Konflikt zu lösen, indem er eine Änderung der kognitiven Informationen des Beeinflußten zu erreichen trachtet[104]). Hierbei wird ein indirektes Vorgehen, das beispielsweise darauf abzielt, den Beeinflußten vorsichtig auf Inkonsistenzen in seinem Wertsystem hinzuweisen oder ihn auf gemeinsame Werte aufmerksam zu machen, erfolgversprechender sein als eine Argumentation, auf die klare Schlußfolgerungen und Empfehlungen folgen.

Überzeugungs- und Manipulationsversuche, die starke Änderungen in den persönlichen Zielen, Werten oder Attitüden der Organisationsteilnehmer herbeiführen sollen, sind dann wirksamer, wenn es den Beeinflußten überlassen bleibt, selbst Schlußfolgerungen aus den empfangenen Informationen zu ziehen.

Welche Bedeutung die Intelligenz und Ausbildung der Beeinflußten für diese und die vorausgehenden Aussagen hat, kann nicht allgemeingültig angegeben werden[105]). Festzustellen ist, daß es sich bei der Willensdurchsetzung in der Betriebswirtschaft durch Überzeugung und Manipulation nur in bestimmten Fällen — z. B. bei Beziehungen zwischen Abteilungsleitern mit konkurrierenden Zielen — als wirksamer erweisen wird, Schlußfolgerungen in der Kommunikation nicht explizit zum Ausdruck zu bringen. Besonders bei gutem „Klima" zwischen den Kommunikationspartnern spricht

---

[103]) Hovland, C. I. et al., Communication and Persuasion, a. a. O., S. 104.

[104]) Zu den verschiedenen Möglichkeiten der Lösung interindividueller Konflikte vgl. Bidlingmaier, J., Zielkonflikte und Zielkompromisse im unternehmerischen Entscheidungsprozeß, Wiesbaden 1968, S. 123 ff.; Blake, R. R., Shephard, H. A. und Mouton, J. S., Managing Intergroup Conflict in Industry, Houston, Texas 1964; March, J. G. und Simon, H. A., a. a. O., S. 129 ff.; Thiele, L.-D., Konflikte im Entscheidungsprozeß der Unternehmungsorganisation, Diss. München 1968, S. 117 ff.; Sherif, M., Intergroup Conflict and Cooperation, Oklahoma 1961; Lewin, K., Die Lösung sozialer Konflikte, Bad Nauheim 1953; Schelling, Th. C., The Strategy of Conflict, Cambridge, Mass. 1960.

[105]) Vgl. Jones, E. E. und Gerard, H. B., a. a. O., S. 457.

vieles für die größere Wirksamkeit vom Sender klar formulierter Schlußfolgerungen[106]).

3.43 Überzeugungen und Werte

Einem Organisationsmitglied, das zur Übernahme einer Entscheidungsprämisse veranlaßt werden soll, sind Informationen zu liefern, die diesen Schritt gerechtfertigt erscheinen lassen. Bei den Informationen handelt es sich entweder um „Tatsachenwissen", das der Empfänger als Überzeugungen (beliefs) speichert, oder um Werte bzw. Ziele, die der Empfänger zu erlangen oder zu vermeiden trachtet. Der Sender muß innerhalb und zwischen den einzelnen Komponenten Beziehungen herstellen, welche die von ihm vertretene Schlußfolgerung stützen und beim Empfänger zu der gewünschten Einstellungs- bzw. Attitüdenänderung führen. Das Organisationsmitglied akzeptiert beispielsweise die ihm vorgegebenen Ziele, es hält bestimmte Anweisungen für „vernünftig", es ist von der „Richtigkeit" der Geschäftspolitik überzeugt usw.

Es sind nur sehr wenige Studien bekannt, in denen versucht wird, die zu einer bestimmten Schlußfolgerung führenden Überzeugungen und Werte sowie die Beziehungen zwischen ihnen systematisch zu variieren. Vor allem fehlt es an Versuchen, die Aufschluß darüber verschaffen, welche der einer Attitüde zugrundeliegenden Werte und Überzeugungen in der Kommunikation angeführt, welche tunlichst unerwähnt und welche angegriffen werden sollen[107]).

Eine Möglichkeit der Attitüdenänderung besteht darin, *übergeordnete Werte oder Ziele* des zu beeinflussenden Organisationsmitglieds *mit neuem faktischem Wissen in Verbindung zu bringen.* Eine Wertvorstellung der Organisationsmitglieder heißt beispielsweise: „Hohes Einkommen ist gut." Gibt die Unternehmensleitung als Gründe dafür, daß eine Einkommenserhöhung zum gegenwärtigen Zeitpunkt nicht möglich ist, etwa Umsatz-, Auftragseingangs-, Produktions- und Kostenzahlen an, so versucht sie durch faktisches Wissen zu überzeugen. Bei Erfolg des Überzeugungsversuchs sind die Organisationsmitglieder (z. B. Arbeitnehmer, Aktionäre) zum „freiwilligen" Verzicht auf zusätzliche materielle Anreize bereit, solange die angegebenen Bedingungen (beliefs) unerschüttert bleiben.

Es konnte vielfach nachgewiesen werden, daß sich eine Attitüdenänderung allein durch Variierung entsprechender Überzeugungen bewerkstelligen

---

[106]) Klapper schreibt: „Several studies of the relative effectiveness of explicit vs. implizit treatment in regard to non-affective material seem, on the whole, to give the palm to expliciteness." Klapper, J. T., a. a. O., S. 88.

[107]) Vgl. Rosenberg, M. J. und Hovland, C. I., Cognitive, Affective, and Behavioral Components of Attitudes, in: Attitude Organization and Change, Hrsg. C. I. Hovland und M. J. Rosenberg, New Haven und London 1960, S. 8.

läßt[108]). Ähnlich wie bei einem Konditionierungsversuch kann der Prozeß, der zu einer Attitüdenänderung führt, von relativ langer Dauer sein. Es werden in gleicher oder veränderter Form immer wieder „Fakten" angegeben und mit Attributen versehen, die schließlich zu dem gewünschten Attitüdenwandel führen.

Eine Attitüdenänderung durch Übertragung von „faktischem Wissen" bzw. Überzeugungen ist vor allem dann möglich, wenn es sich bei den zu ändernden Attitüden nicht um Vorurteile handelt.

Für eine Änderung von fest verankerten Attitüden im allgemeinen sowie von *Vorurteilen*[109]) im besonderen reicht die Übersendung von „faktischem Wissen" allein meist nicht aus. Hier muß beispielsweise zusätzlich versucht werden, das Individuum auf Inkonsistenzen in seinem Wertsystem aufmerksam zu machen sowie ihm die negativen Konsequenzen aufzuzeigen, die aus einer Ablehnung der vertretenen Schlußfolgerung resultieren. Überzeugungs- und Manipulationsversuche dieser Art nehmen unter Umständen viel Zeit in Anspruch, woraus sich für die Lösung und Realisierung wichtiger Entscheidungsprobleme in der Betriebswirtschaft unerwünschte Verzögerungen ergeben können, beispielsweise wenn von wenig risikofreudigen Aktionären oder Mitgliedern der Geschäftsleitung die Zustimmung zu Plänen über tiefgreifende Änderungen in der Betriebswirtschaft erlangt werden muß oder wenn bei der Belegschaft Vorurteile gegen technische, soziale oder organisatorische Neuerungen abzubauen sind.

Eine bei Überzeugungs- und Manipulationsversuchen beliebte Taktik besteht in der Hervorrufung und Intensivierung von bereits vorhandenen Werten oder Zielen, aus denen sich Argumente zugunsten einer Attitüdenänderung ableiten lassen. Der Beeinflusser malt vor allem die positiven Konsequenzen bei Annahme sowie die negativen Konsequenzen im Falle der Zurückweisung der in der Kommunikation vertretenen Schlußfolgerungen für die Erreichung der aktivierten Ziele bzw. Werte aus. Voraussetzung ist natürlich, daß es dem Beeinflusser gelingt, beim Beeinflußten tatsächlich diese Ziele oder Werte hervorzurufen oder zu etablieren.

Der Beeinflußte wird in eine Entscheidungssituation versetzt, in der er über Annahme oder Ablehnung der Schlußfolgerungen zu entscheiden hat[110]).

---

[108]) Vgl. z. B. die Studien von Staats, A. W. und Staats, C. K., Attitudes Established by Classical Conditioning, Journal of Abnormal and Social Psychology, 1958, S. 37 ff.; Carlson, R., Attitude Change through Modification of Attitude Structure, Journal of Abnormal and Social Psychology, 1956, S. 256 ff.; DiVesta, F. J. und Merwin, J. C., The Effects of Need-Oriented Communications on Attitude Change, Journal of Abnormal and Social Psychology, 1960, S. 80 ff., über die Jones, E. E. und Gerard, H. B., a. a. O., S. 458 ff., berichten.

[109]) Der Begriff des Vorurteils bleibt häufig auf die negativen Attitüden gegenüber bestimmten Gruppen oder einzelnen Gruppenmitgliedern beschränkt. Vgl. Jahoda, M., Prejudice, in: A Dictionary of Social Sciences, Hrsg. J. Gould und W. L. Kolb, New York 1964, S. 527 f. Hier ist dieser Begriff auf alle Objekte auszuweiten, denen gegenüber Individuen stereotype, negative Attitüden besitzen.

[110]) Vgl. Luchins, A. S., Mechanization in Problem Solving: The Effect of Einstellung, Psychological Monographs, 1942, S. 1 ff.

Zwischen der Entscheidungssituation des durch Massenkommunikation sowie des von einem Vorgesetzten beeinflußten Organisationsmitglieds bestehen jedoch erhebliche Unterschiede. In der Betriebswirtschaft kann die Annahme einer Prämisse innerhalb der „Unterwerfungszone“[111]) notfalls erzwungen werden. Erzwingen lassen sich allerdings nur die äußerlich beobachtbaren Verhaltensweisen, nicht jedoch die internen Reaktionen (readiness to act). Die „Ergebniskontrolle“, die eine Person oder Gruppe über eine andere ausübt, ist in der Betriebswirtschaft wesentlich stärker ausgeprägt als bei Massenkommunikation, es sei denn, diese steht im Dienste eines totalitären Staates. Sie ist in der Betriebswirtschaft weniger an Überzeugungs- und Manipulationsversuche als an andere Beeinflussungsarten gebunden.

Von den kommunikationstheoretischen Experimenten, die auf die einer Attitüde zugrundeliegenden Werte Bezug nehmen, ist besonders das Experiment von Janis und Feshbach[112]) erwähnenswert. Die Versuchspersonen sollten zu einer Änderung ihrer Zahnpflegegewohnheiten veranlaßt werden. Ausgegangen wurde von der Wertprämisse: „Gesunde Zähne sind gut.“ In der Kommunikation wurde zunächst versucht, diesen Wert bei den Kommunikationsempfängern zu verstärken, z. B. durch den Hinweis auf die Konsequenzen von gesunden Zähnen für den allgemeinen Gesundheitszustand, für die äußere Erscheinung usw. Weiterhin enthielt jede Kommunikation einige grundlegende Angaben über die Ursachen des Zahnverfalls sowie eine Reihe von Empfehlungen, wie Zähne am besten zu pflegen sind. Die Kommunikationsinhalte unterschieden sich lediglich in Art und Ausmaß der Beschreibung der negativen Konsequenzen, die eine nicht sachgemäße Zahnpflege mit sich bringt. Es wurden drei Varianten ausgearbeitet. In der ersten wurden in düstersten Farben die Krankheiten und andere Gefahren geschildert, die durch Zahnverfall ausgelöst werden können. Die zweite Variante war wesentlich gemäßigter, sowohl was die aufgezählten Gefahren als auch die verwendeten sprachlichen Mittel betrifft. Die dritte Variante schließlich versuchte am wenigsten, Angst zu erregen. Sie war in einem sehr sachlichen Ton gehalten und zeigte nur sehr allgemein einzelne Konsequenzen des Zahnverfalls auf.

Durch die drei Kommunikationen wurden die Gefühle und Ängste der Individuen unterschiedlich stark erregt. Ziel der Studie war es, festzustellen, wie sich dadurch die Attitüden der Versuchspersonen gegenüber der Zahnpflege sowie die tatsächlichen Zahnpflegegewohnheiten ändern würden. Während sich hinsichtlich der Attitüdenänderung keine nennenswerten Unterschiede zwischen den drei Gruppen ergaben, veränderten sich die Zahn-

---

[111]) Vgl. S. 79 dieser Arbeit sowie z. B. Simon, H. A., Administrative Behavior, a. a. O., S. 25. Simon spricht von „zone of authority“ oder „zone of acceptance“.

[112]) Vgl. im folgenden Janis, I. L. und Feshbach, S., Effects of Fear-Arousing Communications, Journal of Abnormal and Social Psychology, 1953, S. 78 ff.; ferner Janis, I. L. und Milholland, H. C., The Influence of Threat Appeals on Selective Learning of the Content of a Persuasive Communication, Journal of Psychology, 1954, S. 75 ff.; Hovland, C. I. et al., Communication and Persuasion, a. a. O., S. 56 ff.

pflegegewohnheiten entsprechend den in der Kommunikation enthaltenen Empfehlungen gerade umgekehrt zu den ursprünglichen Erwartungen. Je stärker die negativen Konsequenzen ausgemalt wurden und damit *Angst erregt* wurde, desto weniger wurden die Empfehlungen befolgt[113]).

Janis und Feshbach erklären das Ergebnis vor allem damit, daß in den Fällen, in denen zu großes Gewicht auf die negativen Konsequenzen bei Nichtbefolgung der Empfehlungen gelegt wurde, sich die Individuen zu sehr bedroht fühlten, ihnen jedoch keine volle Sicherheit geboten werden konnte, daß dieselben Konsequenzen, wenn auch mit geringerer Wahrscheinlichkeit, nicht auch bei Befolgung der Empfehlungen eintreten würden[114]).

Die Individuen neigten dazu, das durch die starke Angsterregung ausgelöste kognitive Ungleichgewicht (kognitive Dissonanz) dadurch zu lösen, daß sie die empfangenen Informationen insgesamt zurückwiesen und ihre bisherigen Gewohnheiten und Verhaltensweisen beibehielten.

> *Je „furchterregender" die negativen Konsequenzen ausgemalt werden, die sich bei Zurückweisung der in der Kommunikation enthaltenen Schlußfolgerungen für grundlegende persönliche Ziele des Beeinflußten ergeben können, und je weniger sich der Beeinflußte sicher ist, daß dieselben Konsequenzen nicht auch bei Annahme der Schlußfolgerungen eintreten, desto g e r i n g e r ist seine Bereitschaft, die Schlußfolgerungen „freiwillig" zu akzeptieren*[115]).

Mit dieser Aussage werden bedeutsame Probleme bei Überzeugungs- und Manipulationsversuchen in der Betriebswirtschaft angeschnitten. Es geht hier letztlich darum, wie die Organisationsmitglieder zur „freiwilligen" Aufgabe von routine- oder gewohnheitsmäßigen Verhaltensweisen und zur Anpassung an veränderte Umweltbedingungen veranlaßt werden können[116]).

---

[113]) Dieses Ergebnis hat heftige Diskussionen und zahlreiche weitere Experimente zum selben Problem ausgelöst. Dabei wurde das von Janis und Feshbach gefundene Ergebnis nicht immer bestätigt gefunden. Allerdings wichen bei diesen Experimenten die Kommunikationsthemen sowie die Versuchsbedingungen zum Teil erheblich von der Studie von Janis und Feshbach ab. Vgl. z. B. Goldstein, M. J., The Relationship between Coping and Avoiding Behavior and Response to Fear-Arousing Propaganda, Journal of Abnormal and Social Psychology, 1959, S. 247 ff.; Leventhal, H. und Niles, P., A Field Experiment on Fear-Arousal with Data on the Validity of Questionnaire Measures, Journal of Personality, 1964, S, 459 ff. Über sie referieren Jones, E. E. und Gerard, H. B., a. a. O., S. 462—465.

[114]) Vgl. Janis, I. L. und Feshbach, S., a. a. O., S. 92.

[115]) Eine Voraussetzung für die Gültigkeit dieser Hypothese ist, daß durch Akzeptierung oder Zurückweisung der in der Kommunikation enthaltenen Schlußfolgerungen bestimmte grundlegende Individualziele in sehr erheblichem Maße tangiert werden. Erweisen sich die furchterregenden Konsequenzen von nicht so zentraler Bedeutung für diese Ziele, so ist eine direkte Beziehung zwischen Angsterregung und Verhaltensänderung zu erwarten. Zu diesem Ergebnis führte eine Studie von Berkowitz, L. und Cottingham, D. R., The Interest Value and Relevance of Fear-Arousing Communications, Journal of Abnormal and Social Psychology, 1960, S. 37 ff.

[116]) Zu routine- und gewohnheitsmäßigen Reaktionen als Begrenzungsfaktoren der Zielerreichung vgl. Heinen, E., Das Zielsystem der Unternehmung, a. a. O., S. 233 ff. Maßnahmen zur Überwindung von Anpassungswiderständen werden vor allem im Rahmen der Konzeption des „Planned Organizational Change" diskutiert. Zur Darstellung dieser Konzeption und ihrer Bedeutung für die Betriebswirtschaftslehre vgl. Dienstbach, H., Die Anpassung der Unternehmungsorganisation, a. a. O., S. 207 ff.

Das gilt sowohl für die subordinierten Organisationsmitglieder als auch für wenig risikofreudige konservative Kapitalgeber. Die allzu starke Betonung der möglicherweise aus der Nichtbeachtung der ausgesprochenen Empfehlungen resultierenden negativen Konsequenzen (z. B. Verlust des Arbeitsplatzes, des Kapitals usw.) kann bei den Beeinflußten noch zu einer Versteifung ihrer Haltung führen.

Zwei weitere Studien sind in diesem Zusammenhang von Interesse. Sie beschäftigen sich mit Fragen der *Anordnung von Überzeugungen und Werten in der Kommunikation.* In dem Experiment von Cohen[117]) bestand die Nachricht aus einem furchtinduzierenden Teil und aus Empfehlungen, wie diese Furcht vermindert werden kann. Diejenige Anordnung des Kommunikationsinhalts, bei der die negativen Konsequenzen an erster Stelle standen, gefolgt von Informationen, die aufzeigten, wie der Eintritt dieser Konsequenzen vermieden werden kann, erwies sich als wirksamer als die umgekehrte Anordnung. Dieses Ergebnis stimmt mit der bereits an früherer Stelle getroffenen Aussage überein, der zufolge beim Beeinflußten zunächst entsprechende Werte oder Ziele zu aktivieren sind, um im Anschluß daran Wege aufzuzeigen, wie sich diese Werte oder Ziele erreichen bzw. — bei negativen Werten — vermeiden lassen.

> *Die Bereitschaft zur Akzeptierung einer Schlußfolgerung ist größer, wenn in der Kommunikation zunächst auf die Werte bzw. Ziele Bezug genommen wird, die der Schlußfolgerung zugrunde liegen, und erst im Anschluß daran aufgezeigt wird, wie sie sich erreichen lassen, als bei Wahl der umgekehrten Anordnung.*

In die gleiche Richtung weist eine Studie von McGuire[118]). Hier handelte es sich um die Anordnung von Werten bzw. der mit der Annahme einer Schlußfolgerung verbundenen positiven und negativen Konsequenzen. Die Bereitschaft zur Akzeptierung der Schlußfolgerungen war größer, wenn die von den Empfängern positiv bewerteten Konsequenzen an erster Stelle standen, gefolgt von den negativen Konsequenzen bzw. von Werten, die nicht denen der Empfänger entsprachen.

Dieses Ergebnis stellt lediglich eine Ergänzung zu den bisherigen Aussagen dar. Der Sender muß zunächst Aussagen machen, die bei den Empfängern allgemeine Zustimmung finden, anschließend zeigt er in mehr oder weniger angsteinflößender Weise negative Konsequenzen, Werte, Ereignisse usw. auf, um abschließend Empfehlungen zu geben, wie die positiven Werte erreicht und die negativen Werte vermieden werden können. Diese Annahmen lassen sich z. B. auch für die Anordnung der Tagesordnungspunkte für Sit-

---

117) Vgl. im folgenden Cohen, A. R., Need for Cognition . . ., a. a. O., S. 81 ff.

118) Vgl. im folgenden McGuire, J. W., Order of Presentation as a Factor in „Conditioning" Persuasiveness, in: The Order of Presentation in Persuasion, a. a. O., S. 98 ff.

zungen und Konferenzen heranziehen[119]). So scheint es angebracht, zuerst die Punkte zu behandeln, die wenig Widerspruch erregen, während die Punkte, bei denen eine stärkere Opposition zu erwarten ist, an den Schluß der Tagesordnung zu setzen sind. Die Erklärung für die größere Wirksamkeit dieser Art der Anordnung ist nicht allein in dem größeren Zeitdruck zu suchen, unter dem die letzten Punkte der Tagesordnung eventuell zu behandeln sind. Es ist vielmehr die nachhaltige positive Einstellung, verbunden mit einem Rückgang der Aufmerksamkeit, die diese Wirkung erwarten läßt.

3.5 Der Kommunikationsempfänger

Jeder Versuch der Führung durch Überzeugung oder Manipulation hat der Person des Geführten Rechnung zu tragen[120]). Die Wirksamkeit einer Kommunikation wird in besonderem Maße dadurch bestimmt, wie sie den Erfahrungen, Werten, Zielen, Attitüden und Überzeugungen des Empfängers, seinen persönlichen Eigenschaften, seinen sozialen und kulturellen Bindungen sowie seinen momentanen Launen, Gefühlen und Einstellungen angepaßt ist. Es ist die kognitive Persönlichkeit des Beeinflußten zu berücksichtigen, so wie sie sich im Augenblick bzw. Zeitraum der Kommunikation darbietet.

Bereits in den bisherigen Ausführungen waren Annahmen über die Person des beeinflußten Organisationsmitglieds und seine Reaktionen auf in bestimmter Weise ausgestaltete Kommunikationen unerläßlich. Diese Annahmen müssen im folgenden verallgemeinert und, soweit dies möglich ist, vertieft werden. Allerdings existiert gerade über die kognitiven und die äußerlich beobachtbaren Reaktionen auf Umweltstimuli eine fast unübersehbare Fülle an Literatur, die zudem auf den verschiedensten theoretischen Sprachen und Systemen fußt. Aus diesem Grunde können hier nur schwerpunktartig einige grundsätzliche Aussagen gemacht werden.

Vor allem ist das Streben des Individuums nach einem kognitiven Gleichgewicht zu beachten. Die Wirksamkeit einer Kommunikation wird wesentlich dadurch bestimmt, welche Konsequenzen sich aus ihrer Annahme oder Zurückweisung für die Konsistenz des Systems kognitiver Informationen ergeben. Diese in erster Linie auf den Einzelfall abgestellte Betrachtung von Überzeugungs- und Manipulationsversuchen ist durch eine „umfassendere" Betrachtung zu ergänzen. Es kann vermutet werden, daß jedes Individuum

---

[119]) Vgl. Hovland, C. I. et al., The Order of Presentation in Persuasion, a. a. O., S. 153.

[120]) Im Gegensatz zur Führungsstilliteratur, die ihre Überlegungen sehr stark auf die Person des Führers abstellt, hebt die Kommunikationsforschung den Kommunikationsempfänger oder Geführten viel stärker hervor. Zu den verschiedenen Entwicklungslinien in der Führungsstilliteratur vgl. z. B. Pretrullo, L. und Bass, B. M. (Hrsg.), Leadership and Interpersonal Behavior, New York 1961, S. XII ff.; Tannenbaum, R., Weschler, J. R. und Massarik, F., a. a. O., S. 22; Irle, M., Führungsprobleme, in: Handbuch der Psychologie, 9. Band, Hrsg. H. Mayer und B. Herwig, Göttingen 1961, S. 511 ff.

ein durch seine Persönlichkeit bzw. seine persönlichen Merkmale determiniertes Maß an „genereller Überzeugbarkeit" besitzt[121]). Der einzelne zeigt gegenüber den verschiedensten oder allen Kommunikationen ein bestimmtes Maß an Empfänglichkeit bzw. Widerstand. Eine gewisse Sonderstellung nimmt in diesem Zusammenhang die Bindung des Kommunikationsempfängers an seine soziale Umwelt ein. Gruppenzugehörigkeit und Gruppennormen finden ihren festen Niederschlag in der kognitiven Persönlichkeit.

3.51 Kognitives Gleichgewicht

Jede Kommunikation trifft beim Empfänger auf bestimmte kognitive Informationen. Dies sind die vor und während der Kommunikation hervorgerufenen Werte, Überzeugungen, Attitüden und Programme. Sie bilden die momentane Einstellung (set) des Individuums. Es ist anzunehmen, daß der Widerstand gegen „überzeugende" Kommunikationen um so größer sein wird, je weniger die übermittelte Nachricht und die darin vertretenen Schlußfolgerungen mit den aktivierten kognitiven Informationen in Einklang zu bringen sind. Diese Annahme konnte in zahlreichen empirischen und experimentellen Untersuchungen bestätigt werden[122]). Die Wahrscheinlichkeit für das Eintreten der vom Empfänger gewünschten Wirkung war dann am größten, wenn lediglich eine Verstärkung bestehender Meinungen, Einstellungen, Attitüden usw., aber nicht deren Änderung erreicht werden sollte. Die Kommunikationsempfänger zeigten sich wesentlich aufgeschlossener gegenüber Informationen, die sich ohne Schwierigkeiten in ihr kognitives System einordnen ließen, auf die sie also „günstig eingestellt" waren, als gegenüber Informationen, die auf eine Schaffung neuer oder gar eine Umkehrung bestehender Attitüden abzielten. Geringfügige Attitüdenänderungen sind meist bereits in Verbindung mit Verstärkungen zu verzeichnen, z. B. wenn die Kommunikation dem Empfänger hilft, seinen eigenen Standpunkt zu präzisieren.

> *Die Wirksamkeit einer „überzeugenden" Kommunikation ist um so größer, je mehr die in der Nachricht enthaltenen Schlußfolgerungen mit den Attitüden des Empfängers übereinstimmen*[123]).

Folgt man dieser These, so wird zweierlei deutlich. Das Individuum besitzt offenbar eine starke Motivation, Einflüsse, die nicht mit den von ihm gespeicherten Informationen oder Meinungen übereinstimmen, abzuwehren. Trotz des zu erwartenden größeren Widerstandes sind auch tiefgreifende Atti-

---

[121]) Die Studien des „Communication Research Program" der Universität von Yale zu diesem Problemkreis sind in einem Buch zusammengefaßt. Vgl. C. I. Hovland und I. L. Janis (Hrsg.), Personality and Persuasibility, a. a. O.

[122]) Vgl. dazu z. B. die von Klapper, J. T., a. a. O., S. 15 ff., referierten empirischen Studien, die sich vor allem mit der Wirksamkeit von Wahlkampagnen befassen.

[123]) Vgl. Klapper, J. T., a. a. O., S. 18.

tüdenänderungen durch „überzeugende" Kommunikationen möglich, wenn auch weniger wahrscheinlich als beispielsweise bloße Attitüdenverstärkungen[124]). Eine Klärung dieses Sachverhalts ist letztlich mit Hilfe der verschiedenen *psychologischen Gleichgewichtstheorien* möglich.

Es kann nicht Aufgabe dieses Abschnitts sein, die einzelnen theoretischen Konzeptionen vorzutragen[125]). Sie gehen zum Teil weit über die Erklärung von Überzeugungs- und Manipulationsversuchen hinaus. Allen Ansätzen ist gemeinsam, daß sie dem Individuum eine starke Motivation unterstellen, einen Zustand des „kognitiven Gleichgewichts" zu erreichen oder ihn zu erhalten. Von einem kognitiven oder *psycho-logischen Gleichgewicht* wird dabei generell dann gesprochen, wenn die einzelnen Komponenten oder Kategorien kognitiver Informationen — also Werte, Überzeugungen, Attitüden usw. — logisch bzw. psycho-logisch verträglich sind. Ausgehend von syllogistischen Denkvorgängen, heißt dies, daß eine oder mehrere Wert- und Überzeugungsprämissen zu einer eindeutig definierten Attitüde führen, die das Individuum auch tatsächlich vertritt[126]). Die auf Festinger zurückgehende „Theorie der kognitiven Dissonanz" stellt weniger die Beziehungen zwischen den verschiedenen Komponenten kognitiver Informationen als das Verhältnis zwischen den Informationen und Meinungen einer Person einerseits und ihren tatsächlichen Handlungen und Entscheidungen andererseits in den Vordergrund[127]). Zwischen den Informationen und einer bestimmten Handlung besteht immer dann eine Dissonanz, wenn diese Information, für sich allein betrachtet, den Menschen daran hindern sollte, die Handlung (Entscheidung) auszuführen[128]).

Grundsätzlich lassen sich zwei Fälle unterscheiden, die zur Auslösung eines kognitiven Ungleichgewichts führen. Die in der „überzeugenden" Kommunikation enthaltenen Werte, Überzeugungen, Attitüden usw. weichen ganz oder teilweise von den entsprechenden kognitiven Informationen des Empfängers ab. Durch die Kommunikation werden beim Empfänger inkonsistente Informationen hervorgerufen, d. h. dem Individuum wird gegenwärtig, daß bestimmte von ihm gespeicherte Informationen logisch nicht konsistent sind. In der Realität treten beide Fälle meist gleichzeitig auf.

124) Die in diesem Abschnitt zu behandelnden „intervenierenden Variablen" machen nur einen Teil der Einflußgrößen sichtbar, die tiefgreifende Attitüdenänderungen mehr oder weniger wahrscheinlich machen.

125) Vgl. S. 54 f. dieser Arbeit sowie die dort angegebene Literatur.

126) Vgl. z. B. Katz, D. und Stotland, E., A Preliminary Statement to a Theory of Attitude Structure and Change, in: Psychology: A Study of a Science, 3. Bd., Hrsg. S. Koch, New York 1959, S. 444.

127) Vgl. Festinger, L., Die Lehre von der „kognitiven Dissonanz", in: Grundfragen der Kommunikationsforschung, Hrsg. W. Schramm, München 1964, S. 29. Die Dissonanz entsteht, nachdem das Individuum eine Entscheidung gefällt bzw. sich zu einer Handlung verpflichtet hat. Demgegenüber liegt das Akzeptieren einer „überzeugenden" Kommunikation noch vor dem Wahlakt im Rahmen eines Entscheidungsprozesses. Die Information geht als Prämisse in das Modell der Entscheidungssituation ein. Hier wird nur der zweite Fall betrachtet.

128) Vgl. Festinger, L., Die Lehre von der „kognitiven Dissonanz", a. a. O., S. 30.

Das Individuum ist einer Reihe von Mechanismen (kognitiven Programmen) mächtig, um Informationen, die mit seiner hervorgerufenen Einstellung nicht verträglich sind, zu begegnen. Da ist einmal die Neigung des Menschen, in der Regel nur solchen Informationen Aufmerksamkeit zu schenken, die in einem komplementären Verhältnis zu den eigenen Meinungen und Zielen stehen, und die Aufnahme von Informationen, die den eigenen Meinungen widersprechen, zu vermeiden[129]). Einer *selektiven Aufmerksamkeit* (selective exposure) gegenüber „überzeugenden" Kommunikationen sind in der betriebswirtschaftlichen Organisation allerdings enge Grenzen gesetzt. Der Untergebene kann nicht in dem Maße Informationen (z. B. Anweisungen), die seinen Zielen, Überzeugungen usw. widersprechen oder die für ihn negative Konsequenzen mit sich bringen, seine Aufmerksamkeit entziehen, wie dies bei Massenkommunikationen möglich ist.

Von größerer Bedeutung erscheint im vorliegenden Zusammenhang der *Prozeß der Wahrnehmung.* Die Dekodierung einer Nachricht bietet dem Kommunikationsempfänger viele Möglichkeiten, den Kommunikationsinhalt so zu interpretieren, mißzuverstehen, zu verzerren oder zu filtern, daß dieser die Annahme oder die Zurückweisung vor sich rechtfertigen kann.

Es kann hier nicht auf Einzelfragen des weiten Gebietes der Wahrnehmungspsychologie eingegangen werden[130]). Für die Erklärung der Wirksamkeit „überzeugender" Kommunikationen verdient jedoch eine Studie von Hovland, Harvey und Sherif Beachtung[131]). Sie setzte sich mit den Reaktionen einer Gruppe von Versuchspersonen auf Informationen auseinander, die von der ursprünglichen Meinung (Attitüde) jedes einzelnen mehr oder weniger stark abwichen. Man wollte erklären, weshalb in vielen Experimenten die Mehrzahl der Versuchspersonen ihre Meinung in Richtung des in der „überzeugenden" Kommunikation vertretenen Standpunkts änderte, während sich bei einigen die Meinungsänderung gerade in der entgegengesetzten Richtung vollzog *(Bumerangeffekt).*

Das Ergebnis dieser Studie bestätigte die Annahme, daß von einer sogenannten „Bandbreite der Akzeptierung" („latitude of acceptance") und einer sogenannten „Bandbreite der Zurückweisung" („latitude of rejection") einer diskrepanten Information gesprochen werden kann[132]). Die *Bandbreite der Akzeptierung* ist sozusagen ein Toleranzbereich für Abweichungen zwischen „überzeugenden" Kommunikationen und den tangierten Attitüden des Empfängers. Auf Informationen, die sich innerhalb des Toleranzbereiches einer Versuchsperson bewegten, reagierte diese einerseits mit einer Angleichung

---

[129]) Vgl. dazu z. B. Festinger, L., A Theory of Cognitive Dissonance, Stanford, Cal. 1957, S. 126 ff.; Berelson, B. und Steiner, G. A., a. a. O., S. 529 ff.; Klapper, J. T., a. a. O., S. 19 ff.

[130]) Vgl. S. 49 dieser Arbeit und die dort angegebene Literatur.

[131]) Vgl. dazu und im folgenden Hovland, C. I., Harvey, O. J. und Sherif, M., Assimilation and Contrast Effects in Reactions to Communication and Attitude Change, Journal of Abnormal and Social Psychology, 1957, S. 244 ff.

[132]) Vgl. Hovland, C. I., Harvey, O. J. und Sherif, M., a. a. O., S. 251.

der empfangenen Information im Prozeß der Wahrnehmung an die eigene Meinung und andererseits mit einem bestimmten Maß an Meinungs- bzw. Attitüdenänderung in Richtung der Kommunikation. Es fand also letztlich eine gegenseitige Angleichung (Assimilation) statt. Umgekehrt verhält es sich bei Informationen, die außerhalb des Toleranzbereiches *(Bandbreite der Zurückweisung)* lagen. Die Kommunikation wurde in der Weise „fehlinterpretiert", daß sie sich von der Meinung des Empfängers noch stärker unterschied. Außerdem verhärtete sich die ursprüngliche Meinung des Empfängers. Er reagierte insgesamt also nicht mit einer Verminderung, sondern mit einer Verstärkung der Diskrepanz (Kontrastierung) und lehnte die „überzeugende" Information ab.

> *Liegt die Abweichung der überzeugenden Information von den ursprünglichen Attitüden des Empfängers innerhalb eines bestimmten Toleranzbereiches, so ist zumindest mit einem „Teilerfolg" des Überzeugungs- oder Manipulationsversuchs zu rechnen. „Überzeugende" Kommunikationen, die außerhalb dieses Bereiches liegen, werden zurückgewiesen*[133]).

Die Breite des Toleranzbereiches ist von Individuum zu Individuum verschieden. Sie hängt von einer Reihe von Faktoren ab. Sie ist um so weiter, je glaubwürdiger der Sender dem Empfänger gilt und je weniger sich der Empfänger den betroffenen Attitüden, Werten, Zielen, Überzeugungen usw. verpflichtet fühlt[134]). Bei Attitüden, Zielen, Werten und Vorurteilen, die das Individuum als Stützen seines Selbstbegriffes auffaßt, schrumpft die Bandbreite der Akzeptierung einer „überzeugenden" Information auf ein Minimum zusammen[135]).

Es kann nicht davon ausgegangen werden, daß die Gesamtheit der vom Menschen „gelernten" und in verschiedenen Gedächtnisinstanzen gespeicherten Informationen ein konsistentes System bilden. Diese Annahme kann nicht einmal für die momentane Einstellung (set) oder das kognitive Modell der Entscheidungssituation gemacht werden[136]). Vielmehr ist zu vermuten, daß bei der laufenden Aktivierung von Informationen immer wieder Inkonsistenzen auftreten und das Individuum versucht, diese abzubauen. Solange das Individuum Informationen nicht hervorruft und nicht über die Beziehungen zwischen einzelnen Komponenten von ihnen nachdenkt, sind ihm bestehende Inkonsistenzen nicht gegenwärtig.

---

[133]) Vgl. Hovland, C. I., Harvey, O. J. und Sherif, M., a. a. O., S. 251.

[134]) Vgl. Tannenbaum, P. H., Initial Attitude Towards Source and Concept as Factors in Attitude Change through Communication, Public Opinion Quarterly, 1956, S. 425.

[135]) Vgl. z. B. Argyris, Ch., Personality and Organization, a. a. O., S. 36.

[136]) Die in das Modell der Entscheidungssituation eingehenden Ziele bzw. Werte bilden eine zweite „Antriebskraft", die neben der Motivation zur Auflösung von kognitiven Ungleichgewichten wirksam ist. Vgl. Rosenberg, M. J. und Abelson, R. P., a. a. O., S. 146 ff. Das Individuum strebt auch nach einem „Gleichgewicht" bezüglich der Richtung seiner Ziele. Das „Gleichgewicht" wird durch das gesetzte Anspruchsniveau angezeigt. Zum Anspruchsniveau und zur Anspruchsanpassung vgl. March, J. G. und Simon, H. A., a. a. O., S. 46 ff.

Die Möglichkeit, Inkonsistenzen hervorzurufen und das Individuum zu ihrer Auflösung zu veranlassen, kann sich der Überzeuger oder Manipulator zunutze machen. Auf diesem Gedanken baut die sogenannte *„sokratische Methode der Überzeugung“* auf[137]). Das zu überzeugende Individuum hat zunächst seinen Standpunkt zu einem Problem darzulegen und zu begründen. Es ist zu erwarten, daß bereits die Formulierung der eigenen Meinung die Empfindsamkeit gegenüber den darin verborgenen Inkonsistenzen weckt und daher deren Beanstandung durch den Einflußnehmer auf einen besonders fruchtbaren Boden fällt. McGuire hat diese Methode der Überzeugung zu testen versucht und ist zu dem Ergebnis gekommen:

> *Die Beanstandung von Inkonsistenzen im System kognitiver Informationen veranlaßt den Beeinflußten zu Attitüdenänderungen, die zu größerer Konsistenz des Systems führen*[138]).

Es reicht also unter Umständen aus, das zu beeinflussende Organisationsmitglied auf logische Inkonsistenzen in den von ihm vorgetragenen Ansichten hinzuweisen, um es zu der gewünschten Attitüdenänderung zu bewegen. In Fortführung dieser Studie hat McGuire den Versuchspersonen, nachdem sie ihren Standpunkt dargelegt hatten (aber ohne direkte Beanstandung der Inkonsistenzen), Informationen geliefert, die entweder zur Auflösung der Inkonsistenzen beitrugen oder aber diese noch steigerten.

> *Individuen sind leichter durch Informationen zu überzeugen, die zu größerer Konsistenz der aktivierten kognitiven Informationen führen, und sie leisten einen größeren Widerstand gegen Informationen, welche die hervorgerufene Inkonsistenz noch steigern würden*[139]).

Diese Aussage bildet eine der Hauptthesen der verschiedenen psychologischen Gleichgewichtstheorien. Sie wurde in einer Vielzahl von Experimenten bestätigt gefunden[140]). Weitere Probleme wären in diesem Zusammenhang noch zu diskutieren. Auf sie kann lediglich hingewiesen werden. So hat das Individuum in der Regel mehrere Möglichkeiten, ein kognitives Ungleichgewicht wieder in einen Gleichgewichtszustand überzuführen. Überträgt beispielsweise ein als glaubwürdig erachteter Sender eine „unglaubwürdige“ Information, so kann der Empfänger entweder seine Einstellung gegenüber dem Sender oder gegenüber der erhaltenen Information oder gegenüber beiden ändern[141]). Nur eine der Möglichkeiten — z. B. Einstufung

[137]) Vgl. McGuire, J. W., A Syllogistic Analysis of Cognitive Relations, a. a. O., S. 79 ff.

[138]) Vgl. McGuire, J. W., A Syllogistic Analysis of Cognitive Relations, a. a. O., S. 82.

[139]) Vgl. McGuire, J. W., A Syllogistic Analysis of Cognitive Relations, a. a. O., S. 86.

[140]) Wie die Vertreter der Lehre von der „kognitiven Dissonanz“ experimentell gezeigt haben, legt das Individuum zum Zwecke der Dissonanzminderung auch ein aktives Verhalten an den Tag, d. h. es sucht selbst nach solchen Informationen, die den Gleichgewichtszustand wieder herstellen helfen. Vgl. Festinger, L., Conflict, Decision and Dissonance, a. a. O., S. 61 ff.

[141]) Vgl. z. B. Newcomb, T. M., An Approach to the Study of Communicative Acts, Psychological Review, 1953, S. 393 ff.; Rosenberg, M. J. und Abelson, R. P., a. a. O., S. 117 ff.; Heider, F., a. a. O., S. 174 ff.; Walton, R. E. und McKersie, R. B., A Behavioral Theory of Labor Negotiations, New York, St. Louis, San Francisco, Toronto, London und Sydney 1965, S. 212 ff.

der Information als „glaubwürdig" — sichert dem Überzeuger oder Manipulator den gewünschten Erfolg. Dieser muß also eine Prognose anstellen, welchen Pfad der Beeinflußte beschreiten wird. Dementsprechend muß er die Kommunikation gestalten.

Es besteht weiterhin die Gefahr, daß die Änderung einer Attitüde oder die Aufhebung eines kognitiven Ungleichgewichts bezüglich anderer Attitüden, Werte oder Überzeugungen zu einem neuen Ungleichgewicht führt, das wiederum eine Anpassung erfordert. Die Überlegung läßt sich fortsetzen, so daß eine Änderung schließlich eine Kettenreaktion in Gang setzen würde. Es ist jedoch anzunehmen, daß solche Prozesse relativ bald abgebrochen werden, auch wenn sie zu keiner endgültigen Lösung führen. Ein *kognitives Gleichgewicht* ist letztlich immer nur ein *relatives* oder ein *partielles Gleichgewicht,* d. h. es umschließt nur einen Ausschnitt aus dem System der vom Individuum gespeicherten Informationen.

Das Individuum hat neben der Änderung von Attitüden, Überzeugungen, Verhaltensweisen usw. noch andere Möglichkeiten, einem kognitiven Ungleichgewicht zu begegnen[142]). Es kann beispielsweise aufhören zu denken, wenn es befürchtet, dadurch inkonsistente Informationen zu aktivieren[143]). Außerdem kann es versuchen, inkonsistente Informationen gedanklich zu isolieren oder einen Teil davon (die „unangenehmen" Informationen) zu vergessen. Neben diesen Möglichkeiten, die eine *„Quasi-Lösung" von kognitiven Ungleichgewichten* herbeiführen, unterstellt Rosenberg einen sogenannten „Toleranzbereich für Inkonsistenzen"[144]). Dabei kommen analoge Überlegungen zum Tragen wie in der oben zitierten Studie. Das Individuum muß in gewissem Umfang verstehen, mit logischen Inkonsistenzen zu leben. Der Toleranzbereich kann unter Umständen sehr weit sein[145]). Das hängt nicht zuletzt von den Erfahrungen, Erlebnissen und den Persönlichkeitsmerkmalen des Individuums ab. Je weiter der Toleranzbereich für Inkonsistenzen ist, desto leichter ist das Individuum zu überzeugen oder zu manipulieren.

3.52 „Überzeugbarkeit" des Kommunikationsempfängers

Alle bisherigen Aussagen gehen davon aus, daß mit einer vom Beeinflußten wahrgenommenen Änderung der Kommunikation — bezogen auf primäre und sekundäre Informationen — auch die Bereitschaft des Beeinflußten zur „freiwilligen" Akzeptierung der übermittelten Schlußfolgerungen bzw. zur

---

[142]) Vgl. dazu die Übersicht bei Brehm, J. B. und Cohen, A. R., a. a. O., S. 306 ff.

[143]) Vgl. Rosenberg, M. J. und Abelson, R. P., a. a. O., S. 121.

[144]) Rosenberg, M. J., a. a. O., S. 22.

[145]) Es kann unter bestimmten Bedingungen und für bestimmte Personen sogar davon ausgegangen werden, daß eine Tendenz zur Hervorrufung und Aufrechterhaltung eines kognitiven Ungleichgewichts wirksam wird. Vgl. Rosenberg, M. J. et al., Attitude Organization and Change, a. a. O., S. 229 f.

Attitüdenänderung variiert. Das untergeordnete Organisationsmitglied reagiert innerlich unterschiedlich, je nachdem, ob der Vorgesetzte Autorität besitzt oder nicht, ob er im „Befehlston" spricht oder sich auf eine Diskussion einläßt, wie er Argumente vorbringt und sie anordnet, ob er Furcht zu erwecken sucht, welcher Sprache er sich bedient, welche Konsequenzen sich aus der Annahme oder der Ablehnung der Schlußfolgerungen für die persönlichen Ziele des Untergebenen oder für sein Verhältnis zu anderen Organisationsmitgliedern ergeben oder wie die momentanen Umweltbedingungen sind. Aus der Sicht des Beeinflußten betrachtet, bedeutet dies: *Das Individuum weist Persönlichkeitsmerkmale auf, welche die Bereitschaft zur Annahme oder Zurückweisung einer durch bestimmte Merkmale gekennzeichneten Kommunikation determinieren.* Janis und Hovland sprechen von *„kommunikationsgebundenen"* (communication-bound) *Persönlichkeitsmerkmalen* oder Prädispositionen[146]).

Ihnen stellen sie die *„kommunikationsunabhängigen"* (communication-free) *Persönlichkeitsmerkmale* gegenüber[147]). Diese beziehen sich auf die Empfänglichkeit einer Person gegenüber jeglicher Form von Überzeugung und Manipulation, unbeschadet der spezifischen Merkmale des Kommunikationsinhalts, der Situation usw. Damit wird der allgemeinen Erfahrung Ausdruck verliehen, daß manche Menschen immer relativ schwer zu überreden und zu einer Verhaltensänderung zu bewegen sind, während sich andere verhältnismäßig leicht überzeugen oder allgemein führen oder beeinflussen lassen. *Es scheint, als ließen sich Individuen entlang einem Kontinuum von hoher zu niedriger „genereller Überzeugbarkeit" anordnen*[148]).

Diese *zweite* Kategorie von Persönlichkeitsmerkmalen beschäftigte vor allem Janis, Hovland und deren gleichgesinnte Kollegen. Zwei Fragenkomplexe unterzogen sie in diesem Zusammenhang einer experimentellen Überprüfung[149]). Lassen sich relativ konstante individuelle Unterschiede in bezug auf die „allgemeine Überzeugbarkeit" von Menschen nachweisen? Gelingt dieser Nachweis, welches sind dann die spezifischen Persönlichkeitsmerkmale eines leicht oder eines schwer überzeugbaren und beeinflußbaren Individuums? Diese Fragen spielen auch in der Persönlichkeitstheorie in einem weiter gesteckten Rahmen — z. B. Änderungsresistenz, Rigidität oder Flexibilität als individuelle Eigenschaften — eine bedeutsame Rolle[150]).

---

[146]) Vgl. Janis, I. L. und Hovland, C. I., An Overview of Persuasibility Research, a. a. O., S. 4.

[147]) Vielfach werden die Prädispositionen lediglich auf die Kommunikation im engeren Sinne bezogen. Es wird von „themagebundenen" und „themaunabhängigen" Prädispositionen gesprochen. Vgl. Janis, I. L. und Hovland, C. I., An Overview of Persuasibility Research, a. a. O., S. 6 ff.; Hovland, C. I. et al., Communication and Persuasion, a. a. O., S. 175 f.

[148]) Vgl. Carey, J. W., Some Personality Correlates of Persuasibility, in: Consumer Behavior and Behavioral Sciences, Hrsg. St. H. Britt, New York 1966, S. 462.

[149]) Vgl. dazu Janis, I. L. und Hovland, C. I., An Overview of Persuasibility Research, a. a. O., S. 6.

[150]) Vgl. Thomae, H., Das Problem der Konstanz und Variabilität der Eigenschaften, a. a. O., S. 326 ff; vgl. im folgenden auch S. 55 ff dieser Arbeit und die dort angegebene Literatur.

Janis und Field gelang der experimentelle Nachweis, daß gewisse Menschen gegenüber verschiedenen Arten von „überzeugenden" Kommunikationen gleichbleibend widerstandsfähig, andere hingegen gleichbleibend beeinflußbar sind[151]). Das Experiment bestand aus mehreren Schritten. Zunächst wurde Versuchspersonen (Oberschülern) ein Fragebogen mit fünfzehn Fragen über Themen vorgelegt, die Gegenstand der nachfolgenden Kommunikation waren. Anschließend erhielten sie fünf kurze Artikel über sehr weit gestreute Themen. Später wurden nochmals fünf Artikel verteilt, in denen zu denselben Themen der diametral entgegengesetzte Standpunkt vertreten wurde. Nach jeder Kommunikation wurden den Versuchspersonen dieselben Fragen wie im ersten Fragebogen gestellt.

Anhand des Testergebnisses ließen sich konsistente Unterschiede in der „Überzeugbarkeit" der Versuchspersonen nachweisen. „Einige Versuchspersonen wechselten nach Empfang der einander widersprechenden Kommunikationen zunächst in die eine Richtung und dann in die andere, während andere Probanden ihre Meinung überhaupt nicht änderten"[152]). Das Ergebnis der Untersuchung stützt die Hypothese von einem allgemeinen Faktor der „Überzeugbarkeit".

> *Die Wirksamkeit einer „überzeugenden" Kommunikation hängt nicht nur von kommunikationsgebundenen Persönlichkeitsmerkmalen ab, sie wird darüber hinaus von Persönlichkeitsmerkmalen bestimmt, die kommunikationsunabhängig sind und auf eine „allgemeine Überzeugbarkeit" hinweisen.*

Zu gleichlautenden Ergebnissen führten Studien von King[153]) sowie von Abelson und Lesser[154]), die sich mit der „allgemeinen Überzeugbarkeit" von Kindern befaßten. In dem Experiment von Janis und Field wurde zwar eine Vielzahl verschiedener Themen, Meinungen und Argumente verwendet; Inputvariablen, die sich nicht auf die Umweltbedingungen der Kommunikation bezogen, wie Sender, Medien, Situation usw., wurden jedoch nicht variiert[155]). In der Studie von Abelson und Lesser wurde die „überzeugende" Kommunikation verschiedenen Sendern zugeschrieben, und zwar den Eltern, den Lehrern, Freunden sowie der das Experiment ausführenden (fremden) Person[156]). Aufgrund der noch relativ geringen Zahl an Input-

---

[151]) Vgl. dazu und im folgenden Janis, I. L. und Field, P. B., A Behavioral Assessment of Persuasibility, a. a. O., S. 29 ff.; ferner Ferguson, L. W., An Analysis of the Generality of Suggestibility to Group Opinion, Character and Personality, 1944, S. 237 ff.; Janis, I. L., Personality Correlates of Susceptibility to Persuasion, Journal of Personality, 1954, S. 504 ff.

[152]) Janis, I. L., Persönlichkeitsstruktur und Beeinflußbarkeit, a. a. O., S. 77.

[153]) Vgl. King, B. T., Relationships between Susceptibility to Opinion Change and Child-Rearing-Practices, in: Personality and Persuasibility, a. a. O., S. 207 ff.

[154]) Vgl. Abelson, R. P. und Lesser, G. S., The Measurement of Persuasibility in Children, in: Personality and Persuasibility, a. a. O., S. 141 ff.

[155]) Vgl. Janis, I. L. und Field, P. B., A Behavioral Assessment of Persuasibility, a. a. O., S. 31 f.

[156]) Vgl. Abelson, R. P. und Lesser, G. S., The Measurement of Persuasibility in Children, a. a. O., S. 150 ff.

variablen und Variablenausprägungen, die bei den einzelnen Experimenten Berücksichtigung fanden, lassen sich gewisse Vorbehalte gegenüber der aufgestellten Hypothese anmelden. Die Eindeutigkeit der Testergebnisse spricht jedoch für das Vorhandensein eines generellen Faktors der „Überzeugbarkeit“.

Zwischen „allgemeiner Überzeugbarkeit“ und verschiedenen Persönlichkeitsmerkmalen ließen sich nur in wenigen Fällen eindeutige und durch mehrere gleichlautende Testergebnisse fundierte Beziehungen nachweisen. Soweit sich solche belegen ließen, galten sie immer nur für Männer, aber nicht für Frauen[157]). Insgesamt gesehen erwiesen sich zwar Frauen als leichter zu überreden und zu beeinflussen als Männer; die Korrelationen zwischen einzelnen Persönlichkeitsmerkmalen und der Empfänglichkeit für „überzeugende“ Kommunikationen waren jedoch in den seltensten Fällen signifikant. Dieses Ergebnis wird mit der geschlechtsspezifischen Rolle der Frau in der westlichen (amerikanischen) Kultur erklärt[158]). Erziehung und Stellung der Frau in der Gesellschaft scheinen diese ohne Rücksicht auf ihre Persönlichkeitsmerkmale empfänglicher für jede Art sozialer Beeinflussung zu machen[159]).

Frauen sind leichter zu überzeugen und zu manipulieren als Männer, unabhängig von ihren persönlichen Eigenschaften.

Nicht belegen ließ sich eine Beziehung zwischen „Überzeugbarkeit“ und *Intelligenz*[160]). Es ist zwar anzunehmen, daß zum Verständnis und zur Interpretation einer Nachricht ein gewisses Mindestmaß an intellektuellen Fähigkeiten unerläßlich ist. Über Annahme und Ablehnung einer Prämisse kann das Individuum letztlich erst dann entscheiden, wenn die übermittelte Nachricht auch „richtig“ verstanden wurde. Über dieser Untergrenze aber ist Intelligenz, wie vielfach bestätigt wurde, ein kommunikationsgebundenes Persönlichkeitsmerkmal. Intelligentere Personen sind beispielsweise leichter durch eine zweiseitige Darstellung der Argumente (Für- und Gegenargumente) beeinflußbar[161]), für sie spielt jedoch die Anordnung von Argumen-

---

157) Vgl. dazu und im folgenden Janis, I. L. und Field, P. B., Sex Differences and Personality Factors Related to Persuasibility, a. a. O., S. 58 ff.; King, B. T., a. a. O., S. 213 f.

158) Vgl. Hovland, C. I. und Janis, I. L., Personality and Persuasibility, a. a. O., S. 239 ff.; ferner Mayer, A., Geschlechtsspezifische Unterschiede im betrieblichen Arbeitsverhalten von Mann und Frau, Neue Betriebswirtschaft, 1954, S. 9.

159) Eine Bestätigung dieser Vermutung kann in dem Ergebnis eines Experiments von Abelson und Lesser erblickt werden, die bei jüngeren Kindern keinen Unterschied bezüglich der „Überzeugbarkeit“ zwischen Buben und Mädchen nachweisen konnten. Vgl. Abelson, R. P. und Lesser, G. S., The Measurement of Persuasibility in Children, a. a. O., S. 159 ff.

160) Vgl. dazu und im folgenden Hovland, C. I., Lumsdaine, A. A. und Sheffield, F. D., a. a. O., S. 147 ff.; Hovland, C. I. et al., Communication and Persuasion, a. a. O., S. 181 ff.; Janis, I. L. und Field, P. B., Sex Differences and Personality Factors Related to Persuasibility, a. a. O., S. 59 f.; Janis, I. L. und Rife, D., Persuasibility and Emotional Disorder, in: Personality and Persuasibility, a. a. O., S. 132 ff.

161) Vgl. Hovland, C. I., Lumsdaine, A. A. und Sheffield, F. D., a. a. O., S. 209 ff.

ten, Überzeugungen und Werten in der Nachricht eine geringere Rolle als für weniger intelligente Personen[162]).

Ebenfalls kommunikationsgebunden, wenn auch von ganz anderer Art, ist das Merkmal der *autoritären Persönlichkeit.* Die Stärke der autoritären Orientierung einer Person zeigt sich in ihren Attitüden gegenüber bestimmten sozialen Objekten, Verhaltensweisen usw. und deren Festigkeit[163]). Die autoritäre Persönlichkeit läßt sich nach Adorno et al. beispielsweise messen an der Unterwerfung unter Autoritäten, der Achtung vor Autoritäten, der Neigung, Leute zu verdammen und zu bestrafen, die sich sozialen Normen und Werten widersetzen, der Konformität mit den Ansichten der Majorität der Gesellschaft, der Ablehnung höchstpersönlicher Werte und intellektueller Arbeitsweisen, der Bewunderung von Stärke und Macht sowie den Vorurteilen gegenüber sozialen Minderheiten[164]). Personen mit starken „autoritären Attitüden" lehnten besonders heftig Kommunikationen ab, die auf eine Änderung dieser Attitüden abzielten, die also prodemokratisch, für die Änderung der bestehenden Ordnung, den Abbau von sozialen Vorurteilen usw. waren.

Es war ebenfalls vermutet worden, daß Personen mit *akuten neurotischen Furchtsymptomen* besonders ansprechbar für „überzeugende" Kommunikationen sein würden[165]). Furchtsame Menschen ließen wider alle Erwartungen mehr als alle anderen die Neigung erkennen, Schlußfolgerungen des Senders abzulehnen[166]). Das zeigte sich besonders deutlich bei furchterregenden Informationen, obwohl gerade bei gefühlsmäßig am meisten erregbaren Menschen solche Nachrichten die stärksten Ängste verursachten[167]).

Es können nur wenige Persönlichkeitsmerkmale angegeben werden, die sich nachweislich als von den spezifischen Kommunikationsbedingungen unabhängig (communication-free) einstufen lassen. Am fundiertesten sind wohl die Testergebnisse über die Selbsteinschätzung, das Selbstgefühl oder den Selbstbegriff einer Person[168]). Die *Selbsteinschätzung* ist die Wertvorstellung, die ein Individuum von sich selbst besitzt. Sie wird sehr stark durch die in der Vergangenheit gemachten Erfahrungen sowie durch die Erfolge

---

[162]) Vgl. Cohen, A. R., Stotland, E. und Wolfe, D. M., An Experimental Investigation of Need for Cognition, Journal of Abnormal and Social Psychology, 1955, S. 291 ff.

[163]) Vgl. Thomae, H., Das Problem der Konstanz und Variabilität der Eigenschaften, a. a. O., S. 312 ff.

[164]) Vgl. Adorno, T. et al., a. a. O., S. 224 ff.

[165]) Vgl. Janis, I. L., Persönlichkeitsstruktur und Beeinflußbarkeit, a. a. O., S. 75.

[166]) Vgl. Janis, I. L. und Field, P. B., Sex Differences and Personality Factors Related to Persuasibility, a. a. O., S. 56 ff.

[167]) Vgl. Janis, I. L., Anxiety Indices Related to Susceptibility to Persuasion, Journal of Abnormal and Social Psychology, 1955, S. 663 ff.

[168]) Vgl. Janis, I. L. und Field, P. B., Sex Differences and Personality Factors Related to Persuasibility, a. a. O., S. 60 ff.; Cohen, A. R., Some Implications of Self-Esteem for Social Influence, a. a. O., S. 102 ff.; Lesser, G. S. und Abelson, R. P., Personality Correlates of Persuasibility in Children, in: Personality and Persuasibility, a. a. O., S. 187 ff.

und Mißerfolge bei der Erreichung persönlicher Ziele berührt[169]). Die Testergebnisse zeigten, daß sich Personen mit hoher Selbsteinschätzung weniger empfänglich für jede Art von Information zeigten. Sie wußten sich auch gegen Informationen besser zu schützen, die von Gruppen kamen, denen sie selbst angehörten. Sie versuchten außerdem, selbst öfter aktiv Einfluß auf andere auszuüben. Umgekehrt verhielt es sich bei Personen mit niedriger Selbsteinschätzung. Solche Personen fügen sich jedem Beeinflussungsversuch oder sozialen Druck, besonders dann, wenn er von Personen oder Gruppen kommt, von denen sie sich abhängig fühlen. In dem Bemühen, einer befürchteten Mißbilligung auszuweichen, zeigen sie nicht selten „chamäleonartige Wandlungen" in ihren Einstellungen[170]).

Je geringer die Selbsteinschätzung des Individuums ist, desto größer ist seine Bereitschaft, die in der „überzeugenden" Kommunikation enthaltenen Schlußfolgerungen als Entscheidungsprämissen zu akzeptieren.

Linton und Graham testeten die Beziehungen zwischen *„innengelenkter"* bzw. *„außengelenkter" Persönlichkeit* und „allgemeiner Überzeugbarkeit"[171]). Nach Linton und Graham zeichnet sich der innengelenkte Typ durch eine Betonung seiner persönlichen Ziele, Werte, Attitüden, Überzeugungen und Verhaltensprogramme aus. Sein Denken und Verhalten wird nur wenig von der sozialen Mitwelt beeinflußt. Demgegenüber umfassen die kognitiven Informationen des außengelenkten Typs Werte und Überzeugungen, die auf Gruppenkonformität und Anpassung an die soziale Umwelt hinweisen. In dem zitierten Experiment wurde eine signifikante positive Korrelation zwischen dem Grad der Außengelenktheit einer Person und ihrer „allgemeinen Überzeugbarkeit" gefunden[172]).

Je stärker die Außengelenktheit des Individuums ist, desto größer ist seine Bereitschaft, die in der „überzeugenden" Kommunikation enthaltenen Schlußfolgerungen als Entscheidungsprämissen zu akzeptieren.

In mehreren Experimenten wurde untersucht, ob sich eindeutige Beziehungen zwischen einer offen zur Schau gestellten *Feindseligkeit* einer Person *gegenüber anderen* und ihrer „Überzeugbarkeit" nachweisen lassen[173]). Feindseligkeit zeigt sich in Streitsucht, starkem Mißtrauen und Aggressivität gegenüber den Mitmenschen. Ein starker Widerstand gegen Überzeu-

[169]) Vgl. Cohen, A. R., Some Implications of Self-Esteem for Social Influence, a. a. O., S. 104 sowie S. 57 f. dieser Arbeit und die dort angegebene Literatur.

[170]) Vgl. Janis, I. L., Persönlichkeitsstruktur und Beeinflußbarkeit, a. a. O., S. 80.

[171]) Vgl. Linton, H. und Graham, E., a. a. O., S. 79 ff.

[172]) Vgl. Linton, H. und Graham, E., a. a. O., S. 82.

[173]) Vgl. dazu und im folgenden Janis, I. L. und Field, P. B., Sex Differences and Personality Factors Related to Persuasibility, a. a. O., S. 63 f.; Janis, I. L. und Rife, D., Persuasibility and Emotional Disorder, a. a. O., S. 128 ff.; Linton, H. und Graham, E., a. a. O., S. 84 ff.; King, B. T., a. a. O., S. 217 f.; Lesser, G. S. und Abelson, R. P., Personality Correlates of Persuasibility in Children, a. a. O., S. 194 ff.

gungs- und Manipulationsversuche ließ sich nur bei extrem feindseligen Menschen feststellen, während bei abgeschwächteren Formen der Feindseligkeit die Ergebnisse nicht einheitlich waren[174]). Die Ursache dafür dürfte in den Versuchsbedingungen zu suchen sein. Es war nämlich nicht gelungen, das Persönlichkeitsmerkmal „Feindseligkeit gegenüber der sozialen Umwelt" vollkommen von anderen Persönlichkeitsmerkmalen zu isolieren, so daß jeweils mehrere Merkmale gleichzeitig wirksam wurden, z. B. hohe Aggressivität bei geringer Selbsteinschätzung. Es scheint auf jeden Fall relativ schwierig zu sein, mit unverhohlen feindseligen Menschen zusammenzuarbeiten, sie zu führen und zu beeinflussen.

Die Wirksamkeit „überzeugender" Kommunikationen ist um so geringer, je feindseliger das Individuum seiner sozialen Umwelt gegenübersteht.

Für eine Reihe weiterer Persönlichkeitsmerkmale wurden die Beziehungen zur „Überzeugbarkeit" getestet. Dabei wurden zum Teil sehr spezielle Merkmale herangezogen, die sich mit den bereits genannten globaleren Merkmalen überschneiden. Außerdem sind die Testergebnisse vielfach nicht als gesichert zu betrachten. Abelson und Lesser fanden für kontaktarme, innerhalb ihrer Altersgenossen isolierte Knaben eine signifikante positive Korrelation zur „Überzeugbarkeit"[175]). Hovland et al. berichten von einer diametral entgegengesetzten Beziehung bei Erwachsenen[176]). Dies kann so erklärt werden, daß Kinder, die von ihren Altersgenossen unbeachtet bleiben, zunächst eine hohe Präferenz für den Eintritt in eine bestimmte Gruppe haben. Bleiben sie längere Zeit isoliert, so wird ihre Wertschätzung für den Eintritt in die Gruppe zurückgehen. Entsprechend nimmt ihre Empfänglichkeit für soziale Beeinflussungen ab[177]). Schließlich wird von einer positiven Korrelation zwischen *Intensität der Wahrnehmung* und „Überzeugbarkeit"[178]) sowie zwischen *Einbildungskraft* (Phantasie) und „Überzeugbarkeit"[179]) berichtet.

Obwohl es gelungen zu sein scheint, einen generellen Faktor der „Überzeugbarkeit" nachzuweisen, lassen die bisher vorliegenden Studien noch viele Fragen offen. So waren die Themen der „überzeugenden" Kommunikationen so gewählt worden, daß sie bedeutsame persönliche Ziele, die für die Änderungsresistenz bzw. die Bereitschaft zur Akzeptierung einer Schlußfolgerung als Prämisse ausschlaggebend gewesen wären, so weit als möglich unberührt ließen. Desgleichen wurde nicht die für betriebswirtschaftliche Organisa-

---

174) Vgl. Janis, I. L. et al., Personality and Persuasibility, a. a. O., S. 232 ff.

175) Vgl. Lesser, G. S. und Abelson, R. P., Personality Correlates of Persuasibility in Children, a. a. O., S. 198 ff.

176) Vgl. Hovland, C. I. et al., Communication and Persuasion, a. a. O., S. 195 f.

177) Vgl. dazu Abelson, R. P. und Lesser, G. S., A Developmental Theory of Persuasibility, in: Personality and Persuasibility, a. a. O., S. 183 ff.

178) Vgl. Linton, H. und Graham, E., a. a. O., S. 77 ff.

179) Vgl. Janis, I. L. und Field, P. B., Sex Differences and Personality Factors Related to Persuasibility, a. a. O., S. 62 f.

tionen wichtige Frage nach der Beziehung zwischen „Überzeugbarkeit" und *Alter* getestet. Eine Reihe weiterer Probleme werfen die verschiedenen sozialen und sozio-ökonomischen Charakteristika auf, die eine Person kennzeichnen und die vermutlich ebenfalls für die individuellen Unterschiede in der Überzeugbarkeit bestimmend sind[180]). Gemeint sind die *Rollen*, die eine Person innehat, das *Einkommen*, das ihr zufließt, der *soziale Status*, den sie genießt und anstrebt, und die *Gruppen*, mit denen sie sich identifiziert. Janis et al. kommen sogar zu dem Schluß, daß die *kommunikationsunabhängigen Persönlichkeitsmerkmale nur eine sehr geringe Bedeutung als Determinanten der Überzeugbarkeit haben*[181]).

3.53 Gruppenzugehörigkeit und Gruppennormen

Jedes Individuum ist Mitglied mehrerer Gruppen[182]). Viele seiner Meinungen, Ziele, Werte, Attitüden und Überzeugungen haben in diesen Gruppen ihren Ursprung oder erfahren durch sie eine Verstärkung oder Veränderung. Die Ergebnisse der Kleingruppenforschung weisen darauf hin, daß Personen, die enge Kontakte pflegen, dauernd und gemeinsam Ideen und Verhaltensweisen prägen und aufrechterhalten, die sie nur höchst widerstrebend aufgeben oder einseitig ändern[183]). Sie bilden gemeinsame Meinungen, Werte usw. heraus, die sie zu Normen ihres Verhaltens, zu Normen der Gruppe erheben. Je stärker der innere Zusammenhalt, die Kohäsion einer Gruppe ist, desto größer ist auch die Übereinstimmung in den Auffassungen, und desto stärker hält der einzelne an den gemeinsamen Auffassungen fest[184]). Die Kohäsion der Gruppe resultiert aus der *Wertschätzung der Gruppenzugehörigkeit*[185]). Das Individuum empfängt durch die Mitgliedschaft beispielsweise menschlichen Kontakt, Freundschaft, soziale Anerkennung oder Schutz vor Bedrohungen durch Dritte[186]).

Die Wirksamkeit von Überzeugungs- und Manipulationsversuchen, die eine Änderung einer als Gruppennorm verankerten Attitüde zum Ziele haben, hängt einmal davon ab, wie das Individuum die Mitgliedschaft in der Gruppe bewertet, und zum anderen davon, ob der Kommunikationssender derselben

[180]) Vgl. Hovland, C. I. und Janis, I. L., Persuasibility, a. a. O., S. 251.

[181]) Vgl. Hovland, C. I. und Janis, I. L., Persuasibility, a. a. O., S. 248.

[182]) Zum Begriff der Gruppe vgl. Homans, G. C., Theorie der sozialen Gruppe, a. a. O., S. 29.

[183]) Vgl. Katz, D. und Lazarsfeld, P. F., a. a. O., S. 54; Hollander, E. P., Leaders, Groups, and Influence, New York 1964, S. 77 ff.

[184]) Vgl. Festinger, L., Informal Social Communication, a. a. O., S. 289 ff.; Festinger, L., Schachter, St. und Back, K. W., The Operation of Group Standards, in: Group Dynamics, a. a. O., S. 241 ff.; Back, K. W., Influence through Social Communication, in: Readings in Social Psychology, Hrsg. E. E. Maccoby et al., New York, Chicago, San Francisco und Toronto 1958, S. 183 ff.; Collins, B. E. und Guetzkow, H., A Social Psychology of Group Processes for Decision-Making, New York, London und Sydney 1964, S. 179 ff.

[185]) Vgl. Festinger, L., Schachter, St. und Back, K., a. a. O., S. 250.

[186]) Vgl. Mayer, A., Die soziale Rationalisierung des Industriebetriebes, a. a. O., S. 54 ff.

Gruppe angehört oder nicht[187]). Bei einer Massenkommunikation fehlen in aller Regel die engen zwischenmenschlichen Beziehungen zwischen Sender und Empfänger. Die Kommunikationspartner gehören nicht der gleichen Gruppe (Primär- oder Kleingruppe) an[188]). Aus Studien von Kelley und Volkart, die dieser Bedingung Rechnung trugen, läßt sich folgende Hypothese ableiten:

Je höher ein Individuum seine Gruppenmitgliedschaft bewertet, desto weniger ist es bereit, eine „überzeugende" Information, die eine Änderung einer als Gruppennorm verankerten Attitüde zum Ziel hat, von einem Nichtmitglied zu akzeptieren[189]).

In der betriebswirtschaftlichen Organisation liegt dieser Fall dann vor, wenn sich die formalen und informalen organisatorischen Gruppen nicht decken und sie zudem konfliktäre Ziele verfolgen. Der Vorgesetzte als Führer der formalen Gruppe (z. B. Arbeitsgruppe oder Abteilung) wird nicht als informaler Führer der Gruppe gleichgesinnter Kollegen anerkannt. „Gerade Betriebsuntersuchungen haben verschiedentlich gezeigt, daß die Gruppe ebensogut wie die Konformität auch die Abweichung von den von der Organisationsleitung erwarteten Verhaltensweisen stützen kann. ... Identifizieren sich die Mitglieder einer Gruppe mit dem Organisationsziel, dann ist wahrscheinlich, daß sie unterstützen, was ihm dient; lehnen sie es ab, dann fördern sie eher ein sabotierendes Verhalten. Je bedrückender das innere Klima einer Organisation ist, je mehr eine bestimmte Kategorie von Mitgliedern Zwangsmaßnahmen ausgesetzt ist, um so stärker wird die Tendenz sein, in kleinen Gruppen mit gegen die Organisation, gegen die übergeordnete Autorität gerichteten Normen Schutz und gegenseitige Unterstützung zu suchen"[190]).

Experimente von Back und Festinger führten zu dem Ergebnis, daß eine wechselseitige Beeinflussung der Gruppenmitglieder untereinander bzw. dieser durch den Gruppenführer um so erfolgreicher ist, je stärker der innere Zusammenhalt der Gruppe bzw. je höher die Wertschätzung der Gruppen-

---

[187]) Die Ausführungen dieses Punktes bleiben auf Mitgliedschaftsgruppen beschränkt, d. h. auf Gruppen, denen das Organisationsmitglied tatsächlich angehört. Sie gelten analog auch für Gruppen, in denen das Individuum die Mitgliedschaft anstrebt, aber noch nicht erlangt hat (Bezugsgruppen). Vgl. Siegel, A. E. und Siegel, S., a. a. O., S. 232; Newcomb, Th. M., Sozialpsychologie, a. a. O., S. 170 f. und S. 199 ff.

[188]) Die „Wiederentdeckung der Primärgruppe" in der Massenkommunikationsforschung führte u. a. zur Untersuchung der Bedeutung von sog. „Meinungsführern" für die Wirksamkeit von „überzeugenden" Kommunikationen. „... einen Meinungsführer kann man sich am besten als ein Gruppenmitglied vorstellen, das eine Schlüsselstellung im Nachrichtenwesen einnimmt." Katz, D. und Lazarsfeld, P. F., a. a. O., S. 39.

[189]) Vgl. Kelley, H. H. und Volkart, E. H., The Resistance to Change of Group Anchored Attitudes, American Sociological Review, 1952, S. 453 ff.; Kelley, H. H., Salience of Membership and Resistance to Change of Group Anchored Attitudes, Human Relations, 1958, S. 275 ff.

[190]) Mayntz, R., Soziologie der Organisation, a. a. O., S. 130 f.

mitgliedschaft ist[191]). Ist der Vorgesetzte in das informale System zwischenmenschlicher Beziehungen der ihm Untergebenen integriert, so wird die Bereitschaft, von ihm Informationen (Anweisungen) zu akzeptieren, relativ hoch sein.

Je höher ein Individuum eine Gruppenmitgliedschaft bewertet, um so eher ist es bereit, von einem anderen Gruppenmitglied eine „überzeugende" Information zu akzeptieren.

In dieser Aussage kommt die Motivation der Gruppenmitglieder zu konformen Meinungen, Normen und Verhaltensweisen zum Ausdruck. Unbeantwortet bleibt dabei die Frage, wie weit die von einem Gruppenmitglied bzw. dem Gruppenführer stammende „überzeugende" Information von den ursprünglichen Gruppennormen abweichen kann, um gerade noch akzeptiert zu werden. Hiermit wird an Fragen angeknüpft, die zum Großteil bereits diskutiert wurden, wenn auch nicht unter dem Gesichtspunkt der Gruppenzugehörigkeit.

Von besonderer Bedeutung erscheint in diesem Zusammenhang die Anwendung eines *partizipativen Führungsstils*, wie er in Gruppendiskussionen und anschließenden Gruppenentscheidungen sichtbar wird. Einer empirischen Studie von Coch und French zufolge lassen sich mit Partizipation relativ starke Attitüdenänderungen erzielen[192]). In den der Studie zugrundeliegenden Arbeitsgruppen führte sie beispielsweise zur Aufhebung von Gruppennormen, die eine Begrenzung des Produktionstempos vorschrieben, sowie zu einer stärkeren Identifizierung mit den Formalzielen der Organisation bzw. Arbeitsgruppe. Einige der Faktoren, welche die Allgemeingültigkeit dieser Aussage wieder in Frage stellen, weist Pelz[193]) experimentell nach. „Immerhin beweisen die meisten sozial- und betriebspsychologischen Forschungen", schreibt Mayer, „daß im betrieblichen Bereich die ‚participative leadership' (Cartwright) unter den normalen und gewöhnlichen Bedingungen die günstigsten Voraussetzungen für Zusammenarbeit, menschlich-soziale Zufriedenheit und Leistung schafft. Autoritäre Führung vermag in Not- und Krisensituationen rascher und wirkungsvoller zu handeln, wird aber auf die Dauer und in normalen Zeiten von der demokratischen übertroffen"[194]).

---

[191]) Vgl. Back, K. W., Influence through Social Communication, a. a. O., S. 196; Festinger, L., Informal Social Communication, a. a. O., S. 292. Diese Experimente gehen letztlich auf die Studie von Sherif zurück. Vgl. Sherif, M., Group Influences upon the Formation of Norms and Attitudes, in: Readings in Social Psychology, Hrsg. E. E. Maccoby et al., a. a. O., S. 219 ff.

[192]) Vgl. Coch, L. und French, J. R. P. jr., Overcoming Resistance to Change, in: Readings in Social Psychology, Hrsg. E. E. Maccoby et al., a. a. O., S. 233 ff.; ebenso die bereits zitierte Studie von Lewin, K., Studies in Group Decision, a. a. O., sowie Likert, R., New Patterns of Management, a. a. O., S. 89 ff. und White, R. K. und Lippitt, R., a. a. O., S. 223 ff.

[193]) Vgl. Pelz, E. B., Some Factors in „Group Decision", in: Readings in Social Psychology, Hrsg. E. E. Maccoby et al., a. a. O., S. 212 ff.

[194]) Mayer, A., Die Betriebspsychologie in einer technisierten Welt, a. a. O., S. 29.

3.6 Die Kommunikationssituation

Über die Auswirkungen verschiedener Merkmale der Kommunikationssituation auf die Bereitschaft des beeinflußten Individuums, eine Information zu akzeptieren, liegen kaum systematische Studien vor. Die Experimente von Asch und Sherif sowie anderer Kleingruppenforscher lassen zumindest einige indirekte Folgerungen zu. So scheinen sich viele Menschen, besonders in unklaren, mehrdeutigen Situationen, der Meinung der Mehrheit (der Gruppe) anzuschließen, auch wenn diese durch die Tatsachen nicht bestätigt wird[195]). Ebenso sind bei besonders „freundlicher" Umwelt positive Rückwirkungen auf die Beeinflußbarkeit eines Individuums zu erwarten, bei „unfreundlicher" Umwelt negative[196]).

Hier soll einigen Gesichtspunkten Rechnung getragen werden, mit denen sich die Kommunikationsforschung relativ intensiv beschäftigt hat und die sich — wenn auch nur mit Vorbehalt — als Charakteristika der Kommunikationssituation identifizieren lassen. Das Individuum wird von seiner Umwelt vielfach vor Überzeugungs- und Manipulationsversuchen gewarnt. Während der Kommunikation empfängt das Individuum außerdem unzählige zusätzliche Stimuli (sekundäre Informationen), die es von der „überzeugenden" Nachricht ablenken. Rollenspiele bzw. die aktive Mitwirkung des zu Beeinflussenden bei Versuchen, ihn zu „überzeugen" oder zu manipulieren, sind gerade durch ihre Umweltbezogenheit gekennzeichnet, wenn auch die unmittelbare Informationsübertragung vom Beeinflussenden zum Beeinflußten fehlt.

3.61 Warnungen und Ablenkungen

In der Mehrzahl der experimentellen Studien der Kommunikationsforschung sind *Warnungen,* die den Empfänger bereits vor der Kommunikation auf die Absicht des Senders aufmerksam machen würden, ausgeschaltet. Hovland führt darauf die größere Wirksamkeit von „überzeugenden" Kommunikationen im Experiment im Gegensatz zur Massenkommunikation unter realen Verhältnissen zurück[197]). Einige neuere Experimente widmeten sich speziell diesem Problem[198]). Sie führten einhellig zu dem Ergebnis, daß Individuen, die zunächst darauf hingewiesen werden, in welche Richtung

---

[195]) Vgl. Asch, S. E., Effects of Group Pressure upon the Modification and Distortion of Judgments, in: Readings in Social Psychology, Hrsg. E. E. Maccoby et al., a. a. O., S. 174 ff.; Sherif, M., Group Influences upon the Formation of Norms and Attitudes, a. a. O., S. 219 ff.

[196]) Vgl. Janis, I. L. und Hovland, C. I., An Overview of Persuasibility Research, a. a. O., S. 13.

[197]) Vgl. Hovland, C. I., Reconciling Conflicting Results Derived from Experimental and Survey Studies of Attitude Change, a. a. O., S. 8.

[198]) Vgl. Allyn, J. und Festinger, L., The Effectiveness of Unanticipated Persuasive Communications, Journal of Abnormal and Social Psychology, 1961, S. 35 ff.; Freedman, J. L. und Sears, D. O., Warning, Distraction, and Resistance to Influence, Journal of Personal and Social Psychology, 1965, S. 262 ff.; McGuire, J. W. und Papageorgis, D., Effectiveness of Forewarning in Developing Resistance to Persuasion, Public Opinion Quarterly, 1962, S. 24 ff.

sich der Überzeugungsversuch bewegen wird, ihren Widerstand gegen die „freiwillige“ Annahme der Information vergrößern.

> *Eine „überzeugende“ Information ist wirksamer, wenn der Empfänger zuvor nicht vor den Absichten des Senders gewarnt wird.*

Diese Hypothese ist letztlich mit jener an früherer Stelle angeführten identisch, die den Effekt des „zufälligen“ Hörens zum Gegenstand hatte. Das Organisationsmitglied wird durch eigene Beobachtung, durch die Unterhaltung mit Kollegen und Freunden am Arbeitsplatz auf die Absichten des Chefs aufmerksam gemacht. Es erfährt von Plänen und Entscheidungen vielfach vor einer Unterrichtung und einer entsprechenden Instruktion durch den Chef. Damit kann es dessen Ausführungen mit einer kritischeren Einstellung begegnen, die Konsequenzen für die eigenen Ziele oder Werte rechtzeitig durchdenken und seine innere Bereitschaft zur Akzeptierung der Informationen mit seinem äußerlich beobachtbaren Verhalten abstimmen.

In den zitierten Experimenten wurden gleichzeitig mit Vorwarnungen die Folgen von *Ablenkungen* während der Kommunikation getestet, ebenfalls ein Faktor, der bei Experimenten im Gegensatz zur Empirie häufig eine geringe Rolle spielt[199]). Während ein gewarntes Individuum nach Gegenargumenten suchen wird, die es den Anschauungen des Vorgesetzten entgegenstellen kann, werden es Ablenkungen gerade davon abhalten. Die Sensitivität des Individuums gegenüber der „überzeugenden“ Information wird herabgesetzt. Deshalb wird das Individuum vorbehaltloser bereit sein, die angesprochenen Schlußfolgerungen zu billigen.

> *Die Bereitschaft des Empfängers, die in der „überzeugenden“ Information enthaltenen Schlußfolgerungen zu akzeptieren, nimmt zu, wenn er während der Informationsübertragung gewissen „Ablenkungen“ ausgesetzt ist.*

Diese Aussage ist aus mehreren Gründen mit Vorbehalt aufzunehmen. Gehen die Ablenkungen über ein bestimmtes Maß hinaus, so besteht die Gefahr, daß das Individuum die Nachricht nicht oder „schlecht“ versteht und deshalb die gegenläufige Tendenz wirksam wird. Gelingt es dem Individuum, die inkompatiblen Stimuli geistig zu isolieren, wozu es in gewissem Umfang fähig ist (z. B. Gewöhnung an Lärm), so wird die prognostizierte Wirkung ebenfalls ausbleiben. Ablenkungen können zudem „freundlich“ oder „unfreundlich“ sein, ebenso wie sie willkommener Anlaß sein können, um die Aufmerksamkeit vom Sprecher abzuwenden.

3.62 Rollenspiele

Beim *Rollenspiel* ist das zu beeinflussende Individuum nicht passiver Empfänger der „überzeugenden“ Informationen. Es wird vielmehr veran-

[199]) Vgl. Festinger, L. und Maccoby, N., On Resistance to Persuasive Communications, Journal of Abnormal and Social Psychology, 1964, S. 359 ff.; Allyn, J. und Festinger, L., a. a. O., S. 35 ff., Freedman, J. L. und Sears, D. O., a. a. O., S. 262 ff.; McGuire, J. W. und Papageorgis, D., a. a. O., S. 24 ff.

laßt, die Rolle der Person, deren Anschauungen es übernehmen soll, selbst zu spielen und aktiv mitzugestalten[200]). Ihm wird letztlich die Rolle des Kommunikationssenders, des Überzeugers oder Manipulators angetragen. Auf diese Weise soll das Individuum gezwungen werden, sich in die Lage der anderen Person zu versetzen und Dinge und Probleme aus einer Blickrichtung zu beurteilen, die vielfach der eigenen Einstellung widerspricht[201]). Das Individuum muß versuchen, die Welt mit den Augen eines anderen wahrzunehmen und Argumente zu finden, die dessen Attitüden stützen. Gelingt dies, dann scheint das Rollenspiel eine sehr wirkungsvolle Methode zu sein, um ein Individuum zu Attitüdenänderungen zu bewegen.

Rollenspiele haben sich bei der *Ausbildung von Führungskräften* für die Betriebswirtschaft *(leadership training, management training)* sehr bewährt[202]). Dabei werden den Spielern meist Rollen zugewiesen, die den von ihnen in der Betriebswirtschaft auszuführenden Aufgaben und zu verfolgenden Zielen entgegengesetzt sind. Der Produktionsleiter beispielsweise spielt den Verkaufschef, der Verkaufschef den Finanzdirektor, der Vorgesetzte den Untergebenen und der Untergebene den Vorgesetzten. Durch das Hineindenken in die Probleme des anderen soll ein größeres Verständnis für verschiedene Standpunkte, eine stärkere Identifizierung mit den Zielen der Betriebswirtschaft sowie eine Verminderung der aus konfliktären Zielen resultierenden Spannungen zwischen einzelnen organisatorischen Teilbereichen erreicht werden. Aus den bisher gesammelten Erfahrungen geht hervor, daß mit dieser Methode größere und nachhaltigere Attitüden- und Verhaltensänderungen als mit traditionelleren Schulungstechniken zu verzeichnen sind[203]).

Die Wirksamkeit von Rollenspielen wurde auch in der Kommunikationsforschung zu testen versucht. Die ersten Experimente gehen auf Janis und King zurück[204]). Ihnen liegen relativ einfache Spielsituationen zugrunde. In einem Experiment wurde jeder Versuchsperson ein Artikel übergeben, in dem Auffassungen zu einem aktuellen Thema vertreten wurden, die in

---

[200]) Vgl. Hovland, C. I. et al., Communication and Persuasion, a. a. O., S. 215 f.

[201]) Vgl. Schönfeld, H.-M., a. a. O., S. 223.

[202]) Vgl. Schönfeld, H.-M., a. a. O., S. 222 ff.; Biäsch, H., Die Ausbildung und Fortbildung der Führungskräfte, in: Handbuch der Psychologie, 9. Band, Hrsg. A. Mayer und B. Herwig, Göttingen 1961, S. 564; Scott, W. G., Human Relations in Management, a. a. O., S. 409 f.; Koontz, H. und O'Donnell, C., Principles of Management, New York, Toronto und London 1959, S. 374; Bavelas, A., Role-Playing and Management Training, Sociatry, 1947, S. 183 ff.; Hardwick, C. T. und Landuyt, B. F., a. a. O., S. 39 ff.; ferner Mayer, A., Probleme moderner betrieblicher Berufsausbildung, Neue Betriebswirtschaft, 1955, S. 4 ff.

[203]) Vgl. Schönfeld, H.-M., a. a. O., S. 223.

[204]) Vgl. dazu und im folgenden Janis, I. L. und King, B. T., Influence of Role-Playing on Opinion Change, Journal of Abnormal and Social Psychology, 1954, S. 211 ff.; King, B. T. und Janis, I. L., Comparison of the Effectiveness of Improvised versus Non-Improvised Role-Playing in Producing Opinion Change, Human Relations, 1956, S. 177 ff.; Zimmerman, C. und Bauer, R. A., The Effect of an Audience upon What Is Remembered, Public Opinion Quarterly, 1956, S. 238 ff.; Zimbardo, P. G., The Effect of Effort and Improvisation on Self-Persuasion Produced by Role-Playing, Journal of Experimental and Social Psychology, 1965, S. 103 ff.

starkem Gegensatz zu den Meinungen des Empfängers standen[205]). Dabei wurden auf dreifache Weise Beeinflussungsversuche unternommen. In einer Gruppe durfte jede Person den Artikel still für sich lesen; in einer zweiten mußte ihn eine Person jeweils vor mehreren anderen laut vorlesen; in einer dritten schließlich durfte die Versuchsperson den Artikel zunächst still lesen und mußte dann vor anderen eine improvisierte Rede darüber halten, in der sie den im Artikel eingenommenen Standpunkt vertrat. Die dritte (aktive) Verfahrensweise erwies sich als am weitaus wirksamsten. Zwischen dem ersten (passiven) und dem zweiten Verfahren (lautes Lesen) zeigte sich ein sehr geringer Vorteil zugunsten des ersten. Trotz dieser Abweichung vom prognostizierten Ergebnis bezüglich der zweiten Verhaltensweise scheint die These bestätigt:

> *Eine aktive Teilnahme des zu beeinflussenden Individuums bei dem Versuch, es zu überzeugen bzw. zu manipulieren (Rollenspiel), erhöht dessen Bereitschaft zur Attitüdenänderung bzw. zur „freiwilligen" Übernahme einer Entscheidungsprämisse*[206]).

Zur Erklärung der größeren Wirksamkeit von aktiver Beteiligung an der Beeinflussung im Gegensatz zu einer passiven Aufnahme der „überzeugenden" Informationen lassen sich verschiedene Faktoren und Argumente anführen. Durch den fingierten Rollentausch zwischen den Kommunikationspartnern werden beim Beeinflußten eine Reihe von Abwehrmechanismen weitgehend ausgeschaltet, die für das „richtige" Verstehen und Lernen der Informationen maßgeblich sind (z. B. selektive Wahrnehmung)[207]). Hovland et al. nehmen weiterhin an, daß sich das Individuum durch die von ihm gefundenen Argumente selbst überzeugt, vor allem soweit es Freude am Spiel, am Improvisieren gewinnt[208]). Außerdem kann vermutet werden, daß durch das offene Vertreten einer Meinung, auch wenn diese letztlich nicht mit den eigenen Auffassungen übereinstimmt, sich das Individuum dieser in gewissem Umfang verpflichtet fühlt. Der Erfolg der Beeinflussung ist hier dem Grundsatz „Sagen heißt glauben" zuzuschreiben[209]). Gerade mit dieser letzten Annahme haben sich die Vertreter der *Lehre von der kognitiven Dissonanz* eingehend befaßt[210]). Zu diesem Zweck führten sie in die Spielsituation eine weitere Bedingung ein. Die Spieler erhielten für ihre Mitwirkung eine Belohnung. Waren sie in ihrer Entscheidung, mitzuspielen oder nicht mitzuspielen, frei, so fiel ihnen die Entscheidung mitzuwirken, um so

---

205) Vgl. dazu King, B. T. und Janis, I. L., a. a. O., S. 177 ff.

206) Vgl. auch Berelson, B. und Steiner, G. A., a. a. O., S. 548.

207) Vgl. Klapper, J. T., a. a. O., S. 82.

208) Vgl. Hovland, C. I. et al., Communication and Persuasion, a. a. O., S. 233 ff.

209) Vgl. Jones, E. E. und Gerard, H. B., a. a. O., S. 487.

210) Vgl. dazu und im folgenden Kelman, H. C., Attitude Change as a Function of Response Restriction, Human Relations, 1953, S. 185 ff.; Festinger, L. und Carlsmith, J. M., Cognitive Consequences of Forced Compliance, Journal of Abnormal and Social Psychology, 1959, S. 203 ff.; Brehm, J. W. und Cohen, A. R., Explorations in Cognitive Dissonance, a. a. O., S. 97 ff.

leichter, je höher die Belohnung war. Es war angenommen worden, daß die ausgelöste kognitive Dissonanz um so größer sei, je geringer die Belohnung ist. Bei niedriger Belohnung zweifelt das Individuum, ob seine Entscheidung, mitzuspielen und einen Standpunkt zu vertreten, der dem eigenen widerspricht, richtig war. Es wird deshalb die Dissonanz dadurch zu reduzieren versuchen, daß es seine Meinung an die ihm durch das Rollenspiel aufgezwungene angleicht.

Diese Gedankengänge führen weit über Rollenspiele, wie sie bei der Führungsausbildung Verwendung finden, hinaus. Sie nähern sich Situationen, in denen die Übernahme der Rolle vom Individuum nicht mehr als bloßes Spiel angesehen wird. Damit gewinnen diese Überlegungen für alle Fälle an Bedeutung, in denen das Individuum aus freien Stücken eine bestimmte Rolle, Aufgabe oder Funktion übernimmt. Die „Spielsituationen" der Realität — z. B. *Eintrittsentscheidung* in die Betriebswirtschaft — sind allerdings derart komplex, daß sie sich durch Experimente einfachsten Zuschnitts kaum erhellen lassen. So ist es nicht verwunderlich, daß sich experimentelle Rollenspiele entwickeln ließen, die nicht zu dem in der Dissonanztheorie prognostizierten Ergebnis führten, in denen die Größe der Attitüdenänderung also beispielsweise nicht mit sinkenden, sondern mit steigenden Belohnungen korrelierte[211]). Diese Andeutungen machen bereits sichtbar, welche Anstrengungen noch notwendig sind, um über die Wirkungen des „Rollenspiels" als einer „Überzeugungs-" und Manipulationsmethode Aufschluß zu gewinnen.

3.7 Zusammenfassung und Ausblick: Die Problematik der Ableitung von Empfehlungen zur Führung durch Überzeugung und Manipulation

Ziel deses Kapitels war es, eine Reihe von Hypothesen abzuleiten, die in der Empirie und in Laborexperimenten einen gewissen Grad an Bestätigung erfahren haben. Ausgehend von der Erkenntnis, daß Überzeugungs- und Manipulationsversuche stets Kommunikationsprozesse implizieren, lag es nahe, das Paradigma einer Kommunikationsbeziehung zum Ausgangspunkt der Systematisierung der verschiedenen Hypothesen über die Wirksamkeit „überzeugender" Informationen und der dahinterstehenden Experimente zu machen. Die einzelnen Elemente einer Kommunikationsbeziehung — Sender, Medium, Inhalt, Empfänger und Situation — wurden gleichzeitig als die Haupteinflußgrößen bei Überzeugungs- und Manipulationsversuchen bezeichnet. Diese waren ihrerseits in mehrere Variablen unterteilt worden.

Nur für eine begrenzte Auswahl von Variablen liegen durch Laborexperimente oder empirische Erfahrungen bestätigte Hypothesen vor. In Verbin-

211) Vgl. Janis, I. L. und Gilmore, J. B., The Influence of Incentive Conditions on the Success of Role-Playing in Modifying Attitudes, Journal of Personal and Social Psychology, 1965, S. 17 ff.; Rosenberg, M. J., When Dissonance Fails: On Eliminating Evaluations Apprehension from Attitude Measurement, Journal of Personal and Social Psychology, 1965, S. 28 ff.

dung mit der Person oder der Gruppe des Kommunikationssenders wurde vor allem das Phänomen der Glaubwürdigkeit des Senders sowie die dem Sender vom Empfänger zugeschriebene Absicht, ihn überzeugen oder manipulieren zu wollen, überprüft. Als relativ wenig ergiebig für die Führung in betriebswirtschaftlichen Organisationen erwiesen sich die Aussagen der Kommunikationsforschung über die isolierte Wirksamkeit verschiedener Kommunikationsmedien. Die Überlegungen dazu wurden deshalb auf die Analyse der „Überzeugungskraft" verschiedener Kommunikationsformen, wie der mündlichen und der schriftlichen Kommunikation, des Vortrags und der Diskussion, ausgeweitet. Die Studien über die Wirksamkeit des Kommunikationsinhalts setzten sich schwerpunktartig mit der Art (einseitige oder zweiseitige Darstellung) und der Anordnung der Argumente (z. B. „positive" Argumente an den Anfang), der Formulierung der Schlußfolgerungen sowie der Einbeziehung von faktischem Wissen bzw. von Überzeugungen (beliefs) und von Werten oder Zielen in die Kommunikation auseinander. Der kognitiven Persönlichkeit des Kommunikationsempfängers wurde letztlich auf drei Ebenen bzw. aus drei Blickrichtungen Rechnung getragen: den Reaktionen des Individuums auf Störungen des kognitiven Gleichgewichts durch „überzeugende" Informationen, den Beziehungen zwischen Persönlichkeitsmerkmalen und „genereller Überzeugbarkeit" sowie der Bedeutung von als Gruppennormen verankerten Attitüden bei Überzeugungs- und Manipulationsversuchen. Als spezielle Charakteristika der Kommunikationssituation wurden Warnungen und Ablenkungen vor bzw. während der Kommunikation sowie experimentelle Rollenspiele betrachtet.

Die behandelten kommunikationstheoretischen Studien und Hypothesen geben die wichtigsten Bedingungen an, die für den erfolgreichen Abschluß von Überzeugungs- und Manipulationsversuchen, d. h. für die „freiwillige", mehr oder weniger bewußte Akzeptierung von Entscheidungsprämissen, ausschlaggebend sind. Mit der Darstellung dieser Bedingungen sind bei weitem die Schwierigkeiten noch nicht überwunden, die der *Formulierung von praktisch verwertbaren Empfehlungen für die Führung im Rahmen organisatorischer Entscheidungsprozesse* entgegenstehen. Gerade solche Empfehlungen sind jedoch im Sinne einer praktisch-normativen Betriebswirtschaftslehre letztlich anzustreben, um die Führungsfragen in Betriebswirtschaften einer Lösung näher zu bringen. Es scheint daher zweckmäßig, abschließend jene in erster Linie methodischen Probleme kurz zu skizzieren, die der Abgabe realistischer Empfehlungen noch im Wege stehen.

Ein erstes Problem dieser Art ergibt sich aus der Tatsache, daß die meisten der Hypothesen in Laborexperimenten getestet wurden. Es stellt sich zunächst die Frage, ob diese Hypothesen auch für die Feldsituation komplexer Organisationen Gültigkeit besitzen. Die Beantwortung dieser Frage erfordert eine Beurteilung des gegenwärtigen Standes der Forschung auf dem Gebiet der interpersonellen Überzeugung und Manipulation aus der Sicht einer umfassenden Methodologie der Organisationstheorie. Dabei kann an den grundsätzlichen Überlegungen von McGrath angeknüpft werden, der ein

Fünf-Phasen-Schema für organisatorische Forschungsprogramme vorschlägt. Von Bedeutung sind im vorliegenden Zusammenhang vor allem die von ihm unterschiedenen *Methoden der Organisationsforschung* und die Beziehungen, die er zwischen diesen herstellt (vgl. Abb. 3.4)[212]).

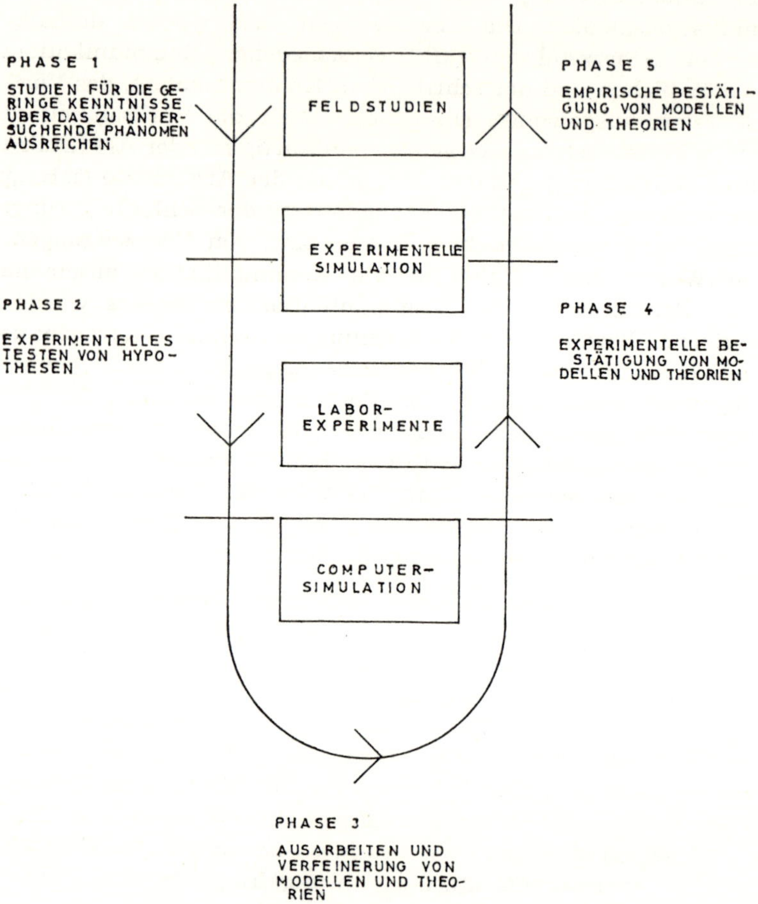

Abb. 3.4: Fünf-Phasen-Schema für organisationstheoretische Forschungsprogramme

McGrath führt vier Methoden der Organisationsforschung, die der Gewinnung wissenschaftlich zu verarbeitender Informationen dienen, an. Es sind dies: Feldstudien, experimentelle Simulationen, Laborexperimente und Computersimulationen.

---

212) Vgl. dazu und im folgenden McGrath, J. E., Toward a „Theory of Method“ for Research on Organizations, in: New Perspectives in Organization Research, Hrsg. W. W. Cooper, H. J. Leavitt und M. W. Shelly II, New York, London und Sydney 1964, S. 532 ff.

Als *Feldstudien* sind jene Forschungsmethoden zu bezeichnen, die in „natürlichen", das „reale Leben" wiedergebenden Situationen stattfinden. Diese Methoden umschließen alle Arten empirischer Untersuchungen, die Daten der Empirie verwenden. Dazu zählen so unterschiedliche „Studien" wie zufällige Beobachtungen, systematische Fallstudien am „Objekt" oder die gezielte Auswertung von Informationen, die in einer Organisation gesammelt, verarbeitet und gespeichert werden.

Auch bei *experimentellen Simulationen* handelt es sich um empirische Untersuchungen. Allerdings vollziehen sich diese unter „quasi-labormäßigen" Bedingungen. Die Organisation oder eine organisatorische Gruppe wird „in Bewegung", jedoch unter bestimmten das Verhalten der Akteure einschränkenden und kontrollierenden Bedingungen, beobachtet. Experimentelle Simulationen sind *Rollenspielen* oder *Planspielen* ähnlich, wie sie zu Ausbildungszwecken verwendet werden.

In *Laborexperimenten* findet eine weitgehende Abstraktion von den realen Gegebenheiten statt. Es wird „künstlich" eine Situation geschaffen, die es erlaubt, die Wirkung einer unabhängigen, systematisch variierten Größe auf eine oder mehrere abhängige Größen zu testen. Alle übrigen Variablen werden entweder aus der Versuchsreihe eliminiert, konstant gehalten, oder es werden deren Konsequenzen isoliert festgestellt.

Computersimulationen liegen besondere logische oder mathematische Modelle zugrunde. Die von Computern simulierbaren Modelle oder Theorien können beträchtlich in ihrer Komplexität variieren. Ihre Komplexität hängt nicht zuletzt von dem Ausschnitt organisatorischer Phänomene ab, die der Modellbildung und der Simulation unterworfen werden[213]).

Diese vier Forschungsmethoden repräsentieren nach McGrath Segmente eines Kontinuums, das nach dem Abstraktionsgrad der wissenschaftlichen Untersuchungen unterteilt ist[214]). Ihre Verwendung impliziert ein unterschiedlich hohes Informationsniveau und einen unterschiedlich hohen Stand der wissenschaftlichen Diskussion über die zu untersuchenden Probleme. Aus diesen Annahmen ergeben sich auch die fünf Phasen organisatorischer Forschungsprogramme.

Phase 1 umschließt Feldstudien sowie die Feldstudien am nächsten stehenden Typen experimenteller Simulationen. Es wird unterstellt, daß bei Verwendung der durch die erste Phase charakterisierten Methoden die Kenntnisse des Forschers über das zu untersuchende Phänomen relativ gering sein können. Für Studien mit Methoden der *Phase 2* — Laborexperimente und ähnliche experimentelle Simulationen — sind wesentlich fundiertere Kenntnisse erforderlich. Hier müssen sich zunächst zumindest „vorläufige" Hypothesen aufstellen lassen, die anschließend in den experimentellen Studien

[213]) Vgl. auch Koller, H., Simulation als Methode in der Betriebswirtschaft, Zeitschrift für Betriebswirtschaft, 1966, S. 95 ff.

[214]) Vgl. McGrath, J. E., a. a. O., S. 540.

zu testen sind. Ein noch höheres Ausgangsniveau setzt *Phase 3* voraus. Sie ist durch die Ausarbeitung und Verfeinerung von in Computern simulierbaren Modellen oder Theorien gekennzeichnet.

McGrath betrachtet das Kontinuum organisatorischer Forschungsmethoden als eine „Zwei-Bahn-Straße"[215]). Der Phase 2 entspricht formal die *Phase 4*. Sie bezieht sich auf die experimentelle Verifizierung bzw. Falsifizierung von Modellen oder Theorien. Die der Phase 1 formal entsprechende *Phase 5* schließlich hat die empirische Bestätigung von Modellen oder Theorien zum Gegenstand. Auf der „Gegenfahrbahn" gelangt man wieder zu den Feldstudien zurück. Es muß nachgewiesen werden, wie stark die theoretischen Überlegungen mit der Realität übereinstimmen.

Die in diesem Kapitel aufgestellten Hypothesen basieren auf Studien, die der ersten und vor allem der zweiten Phase des Schemas entsprechen. Es fehlen also noch die drei nachfolgenden Phasen. Lediglich für die dritte Phase sind noch vereinzelt bescheidene Ansätze vorhanden. Voraussetzung für Computersimulationen von sozialen Kommunikations- und Beeinflussungsprozessen ist, daß die einzelnen Aspekte dieser Prozesse im Sinne der im zweiten Kapitel andeutungsweise dargelegten Informationsverarbeitungstheorie formuliert werden. Interessant sind in diesem Zusammenhang die Versuche von Colby[216]), einen Digitalrechner so zu programmieren, daß eine Simulation der Änderung menschlicher Einstellungen möglich wird. Durch Kommunikation zwischen dem Rechner und einem Menschen soll ein im Rechner gespeichertes System von Einstellungen allmählich modifiziert werden.

Die zweiseitige (zweibahnige) Betrachtungsweise des Phasenschemas macht deutlich, daß Aussagen, die auf den Stufen 1 bis 3 gewonnen werden, nur bedingt als Basis für praktische Empfehlungen dienen können. Es würde eine Fehleinschätzung des gegenwärtigen Standes der sozialpsychologischen Kommunikationsforschung bedeuten, versuchte man, aus den bisherigen experimentellen und theoretischen Studien bereits eindeutige Empfehlungen abzuleiten. Dies schließt nicht aus, daß für einige wenige Situationen praktisch-normative Aussagen sehr wohl möglich sind, vor allem dort, wo Experimente in immer wieder verfeinerter Form wiederholt wurden.

Auf dem gleichen hier skizzierten Niveau wissenschaftlicher Forschung befinden sich im übrigen nicht nur die kommunikationstheoretischen Untersuchungen über die Wirksamkeit von interpersonellen Überzeugungs- und Manipulationsversuchen, sondern auch die bisher bekannten Ansätze zu einer Führungsstiltheorie. Auch hier dominieren neben Feldstudien die Laborexperimente, ohne daß es bisher gelungen wäre, aus den daraus hervorgegangenen Hypothesen geschlossene Modelle oder Theorien zu formulie-

---

215) McGrath, J. E., a. a. O., S. 555.

216) Vgl. Colby, K. M., Computer Simulation of Change in Personal Belief Systems, Behavioral Science, 1967, S. 248 ff., ferner Kirsch, W., Entscheidungen und Entscheidungsprämissen in der Unternehmungsorganisation, a. a. O., S. 159 und die dort angegebene Literatur.

ren und in der Realität zu testen. Die Relevanz der Hypothesen beider Richtungen — der hier behandelten kommunikationsorientierten Richtung sowie der „traditionellen" Führungsstiltheorie — für die Führung und Willensdurchsetzung in komplexen betriebswirtschaftlichen Organisationen ist daher mit einer gewissen Skepsis zu beurteilen.

Ein zweites methodisches Problem ergibt sich aus der Frage, wie sich hypothetische Aussagen in Empfehlungen für das Verhalten der Führungskräfte in betriebswirtschaftlichen Organisationen überführen lassen. Diese Frage scheint insofern leicht zu beantworten zu sein, als Hypothesen durch eine einfache *„technologische Umformulierung"* in Empfehlungen verwandelt werden können. Eine der aufgestellten Hypothesen lautet beispielsweise:

> *Eine „zufällig" aufgenommene Kommunikation ist wirksamer als eine, von welcher der Empfänger glaubt, sie sei speziell dazu bestimmt, ihn zu beeinflussen („overhearing effect").*

Diese Hypothese würde, zu einer Empfehlung umformuliert, etwa so lauten:

> *Der Vorgesetzte hat sich so zu verhalten, daß der Untergebene einen Beeinflussungsversuch (Überzeugungs- oder Manipulationsversuch) nicht als solchen erkennt.*

Eine solche technologische Umformulierung birgt jedoch eine Reihe von Gefahren in sich. Die auf diese Weise entstehenden Empfehlungen gelten nur unter den Bedingungen, die für die Aufstellung und Verifizierung der zugrundeliegenden Hypothesen in Feldstudien oder im Labor maßgeblich waren. Sehr oft unterbleibt die Aufzählung dieser Bedingungen. Die Empfehlungen werden verallgemeinert, ohne daß die jeweiligen Bedingungen der Testsituation angegeben werden. Außerdem sind in der Empirie meist mehrere Variablen gleichzeitig wirksam, deren Wirkungen sich entweder gegenseitig verstärken oder aber abschwächen. Zum gegenwärtigen Zeitpunkt ist der Effekt verschiedener gleichzeitig wirksamer Variablen nur sehr schwer abzuschätzen. Dies ergibt sich vor allem aus den streng labormäßigen Bedingungen, unter denen die Mehrzahl der Hypothesen getestet werden, d. h. aus der Anwendung der Ceteris-paribus-Klausel.

Mit der Aufzählung der Vorbehalte, die sich gegenüber einer technologischen Umformulierung von Hypothesen in Empfehlungen anmelden lassen, sind die methodischen Probleme, die die Gewinnung normativer Aussagen über das Verhalten der Vorgesetzten gegenüber den Untergebenen bei Überzeugungs- und Manipulationsversuchen aufwirft, noch keineswegs erschöpft. In der Regel kann ein gewünschter Endzustand, nämlich die Annahme einer Entscheidungsprämisse oder die Änderung einer Attitüde, auf mehrfache Weise erreicht werden. Für eine praktisch-normative Betrachtungsweise entsteht daraus das zusätzliche Problem einer Beurteilung und Bewertung der in einer konkreten Situation vorhandenen Möglichkeiten von Überzeugung und

Manipulation. Dies setzt Kriterien voraus, die eine Aussage über die „Effizienz“ oder „Leistungswirksamkeit“ der verschiedenen Instrumente der Führung durch Überzeugung und Manipulation erlauben.

In der modernen Organisationstheorie wird von *Effizienz* oder *Leistungswirksamkeit* in Verbindung mit der Beurteilung alternativer Organisationsformen gesprochen[217]). Hierunter versteht man „nicht einfach den Grad der Zielverwirklichung oder Produktivität im erweiterten Sinne und auch nicht nur die Ergiebigkeit, d. h. das Verhältnis von input und output. Man geht vielmehr von der Vorstellung des Systems aus, in dem mittels verschiedener Hilfsmittel ... ein Ziel verfolgt wird“[218]). Es ist bisher nicht gelungen, den Begriff der Leistungswirksamkeit operational zu definieren. Deshalb wird meist darauf verzichtet, ihn unmittelbar als Kriterium zur Beurteilung alternativer Organisationsformen heranzuziehen. Statt dessen werden Ersatz- oder Hilfskriterien abgeleitet und den Entscheidungen über organisatorische Veränderungen als spezifische Auswahlprinzipien zugrunde gelegt. Allerdings lassen sich auch derartige Hilfskriterien nur in den seltensten Fällen operational formulieren. In der Literatur zur Überzeugungs- und Manipulationsforschung sucht man zudem vergeblich nach solchen Effizienzkriterien.

Beachtung verdienen in diesem Zusammenhang die Gedankengänge von Thiele, der den Versuch unternommen hat, die Handhabung oder Lösung von Konflikten im Entscheidungsprozeß der Unternehmungsorganisation mit Hilfe eines Systems von Effizienzkriterien zu beurteilen[219]). Diese Überlegungen sind vor allem für die weiterführende Frage von Interesse, wie Überzeugung und Manipulation im Vergleich zu anderen Möglichkeiten der Willensdurchsetzung, Führung, Beeinflussung oder Machtausübung zu bewerten sind.

Jedem Versuch der Willensdurchsetzung liegt insofern die Annahme des Bestehens eines interpersonellen Konfliktes zugrunde, als der Beeinflußte zur *Änderung* von kognitiven Informationen — von Zielen, Werten, Überzeugungen, Attitüden usw. — veranlaßt werden soll[220]). Der Kommunikationsinhalt und die hervorgerufenen kognitiven Informationen stimmen nicht überein. In der Entscheidungstheorie spricht man von einem interpersonellen

---

[217]) Vgl. Comrey, A. L., A Research Plan for the Study of Organizational Effectiveness, in: Some Theories of Organization, Hrsg. A. H. Rubenstein und C. H. Haberstroh, Homewood, Ill. 1960, S. 361 ff.; Gross, B. M., The Managing of Organizations, London 1964, S. 119 ff.; Mayntz, R., Die Organisationssoziologie und ihre Beziehungen zur Organisationslehre, in: Organisation, TFB-Handbuch-Reihe, Hrsg. E. Schnaufer, und K. Agthe, Berlin und Baden-Baden 1961, S. 29 ff.; March, J. G. und Simon, H. A., a. a. O., S. 22 f.; Stratmann, H.-G., Die Kriterien der Leistungswirksamkeit im Rahmen der Gestaltung betriebswirtschaftlicher Organisationen, Diss. München 1968.

[218]) Mayntz, R., Die Organisationssoziologie und ihre Beziehungen zur Organisationslehre, a. a. O., S. 47.

[219]) Vgl. Thiele, L.-D., a. a. O., S. 93 ff.

[220]) Vgl. Kahn, R. L. und Boulding, E. (Hrsg.), Power and Conflict in Organizations, Ann Arbor, Mich. 1964, S. 1.

Konflikt, wenn sich im kollektiven Entscheidungsprozeß aufgrund unterschiedlicher Präferenzordnungen der Entscheidungssubjekte deren meistbevorzugte Alternativen gegenseitig ausschließen[221]). Überzeugung und Manipulation stellen ebenso wie andere Arten der Beeinflussung oder Machtausübung spezifische Methoden der Konflikthandhabung dar. *In Überzeugung und Manipulation sind in erster Linie Strategien zu sehen, die der Vermeidung und Unterdrückung sowie der „friedlichen" Lösung interpersoneller Konflikte dienen*[222]*).*

Thiele hat zur Beantwortung der Effizienz der verschiedenen Formen der Konflikthandhabung fünf Kriterien herangezogen: externe Kosten, Handhabungskosten, Ausnutzung der Entscheidungskapazität, Stabilität und Flexibilität des Entscheidungsprozesses[223]).

Unter *„externen Kosten"* ist — bezogen auf die vorliegende Problemstellung — die Minderung der Zielerreichung zu verstehen, die dem Vorgesetzten bzw. der Betriebswirtschaft entsteht, wenn das untergeordnete Organisationsmitglied eine Information nicht als Entscheidungsprämisse akzeptiert. *Handhabungskosten* entstehen dem Vorgesetzten in Form von Zeit- und sonstigem Wertverzehr durch den Versuch der Konfliktlösung[224]). Es ist der mit der Führung durch Überzeugung und Manipulation unmittelbar verbundene bewertete Güter- und Diensteverzehr. Das Kriterium der *Ausnutzung der Entscheidungskapazität* bezieht sich auf die Eigenschaften und Fähigkeiten des Vorgesetzten oder Führers. Dieses Kriterium gibt insbesondere die Grenzen an, die einer Führung durch Überzeugung und Manipulation durch die Persönlichkeit des Beeinflussenden gesetzt sind. *Stabilität* und *Flexibilität* des Entscheidungsprozesses stellen in der Regel zumindest partiell konkurrierende Kriterien dar. Sie bringen die Fähigkeit und den Willen von Führer und Geführten zum Ausdruck, sich Umweltveränderungen anzupassen[225]).

Bei einer Manipulation werden die „externen Kosten" dann sehr hoch sein, wenn der Untergebene die Manipulation erkennt und deshalb auch später nicht ohne weiteres bereit ist, den Vorstellungen des Vorgesetzten zu folgen. Ein ähnliches Ergebnis ist bei einem auf Ablehnung stoßenden autoritären Führungsstil zu erwarten. Gelingt es durch einen einfachen „Kunstgriff", den Untergebenen zur Annahme einer Entscheidungsprämisse zu bewegen, so werden die durch diese Manipulation verursachten Handhabungskosten sehr gering sein. Auch bei physischem Zwang, Unterdrückung und Dro-

---

[221]) Vgl. Heinen, E., Das Zielsystem der Unternehmung, a. a. O., S. 223; Thiele, L.-D., a. a. O., S. 3 f.; Bidlingmaier, J., a. a. O., S. 47.

[222]) Vgl. Bidlingmaier, J., a. a. O., S. 128 ff. Die Lösung intrapersoneller Konflikte wurde in Verbindung mit dem Streben des Individuums nach einem kognitiven Gleichgewicht diskutiert.

[223]) Vgl. Thiele, L.-D., a. a. O., S. 96 ff.

[224]) Vgl. Buchanan, J. M. und Tullock, G., The Calculus of Consent, Ann Arbor, Mich. 1962, S. 43.

[225]) Vgl. Meffert, H., Die Flexibilität betriebswirtschaftlicher Entscheidungen, a. a. O., S. 21.

hungen bleiben die Handhabungskosten oftmals relativ niedrig. Dagegen sind sie bei Überzeugungsversuchen sowie bei einer Führung, die auf dem Gedanken der Mitbestimmung im Sinne der Mitentscheidung basiert, meist sehr hoch zu veranschlagen. Ebenso setzen Überzeugung und Manipulation eine starke Ausschöpfung der quantitativen und qualitativen Kapazitäten der Führungspersönlichkeit voraus. Der Vorgesetzte muß bei der Ausübung von „cue control", wie dies vor allem bei Überzeugung und Manipulation geschieht, über hohe Führungsqualitäten verfügen und diese oft einer harten Bewährungsprobe aussetzen. Gerade hinter dem lapidar formulierten Kriterium „Ausnutzung der Entscheidungskapazität" verbergen sich neben den Möglichkeiten vor allem auch die Grenzen, die einer Führung durch Überzeugung und Manipulation aufgrund der persönlichen Eigenschaften des Führers gesetzt sind. Weiterhin ist anzunehmen, daß die freiwillige, nicht auf der Drohung mit Zwang und Sanktionen basierende Übernahme einer Entscheidungsprämisse zu relativ stabilen organisatorischen Regelungen führt. Gleichzeitig besteht jedoch die Gefahr, daß „freiwillig" akzeptierte Entscheidungsprämissen später schwerer aufgegeben werden als solche, denen zwar gefolgt wurde, mit denen sich der Untergebene jedoch nicht identifiziert. Insofern kann ein „überzeugender" Führungsstil von einer Flexibilitätseinbuße organisatorischer Entscheidungsprozesse begleitet sein.

Überzeugung (im engeren Sinne) als Instrument der Führung ist nicht allein nach Effizienzkriterien zu beurteilen. Gerade in *demokratischen Gesellschaftssystemen* wird mit dem Begriff der Überzeugung selbst ein positiver Wert assoziiert. Überzeugung wird als Führungsstil empfohlen, ohne daß seine Leistungswirksamkeit in verschiedenen empirischen Situationen im Vergleich zu anderen Führungsstilen beachtet wird. Bei dieser Betrachtungsweise ist *Überzeugung nicht* mehr ein *Mittel zur Willensdurchsetzung* in betriebswirtschaftlichen Organisationen, sondern ein *Ziel.* Es ist dann zu prüfen, wie dieses Ziel mit dem geringsten Mitteleinsatz erreicht werden kann. Die Kriterien der Leistungswirksamkeit erfüllen wiederum eine wichtige Auswahlfunktion, wenn auch hier unter der Nebenbedingung der *Überzeugung als Ziel.* Die Gestaltungsmöglichkeiten werden dabei nicht zuletzt durch die verschiedenen Organisationsformen determiniert, die für einen mehr oder weniger „demokratischen" oder „partizipativen" Führungsstil bestimmend sind: Dezentralisation des organisatorischen Entscheidungsprozesses, Eigenverantwortlichkeit der Organisationsmitglieder, Mitwirkung an der Planung der Ziele der Organisation, vor allem aber der Ziele der eigenen Arbeitsgruppe sowie Gruppendiskussion und Gruppenentscheidung (Teambildung) und somit auch relativ ungebundene Kommunikationsbeziehungen.

Die Vorbehalte, die gegenüber diesem Vorgehen geltend zu machen sind, beruhen auf der nahezu untrennbaren Verbindung von Überzeugungs- und Manipulationsvorgängen in der Realität. Ein „demokratischer" Führungsstil ist einerseits zwar ein wichtiges Hilfsmittel bei der Überzeugung der untergeordneten Organisationsmitglieder, andererseits schließt er deren Manipulation nicht aus. Bekanntlich neigt man vielfach dazu, partizipative Führungsstile als besonders wirksames Instrument der Manipulation aufzufassen. Diese Meinung ist nicht zuletzt auf seiten der „Nutznießer“ einer „demokratischen“ Form der Führung verbreitet: auf seiten der Arbeitnehmer.

Anders als der Begriff der Überzeugung weist der Begriff der Manipulation auf ein Instrument der Willensdurchsetzung hin, das in unserer Kultur ausgesprochen negativ bewertet wird. Empfehlungen für die Führung der Organisationsmitglieder, die an dem positiv bewerteten Begriff Überzeugung ausgerichtet sind, lassen sich wegen der engen Verknüpfung des Phänomens der Überzeugung mit dem der Manipulation deshalb höchstens in Ausnahmefällen geben. Letztlich machen die Begriffe Überzeugung und Manipulation eine häufig anzutreffende Ambivalenz von menschlichen Gedankengängen, Verhaltensweisen und sozialen Beziehungen deutlich, eine Ambivalenz, die gerade in der Führungsstiltheorie allzuoft vernachlässigt wird. Ihren aktuellen Bezug findet sie in der Forderung der Arbeitnehmer nach Mitbestimmung, nach Partizipation einerseits und in der weit verbreiteten Skepsis in denselben Gruppen und bei denselben Personen gegenüber diesen Formen der Organisation sozialer Beziehungen in der Betriebswirtschaft andererseits.

Literaturverzeichnis

Abelson, H. J., How Opinions and Attitudes are Changed, New York 1959.

Abelson, R. P. und Lesser, G. S., The Measurement of Persuasibility in Children, in: Personality and Persuasibility, Hrsg. C. I. Hovland und I. L. Janis, New Haven und London 1959, S. 141 ff.

Abelson, R. P. und Lesser, G. S., A Developmental Theory of Persuasibility, in: Personality and Persuasibility, Hrsg. C. I. Hovland und I. L. Janis, New Haven und London 1959, S. 167 ff.

Ackermann, A., Feurer, W. und Ulrich, H., Innerbetriebliche Information als Führungsaufgabe, Bern 1959.

Ackoff, R. C., Towards a Behavioral Theory of Communication, Management Science, 1958, S. 210 ff.

Adams, J. St. und Romney, A. K., The Determinants of Authority Interactions, in: Decisions, Values and Groups, Hrsg. N. F. Washburne, Oxford, London, New York und Paris 1962.

Adorno, T., Frenkel-Brunswik, E., Levinson, D. und Sanford, R., The Authoritarian Personality, New York 1950.

Albach, H., Entscheidungsprozeß und Informationsfluß in der Unternehmensorganisation, in: Organisation, TFB-Handbuch-Reihe, Hrsg. E. Schnaufer und K. Agthe, Berlin und Baden-Baden 1961, S. 355 ff.

Albers, H. H., Principles of Organization and Management, New York, London und Sydney 1965.

Allyn, J. und Festinger, L., The Effectiveness of Unanticipated Persuasive Communications, Journal of Abnormal and Social Psychology, 1961, S. 35 ff.

Alston, W. P., Philosophy of Language, Englewood Cliffs, N. J. 1964.

Anderson, R. C. und Ausubel, D. P. (Hrsg.), Readings in Psychology of Cognition, New York 1966.

Argyris, Ch., Integrating the Individual and the Organization, New York und London 1964.

Argyris, Ch., Personality and Organization, New York, Evanston, London und Tokyo 1965.

Asch, S. E., Forming Impressions of Personality, Journal of Abnormal and Social Psychology, 1946, S. 258 ff.

Asch, S. E., The Doctrine of Suggestion, Prestige and Imitation in Social Psychology, Social Psychology Review, 1948, S. 250 ff.

Asch, S. E., Effects of Group Pressure upon the Modification and Distortion of Judgments, in: Readings in Social Psychology, Hrsg. E. E. Maccoby, Th. M. Newcomb und E. L. Hartley, New York, Chicago, San Francisco und Toronto 1958, S. 174 ff.

Atteslander, P., Das Interaktionsprogramm, eine Methode der Verhaltensforschung im Industriebetrieb, Die Unternehmung, 1963, S. 121 ff.

Back, K. W., Influence through Social Communication, in: Readings in Social Psychology, Hrsg. E. E. Maccoby, Th. M. Newcomb und E. L. Hartley, New York, Chicago, San Francisco und Toronto 1958, S. 183 ff.

Back, K. W., Can Subjects Be Humans and Humans be Subjects? in: Mathematical Methods in Small Group Processes, Hsrg. J. H. Criswell, H. Solomon und P. Suppes, Stanford, Cal. 1962, S. 35 ff.

Barnard, Ch. J., The Functions of the Executive, 14. Aufl., Cambridge, Mass. 1960.

Bass, B. M., Leadership, Psychology, and Organizational Behavior, New York, Evanston und London 1965.

Bass, B. M., Organizational Psychology, Boston 1965.

Bauer, R. B., Hidden Persuaders? in: Consumer Behavior and the Behavioral Sciences, Hrsg. St. H. Britt, New York, London und Sydney 1966, S. 6. ff.

Bavelas, A., Role-Playing in Management Training, Sociatry, 1947, S. 183 ff.

Bavelas, A., Communication Patterns in Task-Oriented Groups, in: Group Dynamics, Hrsg. D. Cartwright und A. Zander, Evanston, Ill. 1960, S. 669 ff.

Bavelas, A., Leadership: Man and Function, Administrative Science Quarterly, 1960, S. 491 ff.

Berelson, B. und Steiner, G. A., Human Behavior, New York, Chicago und Burlingame 1964.

Bergin, A. E., The Effect of Dissonant Persuasive Communications upon Changes in Self-Referring Attitudes, Journal of Personality, 1962, S. 423 ff.

Bergius, R., Einfache Lernvorgänge, in: Handbuch der Psychologie, 1. Band, 2. Halbband, Hrsg. R. Bergius, Göttingen 1964, S. 147 ff.

Bergius, R., Behavioristische Motivationsbegriffe, in: Handbuch der Psychologie, 2. Band, Hrsg. H. Thomae, Göttingen 1965, S. 817 ff.

Bergmann, J. und Zapf, W., Kommunikation im Industriebetrieb, Frankfurt 1965.

Berkowitz, L. und Cottingham, D. R., The Interest Value and Relevance of Fear-Arousing Communications, Journal of Abnormal and Social Psychology, 1960, S. 37 ff.

Berlo, D. K., The Process of Communication, New York, Chicago, San Francisco, Toronto und London 1960.

Berlyne, D. E., Structure and Direction in Thinking, New York, London und Sydney 1965.

Berlyne, D. E., Knowledge and Stimulus-Response Psychology, in: Readings in Psychology of Cognition, Hrsg. R. C. Anderson und D. P. Ausubel, New York, Chicago, San Francisco, Toronto und London 1966, S. 41 ff.

Biäsch, H., Die Ausbildung und Fortbildung der Führungskräfte, in: Handbuch der Psychologie, 9. Band, Hrsg.A. Mayer und B. Herwig, Göttingen 1961, S. 556 ff.

Biddle, B. J., Roles, Goals, and Value Structures in Organizations, in: New Perspectives in Organization Research, Hrsg. W. W. Cooper, H. J. Leavitt und M. W. Shelly II, New York, London und Sydney 1964, S. 150 ff.

Bidlingmaier, J., Zielkonflikte und Zielkompromisse im unternehmerischen Entscheidungsprozeß, Wiesbaden 1968.

Blake, R. R., Shephard, H. A. und Mouton, J. S., Managing Intergroup Conflict in Industry, Houston, Texas 1964.

Blau, P. M. und Scott, W. R., Formal Organizations, San Francisco, Cal. 1962.

Bleicher, K., Zur Zentralisation und Dezentralisation des Entscheidungsprozesses in der Unternehmungsorganisation, in: Organisation und Rechnungswesen, Festschrift für E. Kosiol, Hrsg. E. Grochla, Berlin 1965, S. 125 ff.

Blohm, H. und Heinrich, L. J., Schwachstellen der betrieblichen Berichterstattung, Baden-Baden und Bad Homburg 1965.

Bössmann, E., Die ökonomische Analyse von Kommunikationsbeziehungen in Organisationen, Berlin, Heidelberg und New York 1967.

Boulding, K. E., The Image, Binghamton, N. Y. 1956.

Boulding, K. E., Conflict and Defense, New York, Evanston und London 1963.

Bowlby, J., Theorien über den „Trieb" und die „Triebreaktion", in: Die Motivation menschlichen Handelns, Hrsg. H. Thomae, Köln und Berlin 1965, S. 113 ff.

Brehm, J. B. und Cohen, A. R., Explorations in Cognitive Dissonance, New York, London und Sydney 1962.

Brembeck, W. L. und Howell, W. S., Persuasion: A Means of Social Control, Englewood Cliffs, N. J. 1952.

Brim, O. G., Glass, D. C., Lavin, D. E. und Goodman, N., Personality and Decision Processes, Stanford, Cal. 1962.

Britt, St. H. (Hrsg.), Consumer Behavior and the Behavioral Sciences, New York, London und Sydney 1966.

Brock, T. C. und Becker, L. A., Ineffectiveness of „Overheard" Counterpropaganda, Journal of Personal and Social Psychology, 1965, S. 654 ff.

Brown, R., Social Psychology, New York und London 1965.

Buchanan, J. M. und Tullock, G., The Calculus of Consent, Ann Arbor, Mich. 1962.

Campbell, D. T., Systematic Error on the Part of Human Links in Communication Systems, Information and Control, 1958, S. 334 ff.

Cantril, H. und Allport, G. W., The Psychology of Radio, New York 1935.

Carey, J. W., Some Personality Correlates of Persuasibility, in: Consumer Behavior and Behavioral Sciences, Hrsg. St. H. Britt, New York 1966, S. 462 ff.

Carlson, R., Attitude Change through Modification of Attitude Structure, Journal of Abnormal and Social Psychology, 1956, S. 256 ff.

Carroll, J. B., Language and Thought, Englewood Cliffs, N. J. 1964.

Cartwright, D., Power: A Neglected Variable in Social Psychology, in: Studies in Social Power, Hrsg. D. Cartwright, Ann Arbor, Mich. 1959, S. 1 ff.

Cartwright, D., A Field Theoretical Concept of Power, in: Studies in Social Power, Hrsg. D. Cartwright, Ann Arbor, Mich. 1959, S. 183 ff.

Cartwright, D., Influence, Leadership, Control, in: Handbook of Organizations, Hrsg. J. G. March, Chicago 1965, S. 1 ff.

Cartwright, D., Creating Cognitive Structure, in: Consumer Behavior and the Behavioral Sciences, Hrsg. St. H. Britt, New York, London und Sydney 1966, S. 452 ff.

Cartwright, D. und Zander, A. (Hrsg.), Group Dynamics, 2. Aufl., Evanston, Ill. 1962.

Cattell, R. B., Factor Analysis, New York 1952.

Cherry, Colin, Kommunikationsforschung — eine neue Wissenschaft, Hamburg 1963.

Coch, L. und French, J. R. P. jr., Overcoming Resistance to Change, in: Readings in Social Psychology, Hrsg. E. E. Maccoby, Th. M. Newcomb und E. L. Hartley, New York, Chicago, San Francisco und Toronto 1958, S. 233 ff.

Coenenberg, A. G., Die Kommunikation in der Unternehmung, Wiesbaden 1966.

Cohen, A. R., Need for Cognition and Order of Communication as Determinants of Opinion Change, in: The Order of Presentation in Persuasion, Hrsg. C. I. Hovland et al., New Haven und London 1957, S. 79 ff.

Cohen, A. R., Some Implications of Self-Esteem for Social Influence, in: Personality and Persuasibility, Hrsg. C. I. Hovland und I. L. Janis, New Haven und London 1959, S. 102 ff.

Cohen, A. R., Stotland, E. und Wolfe, D. M., An Experimental Investigation of Need for Cognition, Journal of Abnormal and Social Psychology, 1955, S. 291 ff.

Colby, K. M., Computer Simulation of Change in Personal Belief Systems, Behavioral Science, 1967, S. 248 ff.

Collins, B. E. und Guetzkow, H., A Social Psychology of Group Processes for Decision-Making, New York, London und Sydney 1964.

Comrey, A. L., A Research Plan for the Study of Organizational Effectiveness, in: Some Theories of Organization, Hrsg. A. H. Rubenstein und C. H. Haberstroh, Homewood, Ill. 1960, S. 361 ff.

Cooper, E. und Dinerman, H., Analysis of the Film „Don't Be A Sucker": A Study in Communication, Public Opinion Quarterly, 1951, S. 243 ff.

Cromwell, H., The Relative Effect on Audience Attitude of the First versus the Second Argumentative Speech of a Series, Speech Monographs, 1950, S. 105 ff.

Cube, F. v., Kybernetische Grundlagen des Lernens und Lehrens, Stuttgart 1965.

Cyert, R. M. und March, J. G., A Behavioral Theory of the Firm, Englewood Cliffs, N. J. 1963.

Dahl, R. A., The Concept of Power, Behavioral Science, 1957, S. 201 ff.

Dahrendorf, R., Sozialstruktur des Betriebes, Wiesbaden 1959.

Dahrendorf, R., Homo Sociologicus, 5. Aufl., Köln und Opladen 1965.

DeFleur, M., The Emergence and Functioning of Opinion Leadership: Some Conditions of Informal Influence Transmission, in: Decisions, Values and Groups, Hrsg. N. F. Washburne, Oxford, London, New York und Paris 1962.

Dienstbach, H., Die Anpassung der Unternehmungsorganisation — Zur betriebswirtschaftlichen Bedeutung der Konzeption des „Planned Organizational Change", Diss. München 1968.

Dill, W. R., Desegration or Integration? Comments about Contemporary Research on Organizations, in: New Perspectives in Organization Research, Hrsg. W. W. Cooper, H. J. Leavitt und M. W. Shelly II, New York, London und Sydney 1964, S. 39 ff.

DiVesta, F. J. und Merwin, J. C., The Effects of Need-Oriented Communications on Attitude Change, Journal of Abnormal and Social Psychology, 1960, S. 80 ff.

Drucker, P., The Practice of Management, New York 1954.

Emery, F. E., Characteristics of Socio-Technical Systems, Tavistock Institute, London 1959.

Etzioni, A., Modern Organizations, Englewood Cliffs, N. J. 1964.

Etzioni, A., Soziologie der Organisationen, München 1967.

Eyferth, K., Lernen als Anpassung des Organismus durch bedingte Reaktionen, in: Handbuch der Psychologie, 1. Band, 2. Halbband, Hrsg. R. Bergius, Göttingen 1964, S. 76.

Fäßler, K., Betriebliche Mitbestimmung, Wiesbaden 1970.

Ferguson, L. W., An Analysis of the Generality of Suggestibility to Group Opinion, Character and Personality, 1944, S. 237 ff.

Festinger, L., A Theory of Cognitive Dissonance, Stanford, Cal. 1957.

Festinger, L., Informal Social Communication, in: Group Dynamics, Hrsg. D. Cartwright und A. Zander, Evanston, Ill. 1962, S. 286 ff.

Festinger, L., Conflict, Decision, and Dissonance, Stanford, Cal. 1964.

Festinger, L., Die Lehre von der „kognitiven Dissonanz", in: Grundfragen der Kommunikationsforschung, Hrsg. W. Schramm, München 1964, S. 27 ff.

Festinger, L. und Carlsmith, J. M., Cognitive Consequences of Forced Compliance, Journal of Abnormal and Social Psychology, 1959, S. 203 ff.

Festinger, L. und Maccoby, N., On Resistance to Persuasive Communications, Journal of Abnormal and Social Psychology, 1964, S. 359 ff.

Festinger, L., Schachter, St. und Back, K. W., The Operation of Group Standards, in: Group Dynamics, Hrsg. D. Cartwright und A. Zander, Evanston, Ill. 1960, S. 241 ff.

Fischer, G., Die Führung von Betrieben, Stuttgart 1961.

Fischer, G., Politik der Betriebsführung, Stuttgart 1962.

Frank, H., Informationspsychologie, in: Kybernetik, Hrsg. H. Frank, 5. Aufl., Frankfurt am Main 1965.

Franke, H. W., Der manipulierte Mensch, Grundlagen der Werbung und Meinungsbildung, Wiesbaden 1964.

Freedman, J. L. und Sears, D. O., Warning, Distraction, and Resistance to Influence, Journal of Personal and Social Psychology, 1965, S. 262 ff.

French, J. R. P. jr., A Formal Theory of Social Power, in: Group Dynamics, Hrsg. D. Cartwright und A. Zander, 2. Aufl., Evanston, Ill. 1962, S. 727 ff.

French, J. R. P. jr. und Raven, B., The Bases of Social Power, in: Studies in Social Power, Hrsg. D. Cartwright, Ann Arbor, Mich. 1959, S. 150 ff.

Gäfgen, G., Theorie der wirtschaftlichen Entscheidung, 2. Aufl., Tübingen 1968.

Gardner, B. B. und Moore, D. G., Human Relations in Industry, Homewood, Ill. 1945.

Gibb, J. R., Defensive Communication, in: Readings in Managerial Psychology, Hrsg. H. J. Leavitt und L. R. Pondy, Chicago, London und Toronto 1964, S. 191 ff.

Gilman, G., An Inquiry into the Nature and Use of Authority, in: Organization Theory in Industrial Practice, Hrsg. M. Haire, New York 1962, S. 105 ff.

Goldstein, M. J., The Relationship between Coping and Avoiding Behavior and Response to Fear-Arousing Propaganda, Journal of Abnormal and Social Psychology, 1959, S. 247 ff.

Golembiewski, R. T., Small Groups and Large Organizations, in: Handbook of Organizations, Hrsg. J. G. March, Chicago 1965, S. 87 ff.

Gouldner, A. W. (Hrsg.), Studies in Leadership, New York 1950.

Graumann, C.-F., Eigenschaften als Problem der Persönlichkeitsforschung, in: Handbuch der Psychologie, 4. Band, Hrsg. Ph. Lersch und H. Thomae, Göttingen 1960, S. 87 ff.

Graumann, C.-F., Die Dynamik von Interessen, Wertungen und Einstellungen, in: Handbuch der Psychologie, 2. Band, Hrsg. H. Thomae, Göttingen 1965.

Gross, B. M., The Managing of Organizations, London 1964.

Größle, H. K., Der Mensch in der industriellen Fertigung, Wiesbaden 1957.

Grün, O., Informale Erscheinungen in der Betriebsorganisation, Berlin 1966.

Guetzkow, H., Communications in Organizations, in: Handbook of Organizations, Hrsg. J. G. March, Chicago 1965, S. 534 ff.

Guetzkow, H. und Simon, H. A., The Impact of Certain Communication Nets upon Organization and Performance in Task-Oriented Groups, Management Science, 1955, S. 233 ff.

Guilford, J. P., Personality, New York 1959.

Gutenberg, E., Unternehmensführung — Organisation und Entscheidungen, Wiesbaden 1962.

Gutenberg, E., Grundlagen der Betriebswirtschaftslehre, Band 1, Die Produktion, 14. Aufl., Berlin, Göttingen und Heidelberg 1968.

Haire, M., The Concept of Power and the Concept of Man, in: Social Science Approaches to Business Behavior, Hrsg. Ch. Argyris et al., Homewood, Ill. 1962.

Hall, M. F., Communication within Organizations, Journal of Management Studies, Band 2, 1965, S. 54 ff.

Hall, C. S. und Lindzey, G., Theories of Personality, New York, London und Sydney 1957.

Hamburg, C. H., Symbol, in: A Dictionary of Social Sciences, Hrsg. J. Gould und W. L. Kolb, New York 1964, S. 710 ff.

Haney, W. V., Communication and Organizational Behavior, Homewood, Ill. 1967.

Hardwick, C. T. und Landuyt, B. F., Administrative Strategy and Decision Making, Cincinnati, Ohio 1966.

Hare, A. P., Handbook of Small Group Research, New York und London 1962.

Harsanyi, J., Messung der sozialen Macht, in: Spieltheorie und Sozialwissenschaften, Hrsg. M. Shubik, Hamburg 1965, S. 190 ff.

Hartley, E. L. und Hartley, R. E., Die Grundlagen der Sozialpsychologie, Berlin 1955.

Hartmann, H., Funktionale Autorität, Stuttgart 1964.

Häusler, J., Grundfragen der Betriebsführung, Wiesbaden 1966.

Hax, H., Kommunikationssysteme, in: Handwörterbuch der Organisation, Hrsg. E. Grochla, Stuttgart 1969, Sp. 845 ff.

Hehlmann, W., Wörterbuch der Psychologie, 3. Aufl., Stuttgart o. J.

Heider, F., The Psychology of Interpersonal Relations, New York und London 1958.

Heinen, E., Die Zielfunktion der Unternehmung, in: Zur Theorie der Unternehmung, Festschrift für E. Gutenberg, Hrsg. H. Koch, Wiesbaden 1962, S. 9 ff.

Heinen, E., Betriebswirtschaftliche Kostenlehre, Band I, Begriff und Theorie der Kosten, 2. Aufl., Wiesbaden 1965.

Heinen, E., Das Zielsystem der Unternehmung, Wiesbaden 1966.

Heinen, E., Einführung in die Betriebswirtschaftslehre, Wiesbaden 1968.

Hofstätter, P. R., Gruppendynamik, Hamburg 1957.

Hofstätter, P. R., Persönlichkeit, in: Psychologie (Fischer-Lexikon), Frankfurt 1957, S. 223 ff.

Hofstätter, P. R., Einführung in die Sozialpsychologie, 4. Aufl., Stuttgart 1966.

Hollander, E. P., Leaders, Groups, and Influence, New York 1964.

Homans, G. C., Theorie der sozialen Gruppe, Köln und Opladen 1960.

Homans, G. C., Elementarformen sozialen Verhaltens, Köln und Opladen 1968.

Hörmann, H., Bedingungen für das Behalten, Vergessen und Erinnern, in: Handbuch der Psychologie, 1. Band, 2. Halbband, Hrsg. R. Bergius, Göttingen 1964, S. 225 ff.

Hovland, C. I., Effects of the Mass Media of Communication, in: Handbook of Social Psychology, Hrsg. G. Lindzey, London 1954, S. 1062 ff.

Hovland, C. I., Reconciling Conflicting Results Derived from Experimental and Survey Studies of Attitude Change, American Psychologist, Nr. 14, 1959, S. 8 ff.

Hovland, C. I., Campbell, E. H. und Brock, T., The Effects of „Commitment" on Opinion Change Following Communication, in: The Order of Presentation in Persuasion, Hrsg. C. I. Hovland et al., New Haven und London 1957, S. 23 ff.

Hovland, C. I., Harvey, O. J und Sherif, M., Assimilation and Contrast Effects in Reactions to Communication and Attitude Change, Journal of Abnormal and Social Psychology, 1957, S. 244 ff.

Hovland, C. I. und Janis, I. L. (Hrsg.), Personality and Persuasibility, New Haven und London 1959.

Hovland, C. I., Janis, I. L. und Kelley, H. H., Communication and Persuasion, New Haven und London 1953.

Hovland, C. I., Lumsdaine, A. A. und Sheffield, F. D., Experiments on Mass Communication, New York 1949.

Hovland, C. I. und Mandell, W., An Experimental Comparison of Conclusion-Drawing by the Communicator and by the Audience, Journal of Abnormal and Social Psychology, 1952, S. 581 ff.

Hovland, C. I. und Mandell, W., Is There a „Law of Primacy in Persuasion"?, in: The Order of Presentation in Persuasion, Hrsg. C. I. Hovland et al., New Haven und London 1957, S. 13 ff.

Hovland, C. I., Mandell, W., Campbell, E. H., Brock, T., Luchins, A. S., Cohen, A. R., McGuire, W. J., Janis, I. L., Feierabend, R. L. und Anderson, N. H., The Order of Presentation in Persuasion, New Haven und London 1957.

Hovland, C. I. und Rosenberg, M. J. (Hrsg.), Attitude Organization and Change, New Haven und London 1960.

Hovland, C. I. und Weiss, W., The Influence of Source Credibility on Communication Effectiveness, Public Opinion Quarterly, 1951, S. 635 ff.

Howard, J. A., Marketing Theory, Boston 1965.

Irle, M., Führungsprobleme, in: Handbuch der Psychologie, 9. Band, Hrsg. A. Mayer und B. Herwig, Göttingen 1961, S. 511 ff.

Jackson, J., The Normative Regulation of Authoritative Behavior, in: The Making of Decisions, Hrsg. W. J. Gore und J. W. Dyson, London 1964, S. 213 ff.

Jahoda, M., Prejudice, in: A Dictionary of Social Sciences, Hrsg. J. Gould und W. L. Kolb, New York 1964, S. 527 ff.

Janis, I. L., Personality Correlates of Susceptibility to Persuasion, Journal of Personality, 1954, S. 504 ff.

Janis, I. L., Anxiety Indices Related to Susceptibility to Persuasion, Journal of Abnormal and Social Psychology, 1955, S. 663 ff.

Janis, I. L., Persönlichkeitsstruktur und Beeinflußbarkeit, in: Grundfragen der Kommunikationsforschung, Hrsg. W. Schramm, München 1964.

Janis, I. L. und Feierabend, R. L., Effects of Alternative Ways of Ordering Pro and Con Arguments in Persuasive Communications, in: The Order of Presentation in Persuasion, Hrsg. C. I. Hovland et al., New Haven und London 1957, S. 115 ff.

Janis, I. L. und Feshbach, S., Effects of Fear-Arousing Communications, Journal of Abnormal and Social Psychology, 1953, S. 78 ff.

Janis, I. L. und Field, P. B., A Behavioral Assessment of Persuasibility: Consistency of Individual Differences, in: Personality and Persuasibility, Hrsg. C. I. Hovland und I. L. Janis, New Haven und London 1959, S. 29 ff.

Janis, I. L. und Field, P. B., Sex Differences and Personality Factors Related to Persuasibility, in: Personality and Persuasibility, Hrsg. C. I. Hovland und I. L. Janis, New Haven und London 1959, S. 55 ff.

Janis, I. L. und Gilmore, J. B., The Influence of Incentive Conditions on the Success of Role-Playing in Modifying Attitudes, Journal of Personal and Social Psychology, 1965, S. 17 ff.

Janis, I. L. und Hovland, C. I., An Overview of Persuasibility Research, in: Personality and Persuability, Hrsg. C. I. Hovland und I. L. Janis, New Haven und London 1959, S. 1 ff.

Janis, I. L. und King, B. T., The Influence of Role-Playing on Opinion Change, Journal of Abnormal and Social Psychology, 1954, S. 211 ff.

Janis, I. L. und Milholland, H. C., The Influence of Threat Appeals on Selective Learning of the Content of a Persuasive Communication, Journal of Psychology, 1954, S. 75 ff.

Janis, I. L. und Rife, D., Persuasibility and Emotional Disorder, in: Personality and Persuasibility, Hrsg. C. I. Hovland und I. L. Janis, New Haven und London 1959, S. 121 ff.

Jecker, J. D., Selective Exposure to New Information, in: Conflict, Decision, Dissonance, Hrsg. R. R. Sears, L. Festinger und D. H. Lawrence, Stanford, Cal. 1964, S. 65 ff.

Johnson, R. A., Kast, F. E. und Rosenzweig, J. E., System Theory and Management, in: Management and Organizational Behavior Theories, Hrsg. W. T. Greenwood, Cincinnati, Ohio 1965, S. 846 ff.

Jones, E. E. und Gerard, H. B., Foundations of Social Psychology, New York, London und Sydney 1967.

Jones, M. H., Executive Decision Making, Homewood, Ill. 1957.

Kahn, R. L. und Boulding, E. (Hrsg.), Power and Conflict in Organizations, Ann Arbor, Mich. 1964.

Kahn, R. L., Wolfe, D. M., Quinn, E. P. und Snoek, J. D., Organizational Stress, New York, London und Sydney 1964.

Kaminski, G., Ordnungsstrukturen und Ordnungsprozesse, in: Handbuch der Psychologie, 1. Band, 2. Halbband, Hrsg. R. Bergius, Göttingen 1964, S. 373 ff.

Katona, G., Psychological Analysis of Economic Behavior, New York 1951.

Katz, D. und Kahn, R. L., The Social Psychology of Organizations, New York, London und Sydney 1966.

Katz, D. und Lazarsfeld, P. F., Persönlicher Einfluß und Meinungsbildung, Wien 1962.

Katz, D. und Stotland, E., A Preliminary Statement to a Theory of Attitude Structure and Change, in: Psychology: A Study of a Science, 3. Bd., Hrsg. S. Koch, New York 1959, S. 423 ff.

Kellerer, H., Statistik im modernen Wirtschafts- und Sozialleben, Reinbek 1960.

Kelley, H. H., Salience of Membership and Resistance to Change of Group Anchored Attitudes, Human Relations, 1958, S. 275 ff.

Kelley, H. H., Communication in Experimentally Created Hierarchies, in: Group Dynamics, Hrsg. D. Cartwright und A. Zander, Evanston, Ill. 1960, S. 781 ff.

Kelley, H. H. und Volkart, E. H., The Resistance to Change of Croup Anchored Attitudes, American Sociological Review, 1952, S. 453 ff.

Kelman, H. C., Attitude Change as a Function of Response Restriction, Human Relations, 1953, S. 185 ff.

Kelman, H. C. und Hovland, C. I., „Reinstatement" of the Communication in Delayed Measurement of Opinion Change, Journal of Abnormal and Social Psychology, 1953, S. 327 ff.

King, B. T., Relationships between Susceptibility to Opinion Change and Child-Rearing Practices, in: Personality and Persuasibility, Hrsg. C. I. Hovland und I. L. Janis, New Haven und London 1959, S. 207 ff.

King ,B. T. und Janis, I. L., Comparison of the Effectiveness of Improvised versus Non-Improvised Role-Playing in Producing Opinion Changes, Human Relations, 1956, S. 177 ff.

Kirsch, W., Entscheidungen und Entscheidungsprämissen in der Unternehmungsorganisation, unveröffentlichte Habilitationsschrift München 1968.

Klapper, J. T., The Effects of Mass Communication, New York 1960.

Klapper, J. T., Die gesellschaftlichen Auswirkungen der Massenkommunikation, in: Grundfragen der Kommunikationsforschung, Hrsg. W. Schramm, München 1964, S. 85 ff.

Kloidt, H., Dubberke, M. A. und Göldner, J., Zur Problematik des Entscheidungsprozesses, in: Organisation des Entscheidungsprozesses, Hrsg. E. Kosiol, Berlin 1959, S. 9 ff.

Kluth, H., Soziologie der Großbetriebe, Stuttgart 1968.

Koch, M., Die Begriffe Person, Persönlichkeit und Charakter, in: Handbuch der Psychologie, 4. Band, Hrsg. Ph. Lersch und H. Thomae, Göttingen 1960, S. 1 ff.

Koller, H., Simulation als Methode in der Betriebswirtschaft, Zeitschrift für Betriebswirtschaft, 1966, S. 95 ff.

Koontz, H. und O'Donnell, C., Principles of Management, New York, Toronto und London 1959.

Kosiol, E., Organisation der Unternehmung, Wiesbaden 1962.

Kosiol, E., Einführung in die Betriebswirtschaftslehre, Wiesbaden 1968.

Kramer, R., Information und Kommunikation, Berlin 1965.

Kuhn, A., The Study of Society, Homewood, Ill. 1963.

Lasswell, H. D. und Kaplan, A., Power and Society, New Haven und London 1950.

Lazarsfeld, P. F., Berelson, B. und Gaudet, H., The People's Choice: How the Voter Makes up his Mind in a Presidential Campaign, New York 1948.

Lazarsfeld, P. F. und Menzel, H., Massenmedien und personaler Einfluß, in: Grundfragen der Kommunikationsforschung, Hrsg. W. Schramm, München 1964, S. 117 ff.

Leavitt, H. J., Managerial Psychology, 2. Aufl., Chicago und London 1964.

Lee, A. M. und Lee, E. B., Propaganda Techniques, in: Consumer Behavior and the Behavioral Sciences, Hrsg. St. H. Britt, New York, London und Sydney 1966, S. 454 ff.

Leibenstein, H., Economic Theory and Organizational Analysis, New York, Evanston und London 1965.

Lersch, Ph., Aufbau der Person, 10. Aufl., München 1966.

Lesser, G. S. und Abelson, R. P., Personality Correlates of Persuasibility in Children, in: Personality and Persuasibility, Hrsg. C. I. Hovland und I. L. Janis, New Haven und London 1959, S. 187 ff.

Leventhal, H. und Niles, P., A Field Experiment on Fear-Arousal with Data on the Validity of Questionnaire Measures, Journal of Personality, 1964, S. 459 ff.

Lewin, K., The Conceptual Representation and the Measurement of Psychological Forces, Durham 1938.

Lewin, K., Field Theory in Social Sciences, New York 1951.

Lewin, K., Studies in Group Decision, in: Group Dynamics, Hrsg. D. Cartwright und A. Zander, Evanston, Ill. 1953, S. 283 ff.

Lewin, K., Die Lösung sozialer Konflikte, Bad Nauheim 1953.

Likert, R., A Motivational Approach to a Modified Theory of Organization and Management, in: Modern Organization Theory, Hrsg. M. Haire, London und New York 1959, S. 182 ff.

Likert, R., New Patterns of Management, New York, Toronto und London 1961.

Likert, R., The Human Organization: Its Management and Value, New York 1967.

Linton, H. und Graham, E., Personality Correlates of Persuasibility, in: Personality and Persuasibility, Hrsg. C. I. Hovland und I. L. Janis, New Haven und London 1959, S. 69 ff.

Littmann, H. E., Führungstechnik im Betrieb, Betriebswirtschaftliche Forschung und Praxis, 1968, S. 354 ff.

Long, N. E., Administrative Communication, in: Concepts and Issues in Administrative Behavior, Hrsg. S. Mailick und E. H. van Ness, Englewood Cliffs, N. J. 1962, S. 137 ff.

Luchins, A. S., Mechanization of Problem Solving: The Effect of Einstellung, Psychological Monographs, 1942, S. 1 ff.

Luchins, A. S., Primacy-Recency in Impression Formation, in: The Order of Presentation in Persuasion, Hrsg. C. I. Hovland, New Haven und London 1957, S. 33 ff.

Luchins, A. S., Experimental Attempts to Minimize the Impact of First Impressions, in: The Order of Presentation in Persuasion, Hrsg. C. I. Hovland et al., New Haven und London 1957, S. 62 ff.

Luhmann, N., Funktionen und Folgen formaler Organisation, Berlin 1964.

Lumsdaine, A. A. und Janis, I. L., Resistance to „Counterpropaganda" Produced by One-Sided versus Two-Sided „Propaganda" Presentations, Public Opinion Quarterly, 1953, S. 311 ff.

Lund, F. H., The Psychology of Belief: The Law of Primacy in Persuasion, Journal of Abnormal and Social Psychology, 1925, S. 183 ff.

Lundberg, C. C., Toward Understanding Behavioral Science by Administrators, in: Management and Behavioral Theories, Hrsg. W. T. Greenwood, Cincinnati, Ohio 1965, S. 51 ff.

March, J. G., Introduction to the Theory and Measurement of Influence, American Political Science Review, 1955, S. 431 ff.

March, J. G. und Simon, H. A., Organizations, New York und London 1958.

Martin, N. H. und Sims, J. H., Power Tactics, in: Readings in Managerial Psychology, Hrsg. H. J. Leavitt und L. R. Pondy, Chicago, London und Toronto 1964, S. 217 ff.

Mayer, A., Die soziale Rationalisierung des Industriebetriebes, München und Düsseldorf 1951.

Mayer, A., Die soziale Rationalisierung als Organisationsproblem, Neue Betriebswirtschaft, 1953, S. 26 ff.

Mayer, A., Geschlechtsspezifische Unterschiede im betrieblichen Arbeitsverhalten von Mann und Frau, Neue Betriebswirtschaft, 1954, S. 8 ff.

Mayer, A., Probleme moderner betrieblicher Berufsausbildung, Neue Betriebswirtschaft, 1955, S. 4 ff.

Mayer, A., Die Betriebspsychologie in einer technisierten Welt, in: Handbuch der Psychologie, 9. Band, Betriebspsychologie, Hrsg. A. Mayer und B. Herwig, Göttingen 1961, S. 3 ff.

Mayntz, R., Die soziale Organisation des Industriebetriebes, Stuttgart 1958.

Mayntz, R., Die Organisationssoziologie und ihre Beziehungen zur Organisationslehre, in: Organisation, TFB-Taschenbuch-Reihe, Hrsg. E. Schnaufer und K. Agthe, Berlin und Baden-Baden 1961, S. 29 ff.

Mayntz, R., Soziologie der Organisation, Reinbek 1963.

Mayntz, R., Zum gegenwärtigen Stand der Organisationssoziologie, Bern 1964.

Mayo, E., The Human Problems of an Industrial Civilization, Cambridge, Mass. 1933.

McGrath, J. E., Toward a „Theory of Method" for Research on Organizations, in: New Perspectives in Organization Research, Hrsg. W. W. Cooper, H. J. Leavitt und M. W. Shelly II, New York, London und Sydney 1964, S. 532 ff.

McGregor, D., The Human Side of Enterprise, New York, Toronto und London 1960.

McGregor, D., Leadership and Motivation, Cambridge, Mass. 1966.

McGuire, J. W., Theories of Business Behavior, Englewood Cliffs, N. J. 1964.

McGuire, J. W., Order of Presentation as a Factor in „Conditioning" Persuasiveness, in: The Order of Presentation in Persuasion, Hrsg. C. I. Hovland et al. New Haven und London 1957, S. 98 ff.

McGuire, J. W., A Syllogistic Analysis of Cognitive Relations, in: Attitude Organization and Change, Hrsg. C. I. Hovland und M. J. Rosenberg, New Haven und London 1960, S. 65 ff.

McGuire, J. W., The Effectiveness of Supportive and Refutational Defenses in Immunizing and Restoring Beliefs against Persuasion, Sociometry, 1961, S. 184 ff.

McGuire, J. W. und Papageorgis, D., The Relative Efficacy of Various Types of Prior Belief-Defense in Producing Immunity against Persuasion, Journal of Abnormal and Social Psychology, 1961, S. 327 ff.

McGuire, J. W. und Papageorgis, D., Effects of Forewarning in Developing Resistance to Persuasion, Public Opinion Quarterly, 1962, S. 24 ff.

Mechanic, D., Sources of Power of Lower Participants in Complex Organizations, in: New Perspectives in Organization Research, Hrsg. W. W. Cooper, H. J. Leavitt und M. W. Shelly II, New York, London und Sydney 1964, S. 136 ff.

Meffert, H., Die Flexibilität betriebswirtschaftlicher Entscheidungen, unveröffentlichte Habilitationsschrift, München 1968.

Meffert, H., Betriebswirtschaftliche Kosteninformationen, Wiesbaden 1968.

Miller, C.R., The Process of Persuasion, New York 1946.

Miller, G. A., Language and Communication, New York, Toronto und London 1963.

Miller, G. A., The Magical Number Seven Plus or Minus Two: Some Limits on Our Capacity for Processing Information, in: Readings in the Psychology of Cognition, Hrsg. R. C. Anderson und D. P. Ausubel, New York, Chicago, San Francisco, Toronto und London 1966, S. 241 ff.

Miller, G. A., Attitude Change, in: Consumer Behavior and Behavioral Sciences, Hrsg. St. H. Britt, New York, London und Sydney 1967, S. 450 ff.

Miller, G. A., Galanter, E. und Pribram, K. H., Plans and the Structure of Behavior, New York 1960.

Miller, N. und Campbell, D. T., Recency and Primacy in Persuasion as a Function of the Timing of Speeches and Measurements, Journal of Abnormal and Social Psychology, 1959, S. 1 ff.

Minnick, W. C., The Art of Persuasion, Boston 1957.

Minnick, W. C., The Philosophy of Persuasion, in: Management and Organizational Behavior Theories, Hrsg. W. T. Greenwood, Cincinnati, Ohio 1965, S. 739 ff.

Mittenecker, E., Die quantitative Analyse der Persönlichkeit, in: Handbuch der Psychologie, 4. Band, Hrsg. Ph. Lersch und H. Thomae, Göttingen 1960, S. 59 ff.

Morris, Ch., Signification and Significance, Cambridge, Mass. 1964.

Newcomb, Th. M., Attitude Development as a Function of Reference Groups, in: Readings in Social Psychology, Hrsg. E. E. Maccoby, Th. M. Newcomb und E. L. Hartley, New York, Chicago, San Francisco und Toronto 1958, S. 265 ff.

Newcomb, T. M., An Approach to the Study of Communicative Acts, Psychological Review, 1953, S. 393 ff.

Newcomb, Th. M., Sozialpsychologie, Meisenheim am Glan 1959.

Newell, A. und Simon, H. A., Computers in Psychology, in: Handbook of Mathematical Psychology, Band 1, Hrsg. D. R. Luce, R. R. Bush und E. Galanter, New York und London 1963, S. 361 ff.

Niederberger, A. R. V., Das betriebliche Informationssystem, Wiesbaden 1967.

Nieschlag, R., Vermag die moderne Werbung den Menschen zu „manipulieren"?, in: Gegenwartsfragen der Unternehmung, Festschrift für F. Henzel, Hrsg. B. Bellinger, Wiesbaden 1961, S. 177 ff.

Odiorne, G. S., Führung durch Vorgabe von Zielen, München 1967.

Osgood, Ch. E., Suci, G. J. und Tannenbaum, P., The Measurement of Meaning, Urbana, Ill. 1957.

Packard, V., The Hidden Persuaders, New York 1957.

Parsons, T. und Shils, E. (Hrsg.), Toward a General Theory of Action, Cambridge, Mass. 1951.

Peabody, R. L., Organizational Authority, New York 1964.

Pelz, E. B., Some Factors in „Group Decision", in: Readings in Social Psychology, Hrsg. E. E. Maccoby, Th. M. Newcomb und E. L. Hartley, New York, Chicago, San Francisco und Toronto 1958, S. 212 ff.

Perridon, L., Managementlehre — Neue Disziplin in Deutschland?, Der Volkswirt, 1967, S. 2020 ff.

Petrullo, L. und Bass, B. M. (Hrsg.), Leadership and Interpersonal Behavior, New York 1961.

Pfiffner, J. M. und Fels, M., The Supervision of Personnel, Englewood Cliffs, N. J. 1964.

Pfiffner, J. M., und Sherwood, F. P., Administrative Organization, Englewood Cliffs, N. J., 1960.

Pierce, J. R., Phänomene der Kommunikation, Düsseldorf und Wien 1965.

Pietzsch, J., Die Information in der industriellen Unternehmung, Köln und Opladen 1964.

Presthus, R. V., Authority in Organizations, in: Concepts and Issues in Administrative Behavior, Hrsg. S. Mailick und E. H. van Ness, Englewood Cliffs, N. J. 1962, S. 122 ff.

Raia, A. P., Goal-Setting and Self-Control, The Journal of Management Studies, 1965, S. 34 ff.

Redding, W. Ch. und Sanborn, G. A. (Hrsg.), Business and Industrial Communication, New York, Evanston und London 1964.

Reitman, W. R., Cognition and Thought, New York, London und Sydney 1965.

Rice, A. K., Learning for Leadership, London 1965.

Riesman, D., The Lonely Crowd, New Haven 1950.

Roethlisberger, F. J. und Dickson, W. J., Management and the Worker, Cambridge, Mass. 1939.

Rogers, C. R., Counseling and Psychotherapy, Boston 1942.

Rohn, W., Führungsentscheidungen im Unternehmensplanspiel, Essen 1964.

Rosenberg, M. J., An Analysis of Affective-Cognitive Consistency, in: Attitude Organization and Change, Hrsg. C. I. Hovland und M. J. Rosenberg, New Haven und London 1960, S. 15 ff.

Rosenberg, M. J., When Dissonance Fails: On Eliminating Evaluations Apprehension from Attitude Measurement, Journal of Personal and Social Psychology, 1965, S. 28 ff.

Rosenberg, M. J. und Abelson, R. P., An Analysis of Cognitive Balancing, in: Attitude Organization and Change, Hrsg. C. I. Hovland und M. J. Rosenberg, New Haven und London 1960, S. 112 ff.

Rosenberg, M. J. und Hovland, C. I., Cognitive, Affective, and Behavioral Components of Attitudes, in: Attitude Organization and Change, Hrsg. C. I. Hovland und M. J. Rosenberg, New Haven und London 1960, S. 1 ff.

Rosenberg, M. J., Hovland, C. I., McGuire, W. J., Abelson, R. P und Brehm, J. W., Attitude Organization and Change, New Haven und London 1960.

Rosenberg, M. J. und Pearlin, L. J., Power-Orientations in the Mental Hospital, Human Relations, 1962, S. 335 ff.

Sanborn, G. A., Communication in Business: An Overview, in: Business and Industrial Communication, Hrsg. W. Ch. Redding und G. A. Sanborn, New York, Evanston und London 1964, S. 3 ff.

Schelling, Th. C., The Strategy of Conflict, Cambridge, Mass. 1960.

Schelsky, H., Industrie- und Betriebssoziologie, in: Soziologie, Hrsg. A. Gehlen und H. Schelsky, 3. Aufl., Düsseldorf und Köln 1955, S. 159 ff.

Schönfeld, H.-M., Die Führungsausbildung im betrieblichen Funktionsgefüge, Wiesbaden 1967.

Scott, W. A., Cognitive Consistency, Response, Reinforcement, and Attitude Change, in: Decisions, Values and Groups, Hrsg. N. F. Washburne, Oxford, London, New York und Paris 1962, S. 119 ff.

Scott, W. G., Human Relations in Management, Homewood, Ill. 1962.

Seiffert, H., Information über die Information, München 1968.

Shannon, C. und Weaver, W., The Mathematical Theory of Communication, Urbana, Ill. 1949.

Shelly II, M. W. und Bryan, G. L., Judgments and the Language of Decisions, in: Human Judgments and Optimality, Hrsg. M. W. Shelly II und G. L. Bryan, New York, London und Sydney 1964, S. 3 ff.

Sherif, M., Group Influences upon the Formation of Norms and Attitudes, in: Readings in Social Psychology, Hrsg. E. E. Maccoby, Th. M. Newcomb und E. L. Hartley, New York, Chicago, San Francisco und Toronto 1958, S. 219 ff.

Sherif, M., Intergroup Conflict and Cooperation, Oklahoma 1961.

Siegel, A. E. und Siegel, S., Reference Groups, Membership Groups, and Attitude Change, in: Group Dynamics, Hrsg. D. Cartwright und A. Zander, Evanston, Ill., 1960, S. 232 ff.

Simon, H. A., Models of Man, New York und London 1957.

Simon H. A., Authority, in: Research in Industrial Human Relations: A Critical Appraisal, Hrsg. C. M. Arensberg et al., New York 1957, S. 104 ff.

Simon, H. A., A Formal Theory of the Employment Relation, in: Models of Man, Hrsg. H. A. Simon, New York und London 1957, S. 183 ff.

Simon, H. A., Administrative Behavior, 2. Aufl., New York 1959.

Simon, H. A., The New Science of Management Decision, New York 1960.

Skinner, B. F., Science and Human Behavior, New York 1953.

Smith, B. L., Lasswell, H. D. und Casey, R. D., Propaganda, Communication, and Public Opinion, Princeton 1946.

Staats, A. W. und Staats, C. K., Attitudes Established by Classical Conditioning, Journal of Abnormal and Social Psychology, 1958, S. 37 ff.

Stachowiak, H., Denken und Erkennen im kybernetischen Modell, Wien und New York 1965.

Staerkle, R., Der Entscheidungsprozeß in der Unternehmungsorganisation, Die Unternehmung, 1963, S. 11 ff.

Staudacher, F., Die Informationspolitik: Ein Instrument betrieblicher Personalpolitik, Diss. München 1967.

Steinbuch, K., Automat und Mensch, Berlin, Göttingen und Heidelberg 1965.

Stratmann, H.-G., Die Kriterien der Leistungswirksamkeit im Rahmen der Gestaltung betriebswirtschaftlicher Organisationen, Diss. München 1968.

Strunz, K., Das Problem der Persönlichkeitstypen, in: Handbuch der Psychologie, 4. Band, Hrsg. Ph. Lersch und H. Thomae, Göttingen 1960, S. 155 ff.

Tannenbaum, P. H., Initial Attitude Towards Source and Concept as Factors in Attitude Change through Communication, Public Opinion Quarterly, 1956, S. 413 ff.

Tannenbaum, R., Weschler, J. R. und Massarik, K. F., Leadership and Organization, New York 1961.

Taylor, D. W., Toward an Information Processing Theory of Motivation, in: Nebraska Symposium on Motivation, Hrsg. M. R. Jones, Lincoln, Nebr. 1960, S. 51 ff.

Taylor, D. M., Thinking, in: Theories in Contemporary Psychology, Hrsg. M. H. Marx, New York und London 1963, S. 475 ff.

Taylor, D. W., Decision Making and Problem Solving, in: Handbook of Organizations, Hrsg. J. G. March, Chicago 1965, S. 48 ff.

Thayer, L. O., Administrative Communication, Homewood, Ill. 1961.

Thibaut, T. W. und Kelley, H. H., The Social Psychology of Groups, New York, London und Sydney 1959.

Thiele, L.-D., Konflikte im Entscheidungsprozeß der Unternehmungsorganisation, Diss. München 1968.

Thistlethwaite, D. L. und Kamenetzky, J., Attitude Change Through Refutation and Elaboration of Audience Counter-Arguments, Journal of Abnormal and Social Psychology, 1955, S. 3 ff.

Thomae, H., Das Problem der Konstanz und Variabilität der Eigenschaften, in: Handbuch der Psychologie, 4. Band, Hrsg. Ph. Lersch und H. Thomae, Göttingen 1960, S. 281 ff.

Tillmann, R. und Kirkpatrick, C. A., Promotion: Persuasive Communication in Marketing, Homewood, Ill. 1968.

Überla, K., Faktorenanalyse, Berlin, Heidelberg und New York 1968.

Ulrich, H., Neuere Erkenntnisse auf dem Gebiet der Unternehmungsführung, Die Unternehmung, 1962, S. 65 ff.

Ulrich, H., Die Unternehmung als produktives soziales System, Bern und Stuttgart 1968.

Ulrich, H. und Staerkle, R., Verbesserung der Organisationsstruktur von Unternehmungen, 2. Aufl., Bern 1962.

Vroom, V. H., Some Psychological Aspects of Organizational Control, in: New Perspectives in Organization Research, Hrsg. W. W. Cooper, H. J. Leavitt und M. W. Shelly II, New York, London und Sydney 1964, S. 72 ff.

Walster, E. und Festinger, L., The Effectiveness of „Overheard" Persuasive Communications, Journal of Abnormal and Social Psychology, 1962, S. 395 ff.

Walton, R. E. und McKersie, R. B., A Behavioral Theory of Labor Negotiations, New York, St. Louis, San Francisco, Toronto, London und Sydney 1965.

Watson, J. B., Behaviorism, New York 1925.

Weber, M., Wirtschaft und Gesellschaft, Köln und Berlin 1964.

Weiss, W., Opinion Congruence with a Negative Source on one Issue as a Factor Influencing Agreement on another Issue, Journal of Abnormal and Social Psychology, 1957, S. 180 ff.

White, R. K. und Lippitt, R., Autocracy and Democracy, New York 1960.

Whorf, B. L., Sprache, Denken, Wirklichkeit, Reinbek 1963.

Wittmann, W., Unternehmung und unvollkommene Information, Köln und Opladen 1959.

Wurst, S., Das Entscheidungskollegium, Diss. München 1967.

Zaleznik, A., Interpersonal Relations in Organizations, in: Handbook of Organizations, Hrsg. J. G. March, Chicago 1965, S. 574 ff.

Zalkind, S. S. und Costello, T. W., Perception: Implications for Administration, in: Readings in Managerial Psychology, Hrsg. H. J. Leavitt und L. R. Pondy, Chicago, London und Toronto 1964.

Zimbardo, P. G., The Effect of Effort and Improvisation an Self-Persuasion Produced by Role-Playing, Journal of Experimental and Social Psychology, 1965, S. 103 ff.

Zimmerman, C. und Bauer, R. A., The Effect of an Audience upon What Is Remembered, Public Opinion Quarterly, 1956, S. 238 ff.

Stichwortverzeichnis